壞男人的權謀霸術

玩轉人心的
陽謀與陰謀

那個奧客

前言

說真的，一開始寫書對我而言只是想衝個成就，寫一本對自己人生交代的里程碑，能跟後代嘴炮個兩句也就是，壓根沒想到能接二連三寫下去。但實在很感謝各位讀者和遠流的厚愛，從一開始的《壞男人的孫子兵法》，到第二本的《壞男人的紅藥丸法則》，再加上閣下手上這本《壞男人的權謀霸術》，三部曲加起來洋洋灑灑也四十多萬字。你願意擺在書櫃上裝一下文青當然很好，不願意的話，我也親自實驗過，四十萬字的書疊起來當枕頭非常剛好，不會因為太低而不適，也不會因為太高而落枕。

再怎麼說，這三部曲都不會是無用之書，就算單拆開來壓泡麵，也會因為分量夠而熟得比較快。是的，你手上的這本書，足足近十八萬字。

書寫這麼厚其實有違現今出版界市場主流。這年頭大概七、八萬字就能出一本書，正妹作家的話，加點寫真圖片，字數還可以少個四分之一，五萬字就能交差，我寫一本書別人可以寫兩到三本。也許你會想問，明明我大可像天橋底下說書的一樣，將原本分量灌點水，分成九集大出特出，為什麼要做這種吃力不討好的事，出這麼厚的書增加讀者閱讀負擔，何苦？

除了考量大家當枕頭這類實用生活前提，另一個主要目的，我想進一步提高身為男人該有的智謀水準。我當然知道這年頭是影音當道，同樣的文字分量就算我照著唸拍成線上課程，價格絕對是這本書的十倍起跳。但毋庸置疑，書本還是傳達知識最有效率的媒介，沒有之一。先透過高強度的濃縮知識提升普世男人的智力水準，如此一來，大家日後願意再花錢買我的課供養我，我也才能心安理得（無誤）。

那麼，延續先前兩本書，這本《壞男人的權謀霸術》在教大家什麼東西呢？

一、男人性市場價值的骨幹

希望你在閱讀本書之前，至少讀過拙作《壞男人的紅藥丸法則》，最好能讀過紅藥丸（Red Pill）聖經——Rollo Tomassi寫的《The Rational Male》。為省篇幅，我將借用紅藥丸相關術語方便詮釋。

在紅藥丸相關概念中，圍繞著兩性動態核心正是男女雙方「兩性市場價值」（Sexual Market Value, SMV，簡稱性價值）。男人性價值雖然有俗稱鐵三角的外貌、金錢、社會地位，但能獨挑大梁撐起整個局面的定海神針，其實只有社會地位。而權謀與權力等相關知識，正是獲取社會地位的必備途徑。

女人可以靠著外貌去獲得男人的資源，甚至成為王的女人化身成貴婦名媛。但男人想獲得資源，進一步提升社會地位，只有想盡辦法創造價值，同時利用知識、手段、社交直覺去獲得權力，以及保護自己的權力。不論你想正面對決，或者使小人步數來陰的（當然我本意是勸人向善，寫這本書是要教大家防身），都需要知識。

二、權力戰場的規律與法則

你一定在職場看過所謂的技術型主管，專業能力高超，但領導能力低落，權謀手腕不足，以致下屬老是接到屎缺，團隊老是被拗。明明武功高強，卻老落個「將帥無能，累死三軍」的罵名。

你也一定在官場上看過能力高強的專業官員，處理事務勤勤懇懇，大事小事一把抓，宏觀方向和微觀細節無一漏算。但不知為啥，每次別人出包都會甩鍋到他身上，搞得他一輩子辦事，即使服服貼貼無可挑剔，卻總會被人抓到小辮子栽贓，以致永遠升不上去。

這兩者的共通點，都源自對權謀知識理解不足、對人性黑暗面掌握不夠透澈。或許專業能力超強，但人畢竟是群居動物，有組織存在就有勾心鬥角的潛在劣根性，就算你想遠離是非認真做事，是非也會自己來找你。

學權謀，就是要學習跟是非相處。屁孩才整天把「做自己」掛嘴邊，都幾十歲的人了，也該有相對應的深邃與老練。

三、與男人周旋（Game）的知識

如果你還年輕，也別覺得這些離你很遠。女人只要有著基本外貌，高中開始馬上有一狗票男人跪舔，要獲得資源可說是輕而易舉。而男人除了專業知識，還有個方法可以加速性價值的累積，那就是跟阿法男（Alpha）**「借勢」**。

沒錯，阿法男才會給你社交認證。只有獲得團體中阿法男的社交認證，你才能平步青雲。

但問題來了，阿法男沒事幹麼給你社交認證？除了專業能力讓阿法男刮目相看（更殘酷的說法是你有利用價值），另一個關鍵是讓他覺得你很懂事、不白目，也就是互動過程中能謹守身為貝塔男（Beta）的分際，不隨便侵犯阿法男的領域。只要阿法男意識到閣下是個咖，自然會投以欣賞目光，將社交認證甚至部分權力與你分享。

權謀知識不僅教你如何跟阿法男相處，當你爬上高位成為團體裡的阿法男，也教你如何領導底下的貝塔男。我常說，對眾生要永保慈悲，但你絕對要懂得如何當個好主人。好女人跟你攜手把家庭和事業帶上高峰，壞女人則想盡辦法歸零（Zeroed Out）你，你底下的貝塔男亦是如此有好有壞。

希望這本《壞男人的權謀霸術》能帶給大家更多與男人應對進退的知識和視角，除了如前面所說提高男人知識水準，也能藉此機會減少大家跟人互動中翻白眼的頻率。

別以為權謀這東西淨是些陰招（但陰招還是有啦我承認），事實上愈多人懂這些知識，人際關係的互動成本才會降得愈低。

那個奧客

推薦序

我在自己的直播節目常常說：「**這世界現在最缺乏的，就是對抗政治正確的勇氣。**」不過很明顯的，《壞男人的權謀霸術》這本書的作者「那個奧客」並不缺乏這種勇氣。他在上一本書《壞男人的紅藥丸法則》中，勇敢挑戰一般社會對於男女交往的「常識」，講出很多人可能並不愛聽，但卻反映出至少是部分事實的真實情境。而在這本新書，他再次挑戰這世界教你要溫良恭儉讓、努力認真的好人一定會出頭天的說法，告訴你一個人要成功，就必須學好權謀，看懂權謀。

說真的，那個奧客所講的東西，跟我平常在節目分享的其實有一段距離，我並不是那麼愛鼓勵大家多用權謀。但即使我是這樣的立場，都不能否認他的看法其實有所本，特別是我自己也有多年的職場與商場實戰經驗。的確在職場上，很多人靠著善用權謀，獲得原本得不到的成功。而一個人如果真的善用權謀，對他的職場與人生絕對會有不小的幫助。某個程度來說，善用權謀這件事本身是中性的，一個好人如果學會怎麼看穿權謀、怎麼冷靜運用策略，對於他的理想會有巨大的幫助。又或者以較低限度來說，看懂權謀，至少能在關鍵時刻做出正確選擇而不是犯錯。

舉個職場的例子，很多人會覺得，我好好來上班，不想搞派系鬥爭。但事實上，即使你不想搞派系鬥爭，大多時候派系鬥爭還是會找上你。你在某個場合被A主管稱讚了，你就可能被劃分到A主管的派系裡。而當與A主管不和的B主管開始找你麻煩時，如果你不懂職場的權力運作，可能還會覺得莫名其妙，到底發生了什麼事？你說，搞懂權謀的運作，難道真的不重要嗎？

那個奧客在這本書中常常提到兩個字眼，一個是「紅藥丸」，一個是「藍藥丸」，象徵著兩條不同的路徑。紅藥丸代表的是，醜陋但卻有效的真相與思考模式；藍藥丸代表的則是，講起來好聽但卻無法成功的路線。我雖然不能為作者的每個紅藥丸觀念背書，但我可以肯定一件事——喊得很好聽的口號，絕對不代表是有效的方法，最好的範例就是共產主義了。理論上，共產主義能創造出人人均富的社會；但事實上，共產主義只會打造出不斷鬥爭、人吃人、絕大多數人過得很慘的貧窮社會而已。**如果一個人的腦袋，被這些好聽動人又高大上的**

口號式理想所催眠，那最後的人生，恐怕只會活在失望與挫敗中。

所以，我很推薦大家來看這本書，真正深入理解權謀的世界。你不一定要整天活在裡面，但是搞懂權謀，在合理的時候使用，在該保護自己的時候保護自己，在需要做出選擇的時候冷靜評估，這對你的人生絕對沒有壞處。我們不需要變得權力薰心，但是必須權謀覺醒。

Miula

推薦序

在閱讀本書之前，先邀請你思考幾個問題：

1. 你是不是覺得這個世界只有正義跟邪惡之分？
2. 你是不是覺得在世界上，公平是最重要的事？
3. 你是不是覺得在工作中，努力就能獲得回報？

如果你覺得這三件事情是不變的真理，我真心建議你不要翻開奧客的這本書。畢竟我自己在寫推薦序時，腦中總有千萬種想法：這東西寫出來真的好嗎？這樣寫會不會被炎上啊？這也寫得太政治不正確了吧！但後來想想，正因如此，我們才能透過奧客的文字看見一些平常不願意面對的真相。

以前我會覺得，職場中的公平，來自於自身的努力與做出的成果——只要我夠努力，就能被看見。然而如果你在職場上打滾就會知道，有時愈努力反而愈會成為大家的眼中釘或賭爛的對象。而這時你依然想著，反正只要我努力做，最終還是能被看見。

結果你卻發現，這些努力和成果，最後都被你眼中那個不做事的上司收割。而你除了什麼都沒有得到，還跟同事們交惡。那麼當有天出事的時候，你猜黑鍋是誰背呢？沒錯，就是我們。當時我百思不得其解，難道這世界就不存在公平嗎？但如果你看完這本書，就能明白一件事：**這世界很公平，只是我們往往沒有看到公平的關鍵。**

我們來換位思考一下，如果你是主管，長期培養了許多人才，公司的運作也非常順利。而此時來了一個新人，他很努力，也做出一點成績，但卻搞得你的人馬各個不爽，經常向你抱怨。於是你開始思考，這個公司既不是你的，這些做出來的成績也只是考績，並沒有反映到實質的加薪，而這個新人還時常跟大家爆發衝突。那麼當一個事件來的時候，請問你要保的是你的人馬，還是這個新人呢？

經過這樣的思考，或許你就能理解，許多時候我們所做的努力都能被替代，甚至這份努力還可能是衝突的引發點。但老闆長期培養的派系和人馬，是不能被一個新來的人所顛覆的。

看到這裡，你是不是就看見某種層面的「公平」了呢？也許這個公平並不符合我們心中所想，但確實就是許多職場的現實面。因此你在看奧客的文字時，可能會覺得有些東西很陰險（請奧客原諒我的國文造詣，我找不到更好的詞了），但你卻能明白當中的利害關係，並看懂原來對方在乎的是哪一點。

因此我覺得，看一本書最重要的是理解作者的價值觀，以及他是如何看待這個世界。我自己看這本書時也有一些不能接受的點，例如第五章〈高EQ的鄉愿〉，我本來很想反駁我只是懶得浪費時間，但想想自己這麼容易就被戳到，我這不就是鄉愿嗎哈哈哈哈。

最後用一個比較有趣的比喻來說說這本書，要是你看過《哈利波特》，就會知道他們都要學習「黑魔法防禦術」，這本書的重點並不是要你害人，而是當別人出招時，你至少要能看懂，並且在看似呆萌的情況下輕易化解。

比起因價值觀不同而生氣，我們更要理解的是不同價值觀中可進取的部分，不是嗎？

張忘形

推薦序

感謝奧客邀請，讓我得以早各位一步先睹為快，在序言裡與大家分享些許心得。

人類雄性自古以來就肩負著開疆拓土與求偶繁衍之責，紅藥丸理論是對這群無毛猿猴的忠實觀察紀錄。無論是兩性互動抑或是權謀霸術，皆以人性為依歸。而人之所以異於禽獸者，幾希，無論我們如何包裝，終究不脫基因傳承與資源分配。

自有幸與奧客合作以來，我們私下常感嘆現今的男性欠缺典範引領，導致從校園到職場一路處處碰壁，把不到妹焦慮挫折事小，不懂如何與男人正確互動，導致未來社會階層停滯成長、心懷怨恨影響人生宏圖事大。

權勢、名利、地位三者原就是相輔相成，也與女人是否對你產生「性」趣高度正相關。當你發現自己Game女人處處碰壁，或許該先檢討一下自己Game男人時是否也總是碰一鼻子灰。畢竟一個不懂得如何與其他雄性互動的男人，幾乎可以斷言他在多數社交情境下窒礙難行，得不到他人的社交認證與資源。沒有社交認證就代表沒有價值，而沒有價值的雄性基因不值得被雌性傳承。

這也解釋了在直播聊天室中，除了兩性問題外，觀眾最常詢問的正是各式人際關係、職場利害相關問題，因此本書的問世，對於為此所困的讀者們可說是莫大的福音。花一點小錢買書就可以解決人生難題，應該是沒什麼比這還划算的投資。

本書以奧客一貫直白的口吻撰寫，雖引經據典但讀來不令人感覺艱澀。然而若沒有足夠的歷練，可能無法意會其中奧妙所在。綜觀章節標題安排仔細推敲，隱含在輕鬆詼諧之下的犀利觀察每每讓人怵目驚心、冷汗直流。

閱畢，闔眼回想過往職涯和創業歷程中所面臨的內外挑戰，對第三章〈御下之道〉談及部屬管理因藍藥丸思維所引發的錯誤，格外有感，若當年有這些知識，應能大幅降低無謂的糾紛虛耗，更能專注在事業上。

現今社會瀰漫渴求關注及速成氛圍，讓人容易輕忽扎實磨練基本功與遵守禮節規範的重要性。剽竊價值踩踏他人上位蔚為顯學，尊師重道、飲水思源等婦孺皆知之理已成稀缺美德，諷刺的是這些樸實的美德是人生賽場中不敗的正道。本書雖以「壞」與「權謀」為名，實則繼承奧客前兩部作品的核心概念，以正兵為王，引導讀者成為一個明辨是非、審時度勢，且懂得取捨進退的「好人」。在滾滾紅塵力爭上游的過程中得以自保，尋求志同道合之士攜手為世界創造價值，塑造典範傳承給下一代，並在最後看破紅塵得以善終。

對年輕朋友來說，這是一本需要時間與經驗印證的工具書，每隔一段時間再重新翻閱，相信會有更深一層的體悟。而對飽經風霜的沙場老將而言，讀此書得以檢視過往進行覆盤，達到以史、以人為鏡之途。

書店老闆（billyctheboss）

推薦語

文章千古事，得失寸心知。職場如戰場，缺乏權力的理想往往淪為空談；沒有謀略的鬥爭只是莽夫。本書作者文武雙全，融合書生氣質與武家精神，從右派穩健角度切入辛辣解剖，讓我們一窺權謀覺醒的真實世界。

好倫

你也許會認為這本書是有狼子野心被權力沖昏頭的人才會想讀，事實上……好像也真的有此功用（笑），然而這本書不只是寫給這類的讀者，就算你想過著與世無爭人不犯我我不犯人的人生，這本書也可以救你一命，幫你擋掉許多無妄之災，是一本難得必讀的好書。

AB的異想世界

Content 目次

Chapter 2

第二章 組織生存：有人的地方就有江湖

Chapter 3

第三章 御下之道：學習當個好主人

Content 目次

Chapter 5 第五章 自我修練：心理素質才是硬道理

Chapter 6

第六章 縱橫捭闔：人際關係的拿捏

Content 目次

第一章

權謀覺醒：有種東西叫階級

Chapter

1

1—1 人生無處不階級

我在直播時常引用臺大呂世浩老師不斷反覆提及的觀念：古人認為最高智慧與最高道德往往是合一的。也就是說，只要境界夠高，不論你走智慧路線或道德路線，做出的選擇都一樣。然而，只講道德未免過於迂腐，我們又不是馬保國整天把武德掛嘴邊拿來炮人，能四兩撥千斤的智慧還是有用得多。既然這本書講的是權謀，那我就借用之前直播反覆提及的**「紅藥丸覺醒」**一詞，在整本書開頭替大家定義個新名詞：**「權謀覺醒」**。

喔對，為了替大家複習前兩本書《壞男人的孫子兵法》與《壞男人的紅藥丸法則》，並縮短解釋的篇幅（當然也包括繼續衝前兩本書的銷量），我會直接借用紅藥丸術語來闡述權謀相關概念，大家不妨再把前幾本書拿出來複習一下嘿。

權謀跟紅藥丸一樣，是給聰明人看的。它承載著從上千年歷史資料裡田野調查所歸納出來的規律與經驗，更是華人官場特有的智慧結晶，也跟紅藥丸一樣承受著外界所給予的種種罵名。不懂權謀的人，正如藍藥丸（Blue Pill）世界的白騎士（White Knight），說搞權謀的人是玻璃心、出於恐懼、害怕失去才要死命掌控之類的，反正隨便他們講，左膠藍藥丸想要嘴人，永遠不愁沒理由。

但無論他們怎麼嘴，閱讀這本書的你只要注意一件事就好：權謀與紅藥丸的奉行者（是真的內化和親身奉行喔，不是買本書翻翻就可以），即使背負著萬千罵名，過得還是比藍藥丸的人爽，而且爽很多。

不然我問你嘛，你是要當個整天被人指著鼻子罵，但其實手上轉一堆盤子、員工死命替自己賣命，爽到不可開交的「渣男」？還是想當個崇尚溝通、對人自我坦承揭露，但卻是個在職場留不住員工、在情場留不住女人的「暖男」？

紅藥丸要我們拿回人生的主導權，但很多人卻不知道，當主人是一門需要學習的知識。而權謀知識正是教人如何在職場或官場當個好主人，讓你在該站出來的時候當個有肩膀的阿法男；也讓你具備審時度勢的能力，在該低頭的時候當個有利用價值的貝塔男。當人生的主人不是要你永遠站在刀尖浪頭當主坦，適時隱忍的韜光養晦，清醒的低頭與被利用，才是更高智慧的展現。

除非啦，你他媽天生就是個抖M，喜歡被高高在上的女神用皮鞭、蠟燭、高跟鞋踐踏招呼，甚至喜歡看自家女神被人蹂躪玩NTR戲碼，那拜託放下你手上這本書，趁一開始還沒誤入賊船，趕快回家當溫順吃草的羊，吃肉的狼太難了，保護自己領土對你而言也實在無法勝任，這本書說真的不適合你。

什麼是「權謀覺醒」？

如同紅藥丸覺醒讓你用全新視野與知識看待兩性動態，權謀覺醒能幫你具備歷代官場政治所累積出來的智慧，讓你有能力面對男人跟男人之間的Game。畢竟跟女人Game失敗，最多也就打不到炮，鼻子摸摸換下一個就好；而就算被歸零，只要不幹傻事，命留著隨時可以東山再起。但跟男人Game失敗了，面對客戶你會因為缺乏社交直覺而失去訂單，就算你是公司老闆，哪怕有著「大神」稱號，也會因為不懂江湖規矩而被圈內人鄙視，每個客戶只能做一次生意，自家員工還眾叛親離變競爭者，永遠只能當個騙大學生新手的東巴。

沒有權謀覺醒，往上爬的過程中會困難重重，甚至因為一兩個錯而整組人生壞光光。就算餓不死，但也絕對上不去。真要我說，**跟男人的Game比跟女人的Game要難上數百倍，報酬與風險也高上數百倍**。跟女人Game成功，你可以打到一炮；跟男人Game成功，你可以因此一飛沖天，之後有打不完的炮。

而權謀覺醒的第一步，**正是意識到人在江湖無處不階級的「階級觀念」**。

表面上，階級看似貼在每個人身上如同標籤的社會地位，但實際運作卻不是如此一翻兩瞪眼，當中還是存在很多操作空間。比如張忠謀，絕大多數情況下，看到張忠謀我們都要肅然起敬，護國神山台積電創辦人對比我們這種市井小民，根本是天差地遠的區別。但是，如果今天張忠謀要外包一項生意，而這項生意普天之下只有我們能做，甚至訂單早就排到明年，那不好意思嘿，此情此景強如張忠謀也要看我們臉色，不是你付錢就是老大（除非付很多錢啦），乖乖跟大家到後面排隊吧。

說穿了，階級會因為價值而扭轉。張忠謀發薪水給你，讓你有錢賺得以養家，那是他的價值高過你，你需要他高過他需要你，也就是說，他沒有你可以隨時找人來替代，但你沒有他卻要領好一陣子失業救濟金。可一旦今天是張忠謀捧著錢來找你，即使他西裝筆挺來見你，你依舊可以像火雲邪神一樣穿著吊神拖鞋來見他，啊因為他有求於你，當然要看你臉色，他需要你高過你需要他。

當然這只是個用來說明價值的例子，在真實狀況下，張忠謀捧著錢來找你，就算你不缺錢，哪怕訂單早就排到天邊，也要嚴陣以對，衣冠整肅出來迎接。要知道，張忠謀能提供的價值可不只有錢而已，還有龐大的人脈背景、政商關係，可以讓你在業界發光發熱更上一層樓，也可以像薩諾斯一樣彈個手指讓一切化為虛無。說好聽一點，跟張忠謀搞好關係，他可以是你的貴人；但若要講出殘酷的現實面，以張忠謀的身分地位，一般人根本得罪不起。

是的，這正是權謀覺醒的第二步：**具備判斷對方價值的眼光與智慧**。厲害的男人可以押對寶，在對方還沒起飛時雪中送炭打好交情。劉畊宏這輩子做過最正確的事，是在周杰倫還沒大紅大紫的時候跟他天天鬥牛打好交情，雖然我覺得他純粹運氣好就是了……

多數男人的困境

說穿了就是白目。軍中名言「不打勤，不打懶，專打不長眼」，套用到社會職場還是整天活生生上演。我在直播曾經說過，根據我的實地觀察，男人的社交智慧大概落後女人十到十五年，你以為三十五歲可以當個老江湖，殊不知女人在二十五歲時就因為從小被男人跪舔、搭訕，老早鍛鍊出相當男人中高階主管才有的社交直覺。

真要說的話，女人判斷男人價值的能力遠高過男人。女人可以在跟男人接觸的三秒內，從眼神、說話語氣、肢體語言等潛溝通方式，判斷這男人是不是有價值，之後再用眼神、主動進挪，甚至打炮時騎上去這類身體反應，給予他身為阿法男的獎勵——真實慾望。而多數性匱乏的男人並不具備這種判斷對方價值的能力（我們男人天生只具備分辨正妹的能力，審美觀壞掉的男人除外），大概要在職場磨個一、二十年，約莫在四十歲且具備一定社會地位才有這種本事。

更不用說一堆在社會底層打滾，活到四、五十歲還不會看人臉色的老屁孩。

再者，女人的階級觀念也遠高於男人。根植於基因的慕強擇偶（Hypergamy）天性，她們面對強者和弱者的態度有著天壤之別（但這也是女人搞權力鬥爭的弱點，她們最擅長的其實是後宮爭寵，像《後宮甄嬛傳》這類宮鬥戲碼），說穿了，階級觀念讓人有「識時務者為俊傑」的大智慧，人家比你強你就是要龜，硬幹只是找死而已。

可惜，大多數男人並不具備階級觀念。男人未經琢磨的鬥性會讓人悶著頭往前衝，不會仔細思考自己言行在當下情境是否恰當，也不會思考眼前這人有多大咖，該用什麼態度與之相處。更甚者，會在明明有求於人的時候擺譜。很多年輕人的應對進退常常讓我心驚膽跳，心想你知不知道這人有多大咖，你有求於人還敢這樣跟他說話？

順道說個有趣觀察，很多男人跟女人相處時會變成跪舔的貝塔，但在職場跟其他男人互動時卻會故作姿態，變成看起來高高在上又唧歪的阿法，這完全是錯誤的操作方式。這麼說吧，每個男人都有著阿法的野性，也需要有地方抒發這股陽剛之氣，但在藍藥丸制約下，只能在女人眼前當個貝塔、在其他男人面前裝成阿法，以舒緩心中的不快。

這才是真正的「出於恐懼」。雖然我的頻道常被很多藍藥丸或左膠拿這四個字來嘴，但我還是要替我的觀眾朋友釐清一下，讓你們有武器去反擊這類言論：**真正的出於恐懼，是你必須用外在武裝去捍衛缺乏價值的內在核心**。但如果你真的有價值，也知道自己的價值是別人要的，自然會擁有「我有你要的東西，但要依你的表現來看是不是有合作機會」的不卑不亢。就算要對他人唧歪，也是真的比對方屌，是有什麼好客氣的？但過於唧歪會扯到仇恨管理的議題，之後會詳說。

回到正題，**缺乏階級觀念的男人，跟女人相處時會自動轉成貝塔賽局（Beta Game）**，因為不知道自己有多屌，或不知道那叫屌，但文化傳媒的各種制約會幫男人預設變成貝塔；而跟男人相處時則因為缺乏社交直覺，兼之無法以理智控制情緒，用真正出於恐懼的「阿法」

到處累積仇恨。跟女人打不到炮還算小事，但跟男人相處出現問題，在職場被老闆討厭、在商場被客戶鄙視，事業與人生會處處碰壁。

那要怎麼解決這種狀況呢？

1—2 先和自己打一架

權謀覺醒並不容易，要達成這目標的難度，有如你要把身陷藍藥丸泥沼的貝塔男從底層拉出來，更別說有些人只想在髒水裡打滾與沉淪，當個爛泥扶不上牆的廢柴。如同紅藥丸覺醒，要獲得權謀覺醒，首要之務是跟自己打上一架，替自己根深柢固的價值觀洗個三溫暖。價值觀通了，見地才得以開展，手段或方法才有發揮空間，可說是權謀武功最基礎的入門心法。根基不穩、馬步不扎實，你自以為的萬丈高樓，到頭來也是一推就倒。

但很遺憾，除了這本書以外，權謀相關知識絕不會有人願意教你。自古以來的權謀高手光是忙著鬥爭就來不及了，哪有空著書立論把自己的權鬥心得寫下。更何況，處於食物鏈頂端的權謀高手絕不希望韭菜們獲得這些高級知識。這些傻屄最好一輩子蠢下去，深信愛與和平的美好大同世界，被老子賣了還可以幫忙數鈔票，吃乾抹淨連骨髓都吸得點滴不剩。

所以嘍，會流傳出來的只會是統治者希望你擁有的知識和價值觀。用愛與和平的藍藥丸價值觀鎖住你的腦袋，你的見地和手段將永遠停滯不前。

我在讀科幻小說《三體》的時候，對其中的「智子」印象非常深刻：智子是三體星人派駐在地球的超微型機器，任務是干擾地球人的科技發展。作法是干擾地球科學家對物質結構的觀察，替基礎科學建立一道不可跨越的天花板。要知道，所有的工程科技都立基在現有的基礎科學發展上，基礎科學是一切科技的發展上限。而要發展基礎科學，必須對微觀物質結構有更深一層的認識，但今天智子卻不斷干擾科學家對微觀物質的研究，等同於鎖死地球的科技發展。這就像你玩《世紀帝國》最多只能發展到黑暗時代，而你的對手卻拿著現代工業的洋槍大砲指著你……

價值觀遲遲不改，你的腦袋將如同被智子鎖死，給你再多好東西也消化不了。所以才說，必須先跟自己打上一架才行。

如何把自己揍一頓

在我看來，不論是歷史上或是現代的權鬥高手，大致上都從以下三個部分在自我修練。

雖說跟自己打一架是權謀覺醒的第一步，但基本功這東西練一輩子也不為過，不妨把這三項當作修心的課題來看待：

1. 與生物性對抗

人類說穿了都是穿著西裝拿著刀叉的猴子，即使有著看似高科技的文明生活，生理天性仍跟猴子沒兩樣。公的老愛找交配，母的則被慕強擇偶支配人生，在組織裡又爭強鬥狠搶當猴王，雖然人類替自己戴了萬物之靈的高帽，但滿溢的猴性，很難說我們是多高貴的物種。

不過嘛，也正因為這些猴性的存在，權謀知識才得以發揮。人類若少了猴性，著名的「藍金黃」套路將無法施展開來，讀歷史或看待時事新聞將會少掉很多樂趣。先明白人類的猴性，才有資格化身為棋手，下這盤人性大棋。

再者，別以為在讀這本書的你有高尚到哪裡去，包括我自己，也是要跟爭名逐利與好色的天性抗衡。懂得這項劣根性，面對誘惑時才能多一項武器與之抗衡，避免貪圖一時享樂，日後被對手抓住把柄。

2. 與傳統思維對抗

傳統思維是幾千年來不斷灌輸儒家思想的遺毒。一者是隱含服從權威的「孝順」思維，大幅度降低我們獨立思考的能力，以致看到老闆、上司各種命令，沒有權謀覺醒的人會突然把腦袋忘在家裡。當然啦，有時候身為下屬必須無腦執行上層的命令，具備獨立思考能力的人太多，骯髒活就沒人幹了，世界也無法運轉。

二者，如同藍藥丸制約裡的「自我揭露」，職場官場也瀰漫著「坦承溝通」的歪風，意思是要完完全全讓別人知道自己在想什麼，如果對方沒照你的意思幹，那是你不夠坦承，請把溝通技能點好點滿。然而，如此坦誠的下場就是被對手知道你的弱點，被亂臣賊子投其所好而引狼入室。

真正的權謀高手都是外儒內法。對外推崇上述儒家思維，降低對手和屬下的智商，但自己真正在幹的，卻是具備陰狠御下之術的法家思維。

3. 與自尊對抗

自尊是人類天性具備的心靈武裝，我們需要它來維護自己的尊嚴，需要它來保護自己一戳即破的虛弱內在。所以你會看到很多全身都是G點的人，隨便被碰一下就高潮咆哮。權謀戰場上永遠不乏對手使用激將法試探虛實，一個情緒沒掌控好，輕則被人制敵機先，重則破壞行事節奏，在糧草未備妥之時怒而興師，碰上這種心理素質脆弱的對手，絕對是可遇不可求的上天恩賜。

最上等的權謀高手，會把情緒展露當成武器，拿來誤導對手，讓他做出對自己有利的愚蠢行為；中等高手，則是靜若深淵、喜怒不形於色，讓人無法判斷其虛實；等而下之者，我偷偷改一下蘇軾〈留侯論〉裡的原文，用兩句話來做代表：「卒然臨之而大驚，無故加之而暴怒」。

與普通人的差異

別以為我在這邊花點篇幅寫寫廢文，便能輕鬆扭轉多數人價值觀。我的直播已經近兩年，至今仍有人問些男女情事的基礎問題。價值觀的轉變，除非天賦異稟，或家裡教得好（比如你家三代為官，從小耳濡目染這些權謀骯髒事），否則大多數人只能仰賴生活工作上的震撼教育，或是透過各種案例一點一滴地洗腦。你可以在剎那間頓悟，也可能花個一年半載終於自我洗腦成功。但也有一部分的人即使花上一輩子的時間，也百思不得其解所謂權謀價值觀是怎麼回事。有些人，天生就是當羊吃草的料，要他改行當狼吃肉實在太難了。

一旦心法內功修練有成，閣下與一般人相比，會有以下的不同：

1. 看待強者的方式

一般人看到強者，第一反應要麼鄙視，要麼仇視。這種鄙視和仇視，想也知道不是實力贏過對方的睥睨天下，而是技不如人又必須自我安慰的療癒心靈。說白了，就是酸民常幹的事。但要玩權謀，勢必要對人類世界的各種規律有些基本了解。權謀家可以不用是每個領域的專才（但在人性理解上必須是專才），至少也要成為具備常識等級的通才。二八法則知道吧？自古人類文明向來是頂尖強者領導底下一整群人民，一國政府從行政、司法、立法，乃至軍事部門的各級官員加一加，僅上萬人卻能統治上千萬人口的中小型國家，更是把二八法則發揮到極致。

強者統治弱者是必然，是歷史規律，個人力量再怎麼強大也逃不過歷史規律的洗牌。就算覺得眼前讓你氣噗噗（但又打不過）的對手是運氣好，可別忘了，那也是身為強者才有參與歷史樂透的資格。

所以，形勢輸人家，先克制住自己各種情緒的不快，人家比你強，理當比你爽，遊戲規則就是這樣。冷靜分析對手的籌碼、背後派系、後臺靠山硬不硬、該不該正面硬幹，把《孫子兵法》第一篇〈始計篇〉拿來用一下，一般來說心裡會有個底。

反正打不過還可以加入他，總是有辦法的。首要之務是別被情緒掌控，像個小孩子一樣意氣用事，犯這種低級錯誤，三兩下就在權謀戰場被淘汰出局了。

2. 看待利益的方式

權謀覺醒的人，內心的價值體系是有條不紊的。一般人以為的利益，不外乎是金錢、美色、權勢地位這些膚淺（但很實在）的東西，可真正廣義的利益，還包括親情、友情，甚至輿論聲量等人際關係。再分仔細一點，還要把時間尺度考慮進去，在短期、中期、長期三種不同時程考量下，利益變化曲線又會不一樣。

在一般人眼中，僅考慮狹義利益是常態，只看得到短期利益的鼠目寸光更是滿街都是，就算眼界可以考量到廣義與長期利益，在心中的排序也是既浮動又紊亂。有道是「既想當婊子，又想立牌坊」，你想當婊子撈錢，就別指望有好名聲，這是八大工作業者都有的自覺，一般人反倒沒這種觀念。強如霸王項羽，也因為價值觀排序不明確，在《史記》裡被韓信認證「婦人之仁」。

《史記・淮陰侯列傳》：「至使人有功當封爵者，印刓敝，忍不能予，所謂婦人之仁也。」項羽的部下立了功勞，理當封爵，項羽爽快地把印信發下去，自然可以收買人心替自己賣命。偏偏他「印刓敝」，印信要給不給，在手中把玩半天，沒練鐵砂掌還能把印信的稜角給磨掉，連「官位」和「人心」這兩種顯而易見的利益都無法在心中排出高下。而且對一個領導者來說，官位這種東西是隨自己喊，比印鈔票更簡單。如此游移不定，被賞賜的部下看在眼裡，早就心生怨懟，人心大失。真可謂武力一百，但政治零蛋的白痴霸王。

具備上述的價值觀素養，所衍生出來的能力是手段的昇華。從此以後，你不會像個屁孩一樣被情緒牽著鼻子走，考量的點會變多，見地也會因此開展。遇到問題，心裡要把能想到的利益牽連都考慮進去，該傷敵一千自損八百，還是把餅做大拚個雙贏，這麼幹下去該如何自保、如何收尾、有沒有可能造成反噬。說真的，歷史之所以被稱為「博雅技藝」（Liberal Art）裡的帝王學，實乃是要人用這種方式解讀各種人生難題。

男人遇到問題就是想辦法解決，不是鬧情緒。

1—3

色字頭上一把刀

之前兩本書自上市以來一直有個奇妙現象，是我在其他書沒看過的——博客來書評特別多（撇開送贈品衝書評的書，正常行銷的很少看到這現象），而且好評遠比負評多。在負評之中，有的說我出於恐懼、有童年創傷，嘴我罵我的從沒少過。有一段時間我還滿以「欣賞」這些充滿人性糾結的書評為樂，但後來想想，這些人再罵再嘴也就這樣了，人畢竟要向上爬，不僅要督促自己長進，所找的娛樂也要更加高級。漸漸的，我也忘了書評這回事。

在寫這本書之前，我打算別再去扯這些兩性之間的風風雨雨，不然又擋到藍藥丸的財路，沒錢賺就算了還累積仇恨，根本吃力不討好。而且再怎麼說，這本書可是標榜權謀霸術，偏向男人在職場與人際關係的成長（事實上我預先鎖定的受眾都是男人），照理說跟主流藍藥丸、左膠橫行的兩性領域應該沒啥牽連。

但開始動筆之後，我才發現我錯了。自古以來，人類總是把「財色」綁在一起討論，也暗示著這兩者足以並駕齊驅的重要性。至此，我才發現我他媽終究脫離不了兩性主題的渾水，還是得跟大家聊聊「女色」在權力戰場上的重要角色。

是的，在權謀覺醒的人眼中，女色只是一種資源。當然，藍藥丸的人會說這說法是在物化女性，但我還是希望大家能靜下心來，從人性與歷史規律認真研究爬上高位的方法，一來做事有效率，二來可以防身，在你即將被人設局挖洞之際，能及時覺醒，懸崖勒馬。

陪睡的歷史

「陪睡」就跟性交易八大產業一樣，表面上人人道貌岸然、口誅筆伐，實際上早在暗流裡大行其道。直指男人生物本能的利器，人類有史以來能抵抗的人沒有幾個。宗教、政治、企業等各大領域也老是有醜聞爆出，許多破殼小雞看到這些狗屁倒灶的鳥事後，第一反應往往是驚覺「嘴唸經手摸奶」（請用臺語發音）的人怎麼這麼多。

給你一條規律，往後看新聞時事的時候可以自己體會和驗證：**凡是在媒體上愈是像個聖人君子，對這類情事愈是大聲斥責或嚴加否認的，通常私底下都玩得愈大。**請自行Google「本斥但大」的典故。

事實上，早在兩、三千年前的春秋戰國時期，各國君主就知道女色的威力，要拉攏並滲透敵國陣營反對派，日後當內應替自己效力，除了送黃金，一定會再加美女才說得過去，跟吃薯條一定要配番茄醬一樣，早就是必備配套。這方法雖然古老，但一直到二〇二一年還是他媽的有用。甚至我敢說，就算再過五千年，只要人類還是用鼻子呼吸、用兩隻腳走路、男人老二硬得起來，這一千零一招依舊可以在權力戰場上大行其道，完全不用擔心會退流行。

在各種領域用陪睡換機會的事，說真的也不是什麼祕密。大家看八卦新聞時一定會看到某某藝人、某某主播，用陪睡換到演出機會或登上主播臺。撈不到好處的市井小民一定會大罵其墮落，儼然一臉仇富酸民的模樣。

但你換個角度想：如果你今天是手握重權的影視老闆，擁有能決定旗下女明星的生殺大權，而她們又爭相投懷送抱、頻送秋波，吃飯時在桌底下拚命往你大腿蹭啊蹭的，時不時暗示自己今晚有空，房間鑰匙也隨著遞上，你會怎麼幹？我相信你絕對不會要她們自己打一架或抽籤決定，而是乾脆二一添作五，大家到房間集合一次解決比較省事。

再說，你也不是首開先例，陪睡爭取位置早是許多行業的潛規則，是大家只幹不說的默許交易，主流媒體永遠都會和諧這類新聞，讓其船過水無痕。這就是手握權力的巨大誘惑。

講白一點，當你有了權力，女色自己會上門找你。但我今天不是要你當個只會嘴唸經的聖人，而是要你評估後果。能隨心所欲睡妹當然爽，但濫用權力紅利的結果，將是留下把柄成為日後職涯的不定時炸彈。比如說，帶不該睡的妹去開房間卻被人偷拍，之後想選個議員或立委，竟然被對手拿來當作爆料的攻擊武器。

但這種自己投懷送抱爭取機會的妹子，還是比較低層次的，主導權始終在男人手上。高級一點的，會在政界或商界利用美色優勢步步高升，也就是具備權謀覺醒的女人。這類女人很清楚知道自身美色是威力強大的籌碼，她們談吐高雅、身段柔和，美貌和身材也時時保養在一定程度之上，即使上了年紀，但因為有閒外加有本錢保養，崩壞速度會大幅降低，還能跟年輕妹子一較長短。

這類女人最厲害的是社交手腕。她們很清楚什麼時候該用魅惑眼神讓男人心神蕩漾，也很清楚什麼時候該適時消失讓男人心癢難耐，甚至憑著豐富閱歷在關鍵時刻提點男人，讓他的事業大幅成長（韭菜當然要養大了再割嘛）。收放自如的功力，再加上對說話時機的巧妙掌控，縱橫江湖多年的老狐狸也會被唬得一愣一愣，乖乖奉上家產，甚至被掏空歸零。

她們跟一般網紅小模最大不同是，不會輕易給男人睡走。她們很清楚知道，只要被男人睡走，自己將失去跟男人周旋的最大籌碼，得不到的才最美。所以會像擺在男人眼前的胡蘿葡一樣，讓男人看得到吃不到，任由其擺布。不過這也不代表她們不會跟你上床，阿法男對她們的吸引力依舊存在，這是人性，很難有核心上的變化。只是她們會精心算計跟你上床後能拿到的好處，理智比慾望先行，真的有好處拿，上床只是達成目的的手段之一。

給那些有阿法毒癮的妹子看看吧（雖然有阿法毒癮的妹子絕對不會買我的書），**權謀覺醒的正妹之所以人生平步青雲，正是因為把理智擺在慾望之前**。男女皆是如此。那些只跟著慾望走、容易被男人的野性驅動慕強擇偶，但又不願意動腦筋想一下前因後果的女人，陪伴在自己身邊的往往是低等無腦的8＋9阿法男。

當然，美貌、智慧、人品兼俱的優質女人還是有的（我還是要替這類好女人平反一下，不然大家老覺得我在說女人壞話）。臺語「欠腳」便是形容此類精明能幹的女人，在男人身邊扮演另一種軍師角色，遇到關鍵時刻提點男人，幫忙輔佐事業蒸蒸日上。只是身為男人的你必須誠實問自己：憑什麼讓這樣的高價值女人心甘情願陪在自己身邊？

為什麼女人不擅長權力鬥爭？

你會發現，充滿話題的影視劇本裡，常常是《後宮甄嬛傳》《如懿傳》《延禧攻略》這類宮鬥戲碼占據媒體版面（雖然好像在對岸都被下架了），怎麼沒有像男人一樣，實打實白手起家的開國皇帝劇本出現，好像女人只會搞宮鬥一樣……

很遺憾，雖然看起來是我隨口胡謅，但很可能不小心道出了真相。

1. 歷史上的女皇帝少之又少

回到歷史洪流的眾多案例中，鮮少女皇帝的存在。我猜大家喊得出名字的唯一正統女皇帝就武則天，在幕後垂簾聽政當影子皇帝的就慈禧，其他多半是男人的天下。但尷尬的是，這兩位看似母儀天下的女帝，也並非像其他開國皇帝一樣白手起家打天下，啊女人就真的不擅長武力嘛。這兩位女皇帝一位是唐太宗的「才人」，一位則是咸豐的「蘭貴人」，兩個都是從後宮發跡，先成為王的女人，再成為王。

前面也說了，具備權謀覺醒的女人，要成為王的女人遠比一般花瓶妹子容易得多。既然成了王的女人，要取而代之當王只是一步之遙。也就是說，如果王的女人把王歸零，直接取而代之拿走他的一切資源，也等同於變相篡位，直接上位當王。

不過，時代不一樣了，畢竟文明社會不再只仰賴武力獲得政權，女人可以透過民主機制從基層慢慢往上爬，不再需要直接歸零獨裁者篡位，所以世界各國的女性領導者愈來愈多，政績有聲有色的更大有人在。像臺灣總統蔡英文就是一個好例子（但蔡總統一直以來都有位大阿法引領著她前進，至於是誰，我相信熟悉臺灣政壇的朋友應該都知道是哪位）。

話雖如此，還有第二個關卡在等著……

2. 女人的天性是慕強擇偶

慕強擇偶是烙印在女人基因裡的詛咒，成為女人在權力戰場上的巨大絆腳石。除非對手也是女人，不然的話，這詛咒讓她們容易對強者（壞）男人有莫名好感，對弱者（好）男人又莫名鄙視。偏偏搞權鬥，必須拉攏羽翼未豐的弱者，甚至扶持他成為自己的助力。但發自基因的鄙視會讓女人錯失扶植弱者的機會，又容易被敵人的風采所吸引而迷惑判斷，進一步阻礙決策。

你不妨觀察，那些在政壇和商場上混得好的女人，是不是都能理智先行，用智慧去克制自身慕強擇偶的詛咒。

3. 女人容易情緒化

我相信這點連女人自己都無法反駁，而情緒化是做決策時的最大殺手。權力鬥爭需要高度冷靜與理智，偏偏這跟女人的天生感性相違背。不光是女人，任何人只要被情緒牽著鼻子走，幾乎無法做出高品質決策。這也是為什麼一堆女人離不開家暴渣男，明明理智知道該閃人，但渣男給予的情緒起伏卻如毒品般劇烈起伏，只有理智先行的聰明女人，才能做出正確決策。

理智先行本是權謀覺醒的必要條件。我也說過，能把理智擺在感情前面的女人，人生通常都過得不錯。只是少部分女人能把理智進一步轉化成權謀覺醒，在眾多阿法男身邊像花蝴蝶一樣飛來飛去。你會驚覺，她們怎麼愈結婚愈有錢，然後每離一次婚，名下財產都可以多一棟房子。寫到這邊我都覺得，「結婚」對權謀覺醒的女人而言真是一項好事業啊。

你讀到這裡應該會想，到底該怎麼辨識權謀覺醒的壞女人呢？

權謀覺醒壞女人的特徵

1. 通常是個正妹

是的，愈正的妹子再加上滿肚子壞水，殺傷力會愈大。就算是沒有權謀覺醒的正妹，也因為從小被工具人伺候，漸漸領悟出管理工具人的方法，或多或少踏上權謀覺醒之路。性價值高的妹子，不會跟激進派的普妹搞什麼社會運動，早就因為自身外貌擁有進入上流社會的敲門磚，再透過權謀手段在眾家老闆富豪間悠遊自得。

至於為什麼小標題前面要加「通常」兩個字，聰明如你應該已經猜到，絕對有例外狀況出現。政商界還是有樣貌普通但具備權謀覺醒的女人爬到高位，只能說她們手腕高超，所處圈子滿滿藍藥丸……

2. 眼神絕對犀利……甚至勢利

如同紅藥丸覺醒，「識人」課題也是男人剛出社會的最大劣勢，而辨認眼神更是其重中之重。請你記得，除非女人整形整到眼睛周圍動彈不得，否則一定可以從眼神看出其心性的端倪。

但我大膽推測，八〇%左右的直男，無法分辨出眼神純樸正直的正妹跟眼神勢利奸邪的正妹差在哪，第一個念頭都是「這個夠正，我可以」。只有金字塔頂端閱人無數的二〇%阿法男，因為腦中存放大量資料庫，能一眼辨識出這妹子眼神是不是有問題。

是的，要辨識出眼神，需要大量資料庫，需要足夠樣本數，定出基準（純樸正直的眼神），才知道什麼叫勢利。當然啦，最快的方法莫過於被勢利妹子歸零一次，我敢說從此以後你一定忘不了這類妹子的眼神。

3. 絕對有黑歷史

常看我直播的朋友，一定記得我常把「別人的失敗才是我們的成功之母」這句名言掛嘴邊。也正因如此，閣下大可不必拿親手打下的江山，或賭上真金白銀跟這群女人犯險，只為了驗證她是不是真的勢利。只要隨便觀察一下身邊的藍藥丸朋友，他們能提供的樣本就夠你學習了。那些相處過程中女人已經出現紅旗指標（Red Flag）的夫妻或情侶，根據男人日後的「下場」，再回過頭去對照女人當初的眼神，大概只要十來個案例就能幫你訓練出基本的識人直覺。

如果不願拿身邊朋友當學習案例，你也可以退而求其次，直接從女人的過往紀錄判斷。只要她過去的交往對象幾乎個個慘賠收場，樣貌所顯現出來的精氣神也愈來愈萎靡，而她本人卻隨著交往對象的增加，房子和車子愈來愈多，社會地位愈爬愈高，照片所顯示出來的近況也愈來愈亮麗，那你幾乎可以判斷她是黑山老妖等級的吸血鬼。

這種資訊調研（好啦我承認有點在人肉對方）在以往要靠徵信社才辦得到，但在社群媒體盛行的年代，你絕對打聽得出這妹子過去的交往歷史。現在大公司的人資也知道要去社群媒體觀察應徵者的過往紀錄，我們男人理當跟上時代腳步，進一步提升篩選妹子的能力。

話又說回來，男人遇到權謀覺醒又美色超絕的女人，幾乎無解。隨便一個回眸一笑百媚生，你在江湖累積辨識忠奸的豐富閱歷，也會在小頭充血但大頭缺氧的情況下瞬間拋到九霄雲外，智商更是對折對折再對折。許多藍藥丸的大老闆阿法男，你會以為他們玩遍天下女人理應百毒不侵，但遇上這類型的女人，一樣死到連屍骨都點滴不剩。不過，正在看這本書的你不用太過擔心，畢竟權謀覺醒的超級正妹只看得上頂級大老闆或明星藝人，也只會在金字塔頂端遊走，我們這種升斗小民連被歸零的資格都沒有，她們看不上眼的。

再者，如果深具歸零價值的大老闆有緣買到這本書，又剛好身邊有類似的女人，請你記得，紅藥丸覺醒是你唯一的解藥，請翻找我的第二本書《壞男人的紅藥丸法則》，或看我的直播頻道盡量惡補。

具備紅藥丸覺醒，閣下的權謀覺醒之路才能更加踏實。有太多在政治官場上叱吒風雲的人，因為缺乏紅藥丸覺醒而栽跟頭，一時管不住小頭睡了不該睡的妹，從此被政敵抓住把柄，成為被藍金黃操控的傀儡走狗。

只有紅藥丸護體的權謀覺醒，才能幫你明白官場上的一大真理：有些妹，不能睡。

1—4 害死你的職場藍藥丸

權謀知識跟紅藥丸知識有點類似，大多是頂層階級祕而不宣的東西，兩者之間有許多共通之處，這也是我選擇從紅藥丸切入來剖析權謀的主要原因。我在直播時講過很多次，跟女人周旋的難度，遠低於跟男人周旋。兩者的風險與報酬，也有著只要你智商正常，自然能清楚辨別的明顯差異。

然而，一堆沒有權謀知識的藍藥丸，為了女人得罪男人，橫亙在他們面前的是性匱乏造就出來的智力障礙。「整天想打炮」是每個男人的原廠設定。美色當前，性慾會接手理智該做的工作進行決策（如果那叫決策的話），有很高的機率行差踏錯，最後滿盤皆輸。在我看來，**權謀覺醒的層次高於紅藥丸覺醒。**閣下不妨把紅藥丸覺醒當作權謀覺醒的基本功來看待，日後在職場官場的平步青雲之路將能走得更加踏實。

那為什麼說紅藥丸覺醒是權謀覺醒的先修課程，兩種領域的知識藍圖與脈絡是不是有其相似之處？能明白架構上的共通點，在跨領域的知識銜接上會更加無縫接軌。

1. 都是權力議題

只要是人與人之間的互動，權力議題都擺在那邊等著你去處理，任何一段關係勢必要有人挺身出來領導。這是藍藥丸嘴巴否認、不敢面對，但又無法抹滅的真實存在。因為他們拿不到權力，所以整天都想妖魔化權力。他們會貼上各種標籤，把權力議題跟玻璃心劃上等號，用「你不會溝通」的羞辱策略來掩飾自己拿不到權力的無能。

當你有實力做基礎，擁有真正的權力，員工會發自內心崇拜你，把對你的「景仰」當作使命感，為你做事；而把這份景仰套用到男女關係，就是每個男人朝思暮想，讓自家女人飛撲騎上來的真實慾望，勉強不來，也裝不來。

既然閃不掉，何不及早面對？

2. 都是既得利益者不願讓你知道的真相

換個角度想，如果今天你是既得利益者，我相信你也會做出同樣選擇，用輿論、文化傳媒等力量去阻止底層韭菜覺醒。畢竟收割的韭菜一旦不再認分當肥料，專司掠奪的菁英階級也沒飯吃了（先說，我寫這本書的目的不是要每個人往掠奪方向走，只是告訴大家頂層階級有一部分人屬於這類）。雖說都是既得利益者掩蓋真相，細講之下還是有本質上的不同。

官場職場的既得利益者，是刻意為之在隱藏真相。自古中國歷代統治者深知法家治國的妙用，但又必須打著儒家大旗讓人民順利變成韭菜，所以外儒內法才是頂級官家權謀的主流。這種知識體系不可能下放到民眾階級。以前有漢武帝獨尊儒術扼殺韭菜的權謀覺醒，現在則是滿滿溝通課在職場橫行。當老闆要學的是御下之術，不是溝通，我在之後章節會細講。

至於男女關係的既得利益者，首推女人。但女人並不是故意要扼殺男人的紅藥丸覺醒，她們的潛意識還是希望遇到高價值阿法男，只是在激進派進步價值鼓吹下，必須跳出來嘴個兩句顯示自己的政治正確。最後結果卻是女人理智覺得好棒棒，但與貝塔男相處時的心理跟身體感受卻覺得悶。套句我上本書有位女讀者在博客來留下的書評：「貝塔男真的無趣又沒有魅力，不要再自我洗腦喜歡的那個女孩會是例外。」

3. 都有藍藥丸制約阻礙覺醒

如果你不是生在富二代或官二代，從小有老爸教你怎麼當個好主人，那「如何當個好主人」就是你日後領導公司或成為一家之主的必修課題。至於那些主流傳媒文化所傳達的種種藍藥丸制約，說穿了，就是從意識型態上抹煞你身為主人的自覺。一旦你不覺得自己是主人，主僕不分，底下員工部屬雖然嘴巴說好棒棒好開明真他媽是個新時代好主管，但打心底失去對你的敬意，徒然增加管理難度。

紅藥丸必讀經典小說《阿特拉斯聳聳肩》有句名言：「思想才是行動的燈塔。」想法偏了，怎麼走都走不到正途。除非啦，你把這些藍藥丸思想當作武器，拿去教給老闆或頂頭上司（剛升官的技術型主管是首選目標，他們通常不具備權謀覺醒），直接弱化他的能力，日後再伺機架空他奪權……

常見的職場藍藥丸

話又說回來，也正因為祕而不宣，一般人在主流媒體接觸到的大多屬於藍藥丸層次的東西。你有必要先行辨識這些思想毒藥，避免它們腐化自身思維與價值觀，日後才能留下空間去汲取真正的權謀養料。權謀教育之所以難推廣，也是因為大腦被植入各種職場藍藥丸思維積習難改。藍藥丸思想若是根深柢固，即使看到能提升見地的好東西也會下士聞道大笑之，或者斥責太過功利而摒棄不用。魔鬼最厲害的地方，就是讓人以為祂們不存在。

不論在職場或官場，本質都是在組織討生存。而在組織裡打滾的邏輯，跟主流媒體或學校教育所灌輸的有著截然不同的差異。總結一下，大致會有以下方向幫你認清自己是不是職場藍藥丸中毒過深：

1. 過度理想主義

幾乎每個剛出社會的熱血青年，心裡總想替這世界做點事，貢獻自身價值。我也認為，只要不是過度熱中於社會運動搞遊行（參與社運是韭菜，厲害的是自己號召遊行名利雙收），認真上班累積實力與歷練，都是好事。但是，就是有些愣頭青搞不清楚狀況，以為只要心中有理想就能像吃了無敵星星一樣護體，卻不知道初出江湖之際，最重要的是在組織生存下來。

簡單講就是，跟對人、往上爬。當你手握千軍萬馬，才能登高一呼借用群眾力量做你想做的事。有實力才有資格講理想。跟幹架一樣，先打得贏再來講武德。

2. 只想把事情做好

這是專業人才或技術型人才的通病。很多工程師都會為了追求完美，不小心得罪上級高層，最後再到各大哭爸型粉專抱怨，明明做事的是自己，怎麼領功勞的卻是只會拍馬屁不幹事的同事。事實是若要在組織生存，跟上級搞好關係才是你的首要任務。

這麼說吧，一旦你跟上級搞好關係，具有權謀覺醒的上級主管會若有似無地把爽缺分發給你，讓你三兩下就能完事獲得立功機會，之後要升官什麼的當然第一個想到你，你有功勞，上頭才有理由升你官。

至於那些整天嚷著「只想把事情做好，不想搞派系鬥爭」的技術型人才，要這麼過日子也不是不行，只是若不選邊站，總有一天會成為別人的絆腳石，屆時等著接一堆屎缺，或被人設局搞掉。

3. 不願爭取自己的利益

又是儒家思想的遺毒之一。我認真想過，應該在華人童年教育裡把孔融讓梨這篇拿掉，搞得一堆人長大後無腦以為禮讓是美德，永遠不知爭取自己該有的權利，以致好東西都被吵著要糖吃的人先行端走，連骨頭殘渣都不留。

當然，這不代表明天該馬上跟老闆拍桌要求加薪。要求加薪是人之常情，但前提是先評估自己所貢獻的價值跟薪水之間的差距。手無寸功卻無腦要求加薪，老闆只會想辦法逼你走人。可一堆人明明有籌碼要更多福利，卻被儒家的「禮讓」或「不為己」價值觀洗腦過深，吃大虧還騙自己甘之如飴。

4. 替下屬強出頭

缺乏權謀覺醒的中級主管最容易犯此毛病，把下屬的所有要求一肩扛起，甚至認為自己是大家長，拿這些跟公司高層抗衡。其實我一直覺得，中級主管是最需要智慧的。一方面要跟屬下博感情，讓他們甘心替你賣命；另一方面又需要跟高層阿法周旋，讓他們覺得你是有價值的貝塔，願意給你社交認證。

你既是底下組織裡的阿法頭頭，又得在大組織高階主管眼中扮演有利用價值的聽話貝塔。但尷尬的是，在大多情況下，屬下利益跟高層利益是背道而馳的。比如說上級給你個專案，預算就這麼點，你無法開外掛無限發錢給底下工程師幫你加班做事。此時，若你無法權衡出對上與對下的利益輕重，只會無腦挺下屬，覺得應該據理力爭幫他們爭取該有的福利，長久下來，你就是大老闆眼中永遠跟公司對幹的不長眼小主管，之後升遷沒你的份兒。

5. 有才華講話就能大聲

這是超高級技術人員的通病。這類人因為自身技能的獨特性，習慣被人捧著銀子低聲下氣磕頭相求，導致養出一副恃才傲物的致命性格（當然是致自己的命），一不小心便得罪他人。得罪一般小咖沒啥大礙，形勢比人強，人家有求於你，當下自然是任君開口，隨你宰割。但若是惹不起的大咖，你看會發生什麼事情。世界上很多事可以用錢解決，不論是另找他人取代你，或是乾脆用錢解決你，省得替競爭對手賣命間接找自己麻煩。

電影《三個傻瓜》有句名言：「追求卓越，成功自然追著你跑。」我承認我很愛這部電影，一來夠勵志，再者也的確點出現今教育亂象，很多情節足以發人深省。但這句名言恐怕只對了一半，若只當個能力超群，卻不通人情世故的白目，最多只能爬上中產階級，離真正的成功還有好長一段距離。這還是能順利活著的前提下喔，要是過程中不小心被人弄掉，那勵志的成功故事大概也寫不下去了。

講這麼多，只是想讓大家知道職場藍藥丸誤人甚深。若沒有在這提醒大家，這些從小被教導的錯誤觀念恐怕會一直帶到職場上，成為無形中束縛見地成長的手銬腳鐐。你不妨觀察一下，許多幹一輩子卻永遠升不了官的技術型主管，是不是都犯了以上錯誤。

至於為什麼說先掌握紅藥丸覺醒再邁向權謀覺醒比較省事，金庸小說《倚天屠龍記》裡的張無忌是最好的說明。你看人家張無忌有九陽神功護體，學明教鎮教神功乾坤大挪移，需要的時間是以「時辰」為單位。一般沒有武功的素人，想練乾坤大挪移恐怕要以「十年」為單位。既然這樣，那為什麼不先花個幾年參詳九陽神功，再直上乾坤大挪移呢？怎麼看這樣安排時間都比較划算。

1—5 陰謀與陽謀

打從開始教課，特別是教把妹這種一般人眼中極度不正經的東西，我很容易遇到形形色色的學員朋友。大家看似追求一樣的知識，但卻有著不同的動機和背景：來自金字塔頂端的老闆、顧問、醫師、機師，追求的是在生活社交圈中借力使力，讓妹子左右逢源的方法；像工程師上班族這類堅實的中產階級，多半只想找個女生談場穩當的戀愛；而有些母胎單身的朋友，因為性匱乏而走上邪道，講好聽點是追求技藝的高峰，但依我觀察其執迷的程度，恐怕跟追求邪法劃上等號，只想知道如何快速把妹子推倒，完全不在乎手段是否得當，甚至誤入歧途毀掉自己人生也在所不惜。

即使我在課堂和直播不斷疾呼以誠待人這類看似道德勸說，實則長遠考量的利害分析，但不得不說，現今的教育市場上真有一票這樣的人，在追求各種陰謀詭計、旁門邪法。也的確有部分非主流的教育機構，標榜著能提供各式各樣威力強大的炸藥，只要付得起錢，哪管你是不是容易玩火自焚的屁孩，他們也願意把炸藥交到你手上。

沒辦法，「陰謀」實在太吸引人了。對於追求陰謀邪法的人來說，意味著自己完全不用努力，可以對生活擺爛，甚至不用工作，只要懂得「某些方法」，偷拐搶騙之路自然通暢到底，爛到谷底的人生也能就此一發逆轉。

幹，你覺得這可能嗎？

陰謀的來源

這世界上沒有比中國歷史上的春秋戰國時代更講陰謀詭計的。我也建議大家，如果想對陰謀詭計有通盤了解，或想理解專搞下流手段的人心裡在想什麼，《戰國策》將是你案頭必備之書，擺在枕頭旁邊睡前翻個兩下也可以。

是的，雖然春秋戰國時代的確是歷史上思想百花齊放的黃金時期，但其不為人知的一面卻正是人類思想的墮落期。熟讀這些案例，你才能明白中國名言「無毒不丈夫」是怎麼一回事。這句話背後所傳達的價值觀是，要成大事一定要使下流手段，哪怕背信棄義也在所不惜。

「陰謀」這東西顧名思義，指的是見不得光在暗處操作的手段，雖然同樣符合《孫子兵法》講的「出其不意，攻其不備」，但在我看來，「陰謀」是沒有道德底限的出其不意，也是罔顧人類文明發展的攻其不備。舉例來說，在商場上無法靠產品打敗對手，於是你發黑函，或是派人製造公關事件，甚至「碰瓷」惡搞對方商譽，什麼吃了對方產品拉肚子，再自拍發文找媒體來大書特書。雖然下流，但還真他媽有用。

但你簡單推想一下，如果所有商家都搞陰謀詭計，就沒人要認真把產品做好，大家來比誰的黑函狠就可以了。犧牲的是廣大消費者的權益，陪葬的是推動人類文明進步的契約精神。當陰謀詭計成為市場主流，大家等著看阿特拉斯把地球放下，有才華的人自顧自地跑去度假，沒人要創造價值了。

就我觀察，**畢生追求陰謀手段的，人生之路往往走不遠。**一來不願創造價值，格局太小，二來仇恨累積非常快速，從零到一百大概只要兩秒鐘，比超跑還快，導致人生還沒走到一半，在自家巷口吃個牛肉麵都可能被人開槍幹掉。拿陰謀暗算他人，人家勢必也用陰謀反擊，結局將是一片虛無的軍備競賽。

沒有人被陰謀惡搞還能一笑置之，一定會氣噗噗想盡辦法報仇，狠一點的會拿自己後半輩子跟仇家耗到底，千萬別小看仇恨的力量，也別輕忽陰謀造成的仇恨反撲。

與陰謀相比，「陽謀」就高明多了。如果說陰謀是躲在暗處射箭，陽謀就是跳到你面前拉弓，像日本機器人動畫一樣，出招之前把招式喊出來先行預告，還好整以暇慢慢等你變身完畢再開打，真他媽有夠光明磊落。使陽謀的人，就是這樣把意圖擺在桌上讓你知道，他不怕你看，也有信心你會跳進來。關鍵正是**「因勢利導」**四個字，《孫子兵法》裡的「攻其所必救」也點出陽謀的真髓。

說到「攻其所必救」，沒有比「圍魏救趙」更適合的說明案例。一樣出自戰國時代，魏國派大將龐涓攻打趙國，趙國派人向齊國求援。齊國的隨軍參謀，恰好是龐涓在鬼谷子門下的同門師兄弟孫臏。孫臏沒有選擇跟龐涓正面交鋒，而是直取魏國首都大梁，讓龐涓必須回軍去救。

我敢說龐涓知道齊軍的意圖，但即使知道也沒轍，必須照對方設想的行動模式為其所驅策。主城都被滅了，你打下再多城池有什麼用，玩過《英雄聯盟》的都知道，主城爆掉就輸了，殺對方再多小兵都沒用。龐涓若不想回軍去救主城，只剩下一個辦法，就是大軍轉向直取齊國首都臨淄，大家來比看誰的主城先爆。但殺去臨淄的路程足足是齊軍距離大梁的兩倍有餘，就算戰略正確，戰術執行上卻是遠水救不了近火的幹話。龐涓只能卵蛋捏著，乖乖帶兵回國救大梁。

再者，回國救主城除了軍事考量，還有著政治考量。假設今天龐涓統領的魏武卒（當時最強的特種部隊）行軍能力是一般軍隊的三倍，能完整執行轉戰齊國臨淄跟對方拚滅國速度的戰略，還必須考量後續風險。

如果大梁先被滅，主城爆掉，比賽結束，這結果應該顯而易懂；但如果龐涓英明神武，把齊國先滅掉，是不是能成為一代名將流芳百世呢？答案是錯，你必須把人心的算計考慮進去。龐涓若不管魏國大梁死活，就算揮軍直取臨淄成功，立下不世戰功，也要面對國內反對派的質疑。龐涓秉持著「將在外，君命有所不受」真理的同時，國內反對派早就在魏王耳邊進讒言中傷。

「龐涓一定是想謀反才不回軍救國」、「他直取臨淄一定是想自立為齊王」，諸如此類的言論大概照三餐上奏摺到魏王手上。三人成虎的輿論威力早就讓魏王信任全失，準備回頭辦龐涓。要知道，**自古以來政敵之間的爭鬥，貼對方「謀反」標籤永遠是最有用的**。就算龐涓有著正確考量與理由，想當面向魏王解釋，要回來也是一兩個月後的事，那時又沒有ＬＩＮＥ可以跟老闆即時通訊，在趕路的空窗期說不定又被反對派安上好幾條罪名。

上面這些設想，孫臏想得到，龐涓也想得到，甚至孫臏也知道龐涓想得到（有點饒舌我承認），但孫臏就是有信心龐涓會照他的劇本演出，時勢所逼，龐涓不得不從，這就是陽謀的力量。

「饑餓行銷」也是商場上的陽謀案例之一，就算全世界都知道饑餓行銷這招，也知道眼前的排隊人潮很可能是店家請來的走路工，但深植人類體內的羊群跟風心理就是會讓人想跟著湊上去。

陽謀與陰謀的取捨

總結一下。陽謀多著眼於資源調動、籌碼分配，有時會公開喊話釋放訊號，國際關係的外交辭令或大國領袖的喊話互動，也多半屬於陽謀。至於陰謀，則是暗地裡幹的小人勾當，派人暗殺、分化、搞滲透、養帳號搞網軍等等，各種見不得光的事多屬陰謀。

但是，我可不認為大家要摒棄陰謀不用，更進一步說，每個立志權謀覺醒的朋友一定要對各種陰謀手段有初步認識，之後再看人用。有道是「要打敗流氓，只有比流氓更流氓」，清官要比貪官更奸。閣下的知識水準與手段狠辣程度唯有比這些陰謀家更高明，才能一眼洞悉飛過來的暗箭，面對撩眼踢老二這類下三濫招式也能處之泰然，進而維護市場或商場秩序，大家才比較好做事，認真創造價值才有回報。

就境界來說，最好兼習陽謀與陰謀。用陽謀的大局觀定戰略，再用陰謀背後的價值觀成事，真的不幸遇到陰險小人，也要有足夠的知識與手段防身。**別以為陰謀總是壞的，它所傳達的精神正是「靈活」兩字**。不少對岸的軍事文獻老愛嘲笑當年國民黨蔣介石軍隊用兵迂腐，以致丟掉大好江山，大家真該引以為戒。只講陽謀不學陰謀，會過於剛正、好預測，遇到真正陰狠的敵人絕對落於下風。但只講陰謀不講陽謀，格局絕對上不去，或許能糊弄到一兩個客戶，甚至運氣好能騙到肥羊直接退休，但天底下又蠢又肥的羊有幾隻？用把妹的情境來說，只想靠話術騙妹，但不提升自身性價值，也不願學習高分妹或上流社會偏愛的社交方式，所能交手的妹子等級和分數絕對上不去。

但這是否意味著使用陽謀的就是好人，而使用陰謀的就是混蛋？倒不盡然。陽謀和陰謀本身只是表現形式的差異。**要定義善或惡，端看使用者動機**。刀子能切菜、自衛防身，但使用不當也會是殺人武器，專使陽謀的邪惡之徒未曾少過，陰謀用得好也能收懲奸除惡之效。

進一步說，上流階級的大人物一開始都是跟你玩陽謀，彼此之間要談合作，也是用陽謀高來高去。畢竟陽謀的本質是「因勢利導」，潛臺詞也多半繞著利益打轉，在江湖打滾的聰明人一聽就懂。他們會做很多測試掂你斤兩，這些都是明刀明槍擺在那的，不怕你知道。除非你礙到他、實力威脅到他，讓他必須跟你玩陰的，否則大人物才不屑跟一般市井小民玩陰謀。啊就真的沒必要啊，彈個手指就捏死你了，哪需要大費周章出陰招？

陽謀只有在一種情況下沒有用：對手智力太低、見識不足，無法看到背後的利益變化與情勢的此消彼長。通常這種時候直接開幹比較快，對牛彈琴是在浪費時間啊。有這種對手，你反倒要慶幸才是，擺明搞他，他說不定還看不出來。大家都不用動腦，超棒。

1-6 權謀覺醒還是權力執迷

前面提過的權力議題，真要細講，應該包含權謀覺醒與權力執迷這兩大集合。在學習知識和使用權力上，你必須清楚辨別自己是哪種心態，權謀武器使起來才能得心應手。職場藍藥丸分不清權謀覺醒與權力執迷，甚至將權力議題一言以蔽之妖魔化成玻璃心，說穿了也是因為從沒身居要職、帶過下屬，長這麼大不知道當主人是什麼感覺。於是乎剩下的選擇，自然跟賺不到錢的酸民一樣只能仇富，或者相信溝通萬能，期待溝通能解決生老病死等各種問題。跟宇宙溝通錢也會自己掉下來。

只有當你身居領導要職，被底下人惡搞或被其他派系惡鬥，最後導致滿盤皆輸，在職場上切膚之痛的「歸零」，才能提醒你權謀覺醒的重要。

西楚霸王項羽就是在政治戰場上被歸零的最好例子。跟劉邦的楚漢之爭失敗後，項羽兵敗至烏江，身邊只剩二十八騎。明明只要渡江據地為王，以江東之地的富饒肯定大有可為。晚唐詩人杜牧的《題烏江亭》也看好項羽的後勢，並對他的輕易言敗感到惋惜：「勝敗兵家事不期，包羞忍恥是男兒。江東弟子多才俊，捲土重來未可知。」是的，這就是成語「捲土重來」的典故。

項羽被歸零是事實，但只要留得命在，其實是權謀覺醒的一大契機。他武力高超，無論帶兵遣將或奮勇殺敵都有著超一流水準，然而政治和智力是零蛋，導致謀臣和親信一一離他而去，輸給劉邦真的沒有什麼好怨的。但回到江東潛藏窩個一陣子，好好讀書、檢討一下過去所作所為，在政治力與智謀力這兩大屬性上多分配些技能點數，士別三日變成文武雙全的「真．項羽」還是挺有可能。雖然歷史沒有如果，但我想藉這個例子提醒一下在職場和情場被歸零的眾多男性同胞，好好活著，即使你的事業已經一無所有，信念也瀕臨崩解，但你可以把這股怒火當作向上覺醒的原動力，那些把你歸零的人，說不定有一天會成為你的「反貴人」。

不過，同樣有著慘痛歸零經驗當契機，還是可能走歪。如同不少人會從紅藥丸走歪變成仇女的黑藥丸（Black Pill），權力議題上，也有部分的人在權謀覺醒之路上行差踏錯，變成「權力執迷」。

要理解這兩者的不同，只要問自己一個問題：「到底我是要解決問題，還是滿足慾望？」權謀覺醒的初心，說穿了是讓身為領導者的你好做事。不使用手段排除異己，別的派系會侵門踏戶來找麻煩；不雷厲風行剔除組織內壞分子，會成為團體分崩離析的隱憂，日後政令難以實行；不善用賞罰管理部屬，組織內的好人會離心離德，壞分子卻騎在頭上作威作福。當然，（職場）藍藥丸溝通大師還是會跟你說這一切都是溝通不夠造成的，但你看看項羽的窮途末路，如果能用時光機把溝通大師送到過去跟他推廣溝通的妙用，我保證他自刎之前一定順手拿這些人的頭一起陪葬。

紀律嚴明的組織才幹得了大事。要幹掉實力堅強的團體，也必須從分化其內部開始做起。**權謀覺醒的目的，正是用來防範各種滲透的陰謀手段，讓組織上下一心、運作順暢。**至於最後願景是領導者的榮華富貴，還是天下萬民的安居樂業，就看領導者的人品到哪了。

你看，這跟紅藥丸講的是不是很像？男人之所以該主導家庭與兩性關係，也是為了讓家庭功能得以順利進行。我在直播不斷跟大家說，多數男人要的其實很簡單，不外乎是希望當自己在外面拚事業，家裡的女人別在暗處放火（或者戴自己綠帽，或者捲款歸零）。紅藥丸覺醒就是為了解決這類問題而生。

但權力執迷就簡單多了。權力執迷的人之所以死巴著權力不放，只是不安全感作祟。電影《黑暗騎士》裡希斯・萊傑扮演的大反派小丑曾說過一句名言：「我就只是條追著車跑的狗，就算追上了，我也不知道之後要幹麼。」權力執迷的人，背後動機跟小丑這句話挺類似。握有權力本身，才能帶給他們足夠的安全感，所以不擇手段，在所不惜去掠奪他人的權力，並想方設法保護自己的權力。

最典型的例子，莫過於明太祖朱元璋。朱元璋的悲慘童年導致他對「官吏」有著十足的痛恨。就算他成為九五之尊，也老覺得這些替自己辦事的官吏整天在暗處搞事，一不留神，輕則貪汙虧空國庫，重則勾結黨派推翻自己辛苦打下的大明江山。所以朱元璋用錦衣衛來監控群臣言行，用恐懼當招魂幡，除了嚴懲貪贓枉法的官員，也可以大收殺雞儆猴之效。

說真的，我覺得古代帝制皇權底下的領導者多半屬於權力執迷。乍看之下，你會以為他們的維穩措施是為了國家安定（他們也如此宣稱），但真正背後的動機只是為了政權穩定，讓自己的家天下得以延續千秋萬世。至於人民福祉，恐怕要他有機會想到，外加有空有閒有能力才可能煩惱的事。

不過諷刺的是，想要爬上最高位，還真需要權力執迷的幫忙才辦得到。最高端的權力戰場，鬥爭失敗的下場往往是被抄家滅族。所以如果光有權謀覺醒，可能爬到一定程度，已經能事先洞悉戰場的慘烈，便會及早收山，或是乾脆養老擺爛不蹚這攤渾水。只有具備權力執迷的顛狂，才敢鋌而走險，為了權力上刀山下油鍋，一肩扛起抄家滅族的風險，去賭那最大報酬。

要當皇帝，沒有權力執迷當底，在過程中早就被其他有著權力執迷的競爭者用下三濫的手段幹掉了。對病態人格有點基礎知識的朋友應該已經發現到，權力執迷正是他們的特色之一。愈高端的權力戰場，權力執迷的病態人格競爭者也就愈多，最後存活下來的，絕對不是易與的善類。

各種對戰組合

提醒大家，權謀覺醒與權力執迷的區分並不是非黑即白的二分法，而是陽中有陰、陰中有陽，如同紅藥丸知識中阿法與貝塔的光譜。比較不同的是，權謀覺醒有個「謀」字，所以可以靠智慧和謀畫下決策，在為所當為的前提下做出跟權力執迷一樣的判斷。**在最高境界，權謀覺醒可以把權力執迷包含在內。**

但權力執迷就不是了。顧名思義，因為少了「謀」字，很多時候權力執迷的決策都沒什麼大局觀，也沒什麼下限。權力執迷的人跟權謀覺醒是沒什麼關係的，他們被本能驅動，被不安全感所掌控，對權力有著病態的執著，手段選擇也以陰謀詭計居多。所以，判斷對手是哪一種類型就顯得非常重要。

1. 權謀覺醒 vs. 權謀覺醒

雙方出招以陽謀居多。優質阿法互動皆屬此類，講話高來高去，裡頭卻暗藏玄機，在言語框架上大做文章，如非必要不使陰招。就算使陰招，也會覷準時機一發斃命，不會留給對方半點機會反撲。但大多數情況下，還是屬於君子之爭，大多數情況啦……

2. 權謀覺醒 vs. 權力執迷

權謀覺醒一方的智力水準必須高過權力執迷，否則必定死於陰招之下。權謀覺醒不完全的人，還是有著職場藍藥丸制約，各種忍讓、同情的婦人之仁會在不該來的時候全部爆發，最後下場自然是被沒有下限的權力執迷者出陰招搞掉。人家都已經在撩陰插眼了，你還跟他講武德、赤手空拳應戰，當然是抄傢伙打他老母啊。

3. 權力執迷 vs. 權力執迷

雙方陰招盡出，真可說是狗咬狗一嘴毛的爛仗。一般狀況下，買完這本書並認真讀完的你，有很高機率不會走向權力執迷這條路。之所以把這個對戰組合列出來，是打算提醒各位，如果要搞分化內鬥，你應該幫難纏的權力執迷對手，安排另一個權力執迷的瘋狗牽制他。這時就換你買雞排置板凳在一旁看戲，或者把注意力放到別的地方，做更重要的事。

權力執迷的人缺乏大局觀，最容易被利益驅動，雖然你不會希望他成為你的對手，但只要使用得當，這群只知道追著車跑的瘋狗，將是最好使的棋子。

面對權力執迷的對手，除了另外找瘋狗咬他，也可以用「捧殺」來對付。前總統李登輝可說是深諳此招精髓，把當年軍權在握的郝柏村看似高升任命為行政院院長，用四兩撥千斤的方法解除武裝。多年後有人問到李登輝這段往事，他說：「我了解中國人，你就給他做官，一直給他升他就高興，但是高興過後，他事情就發生，發生他就下臺，下臺就沒了。」

真正權謀覺醒的大內高手無誤，就跟你說權謀覺醒的最高境界，權力執迷完全不是對手。權謀覺醒可以洞悉權力執迷要的是什麼，在他們眼前擺根胡蘿蔔，將其耍得團團轉。

你也別高興太早，以為權謀覺醒是佛擋殺佛的神兵利器，在權力戰場上生死關頭的決策，往往伴隨著巨大糾結在考驗你的決心。比如你很清楚知道，一旦被對手奪權，全國人民將就此陷入水深火熱的暗無天日，而發起內戰是唯一也必定有用的辦法，卻必須葬送數以萬計的人命，甚至讓更多家庭破碎。

這可是「數萬人命vs.數千萬人命」的艱難選擇。如果你是主事者，會怎麼選？

權力執迷的病態人格患者可以毫無困難做出決定，但有良知的你，即使有著大智慧，我相信也要有背負萬世罵名的決心，才能義無反顧做出正確決策。甚至這項決定要等你死後入土幾十年，才有人寫文章幫你翻案平反。

這才是真實人生啊，常常是兩害相權取其輕的權衡。Happy Ending只有在童話故事才出現。現在你可以明白，為什麼許多權謀覺醒的名臣武將會選擇告老還鄉，及早退出江湖了吧。

1—7 潛規則才是萬能鑰匙

如果浩如煙海的權謀知識，因為心力有限無法全數消化，只能隨手抓一兩把乾貨囫圇吞棗，那麼我會建議你一定要把**「潛規則」**這詞牢記在心，這才是理解華人社會運作的萬能鑰匙。說到潛規則，早在我大學畢業那年，各類職場雜誌像著了魔似的拚命衝關鍵字，到哪都看得到這三個字。直到現在，潛規則一詞已經成為職場中約定俗成的專有名詞，剛到新公司或新部門，若沒先搞懂潛規則，忘記跟真正老大拜碼頭，日後所走的每一步將會糊裡糊塗被當成白目而四處碰壁。

在權謀知識的體系中，大家最想學的陰招手段恐怕只是細枝末節的部分，事實上不管是陰謀還是陽謀，都得服從潛規則底下的暗流規律，可以說是整個知識體系的骨幹、重中之重的核心觀念。要完全地權謀覺醒，不可不知潛規則。

光看「潛規則」三個字，中文好一點的大概可以從字面推敲出意思。但我還是想更進一步用淺顯易懂的方式，跟大家解釋其組成元素。

潛規則的組成元素

1. 利益集團私下認可的規則

官網查得到的規章、官方發言人在媒體上公開講的話、公司或政府單位條列出來的各種願景或規則，統統稱之為「官腔」。官腔這東西和潛規則，如同光與影一般的存在。比如某些落後國家，你要去官方政府單位辦事，官腔貼出來的規則是人人平等、大家排隊，但實際運作起來，你會發現老實排隊辦事卻要被承辦窗口百般刁難，一下說你印章糊掉、一下說你簽名斷水回去重排再來，反正他想怎麼刁難你，你也沒得含扣，事實就是有求於人，總要捏著卵蛋乖乖低聲下氣。

直到你偷偷在底下塞紅包遞過去，睡眼惺忪的承辦窗口馬上提起精神，跟你四目交會，三兩下解決你要處理的文件。這就是潛規則的威力——直接、有效率，但只能暗著來。

當然，承辦人員絕不會承認收紅包這回事，還是打著官家大旗，收完紅包辦完事，馬上么喝著後面排隊的人一個個照規矩來。但他沒說出來的話是暗示大家：如果不給紅包，你們就排隊排到死吧。

2. 合法傷害權決定主導者是誰

這裡要引出另一個名詞**「合法傷害權」**。合法傷害權指的是職務本身賦予的權力，而這項權力剛好可以趁你病攞你命。以前面舉的例子來說，承辦窗口的合法傷害權自然是各種推拖卡你文件，這是職務上給予他的便利，他也的確合乎「規矩」在做事，就算你想跟他的上級申訴，他可以推說印章蓋不清楚本來就只能退件，繼續用「合法的規矩」來卡死你，看是你急還是他急。職務規章所賦予承辦窗口的合法傷害權叫作「於第一線審查文件是否清晰可辨」，他永遠可以祭出這條退件搞你。

事實上，合法傷害權跟官位大小沒關係，端看執行者是誰。一個九品芝麻官，在技術上可能比遠在天邊的皇帝更具有合法傷害權。你當然可以向承辦窗口的上級申訴，甚至跑到總統面前攔轎申冤，總統也的確受理了你的申訴，吩咐底下人好好處理，可到頭來，總統絕不可能親自出馬幫你搞定，終歸要回到底層的辦事人員手上。於是繞了一大圈，問題一樣，承辦窗口繼續摩拳擦掌，準備好好「審核」你的文件。

這也是為什麼軍中受到不平待遇時，打申訴電話通常是最笨的作法。就算旅長吩咐好好處理，甚至把連長拉正狗幹一頓，可到頭來，仍舊要在連隊過生活，直屬長官還是連長，真正擁有合法傷害權的是連長，不是旅長。

況且，這麼往上頭奏連長一筆，你覺得連長可能善罷甘休嗎？絕對是變本加厲繼續用他的合法傷害權搞死你，例如時不時排最硬的夜哨、吩咐嚴加要求棉被等內務。我說了，直接跟你交手的第一線窗口，通常是合法傷害權的擁有者。

3. 用合法傷害權互相約束

的確，申訴是小兵對連長名義上的合法傷害權（非法傷害權是去軍械室取槍威脅連長，但後果你知道的），只是你孤家寡人的力道實在是杯水車薪，旅長就算受理，搞不好私下跟連長商量河蟹，演一齣「欸我有在處理」的戲給所有人看，最後的主導權還是落到連長手上。

但是，一般小兵也不全然拿連長沒辦法，如果是一群人聯合起來申訴，狀況就不一樣了。比如你連同幾個志同道合被連長欺負的小兵，集體向旅長申訴，更厲害一點，預先找記者大書特書。如此一來，旅長自然無法私下河蟹，說不準還要組成專案小組來調查一番，只要申訴成功，連長的下場通常不會太好。

所以合法傷害權要有用，必須是交易雙方實力差不多，如此一來才能約束彼此行為。連長怕被小兵集體申訴，自然只能對小兵好一點。

一旦雙方動用到合法傷害權，代表集團雙方正式發生衝突，事情也將往難以收拾的局面發展，彼此利益也因而受損。所以，潛規則的真正功能，並不在於衝突發生之後讓事情回復原狀，而是雙方忌憚彼此的合法傷害權，盡量避免衝突，願意照著潛規則辦事。

4. 背後的精神是制衡

「制衡」是權力戰場的一大關鍵。任何一個組織，如果裡面有獨大勢力，勢必會危及組織生存。

我就舉皇權當例子。你以為中國歷史上的皇帝就絕對呼風喚雨嗎？當然，歷代統治者無不愛用君權神授的意識型態給底下人民洗腦，每一本史書裡的開國皇帝出生時都有龍有雲有閃電，絕對會用大自然的各種異象暗示天子的誕生。但事實上，皇帝必須跟群臣對抗。這不難理解，皇帝下的命令，如果文武百官不幹事，大夥兒就沒戲唱了，總不可能要皇帝捲起袖子自己幹吧？

皇帝跟群臣的制衡讓帝國的運作達到平衡。皇帝的決定要是太扯，群臣是可以聯手打槍皇帝的。這只是最一般的狀況，如果國內有反對派集團，皇帝還要時時提防政變出現，一不小心連龍椅都沒得坐，甚至人頭不保。

在物理上，如果一方勢力無限膨脹，最後結果將是混沌與毀滅，所以自然會透過潛規則發展出另一方勢力與之抗衡。皇帝需要群臣和地方官替他辦事，自然必須接受他們的制衡，皇權才不會無限擴張，國家才不會爆炸得太快。當然啦，不是只有搞定系統內的制衡就能讓國家千秋萬世，還要搞定來自系統外的侵擾、各種天災人禍等不可預期因素，但討論國家成敗實在非我所長，也有很多專書在討論這事。大家是來學權謀的，只要知道組織內的潛規則都是因應制衡而生就好。

歷史上也有跟群臣硬幹的皇帝。文武百官的代表向來是以宰相為首，但明太祖朱元璋可是歷史上權力執迷超人一等的開國皇帝，他就是不爽自己的龍椅還要看宰相的面子才坐得安穩，千方百計想廢掉宰相，大權在握。結果，還真給他利用胡惟庸案辦到這事。

雖然成功廢掉宰相，但該做的事並不會因為宰相職位的消失而減少，堆積如山的公文還是要批，奏摺還是要處理。朱元璋精力過人能事必躬親，但他的子孫能嗎？於是明朝後來衍生出內閣首輔來取代宰相職位，名義上宰相消失了，但實務上則由內閣首輔接手，大權一樣旁落到首輔手上，皇帝一樣要跟文武百官抗衡。

這就是歷史規律的威力，「潛規則」如同歷史領域裡的萬有引力。既然生命終究會找到它的出路，利益也會找到自己的流動方向，沒有人能與之抗衡。

有了潛規則這把鑰匙，今後各位讀歷史只要從這觀點切入，我相信很多看不懂的地方會頓時豁然開朗。

官腔的妙用

既然事情發展都是靠潛規則，那還要官腔幹麼？你如果有此疑問，恐怕就低估官腔的妙用。前面也說了，官腔跟潛規則是光與影的存在，沒有官腔在前面擋著，潛規則是運作不起來的。你總要有官腔當「檯面」，潛規則才能在檯面底下悄悄運作嘛。

所以嘍，**官腔是用來打槍他人最好的理由**。一旦對方提了個愚蠢建議，即使你內心百般個不願意，中指也比得滿天飛，但文明社會的教育要我們笑著臉拒絕，這時就是官腔出馬的最好時機。你大可冠冕堂皇地搬出公司規定，或用各種採購章程來擋，有點歷練的老江湖聽到官腔出現，自然也明白你的意思，聰明一點的就知道要更換條件（又或者在檯面下給點好處），真的不行，也不會強人所難。

這情況有沒有很像當你想約的妹子對你沒興趣，找了一堆理由來推拖，什麼最近很忙、要加班、想衝事業不想交男友。可是過沒多久，你卻發現她突然跟剛到職三天的帥氣男同事在停車場喇舌，或手牽手從摩鐵走出來……

我上一本《壞男人的紅藥丸法則》講過，妹子永遠會替貝塔定規則，也永遠會為了阿法打破規則。現在你懂了吧，那些推拖的各種理由，都是用來打槍貝塔的規則官腔；而為了阿法自打嘴巴，想當然耳是潛規則在搞的鬼，女人的慕強擇偶才是兩性動態的真正潛規則，而潛規則是不能拿到檯面上講的。

拜託不要再到PTT男女板或Dcard把我的直播頻道和部落格丟上去討論了啦。

1—8 好人為什麼墮落

既然前面提到，拿潛規則當鑰匙可以讀通中國歷史裡的許多貓膩，那我們不妨直接試驗，對比一下加了潛規則濾鏡的歷史故事，能從中讀出什麼智慧來。《晏子春秋》和劉向的《說苑》同時記載了一條權謀覺醒之路上必讀的案例。故事的主角是晏子（晏嬰）。晏子是春秋時代齊國著名的大臣，大家以前讀過「晏子使楚」的故事，一句「出使狗國才走狗洞」把有意開小門羞辱他的楚國官員嘴得啞口無言。多數人往往以為晏子只把嘴炮技能點滿，卻不知他的權謀技能也是滿分。

晏子治東阿，三年，景公召而數之曰：「吾以子為可，而使子治東阿，今子治而亂，子退而自察也，寡人將加大誅於子。」

晏子被老闆齊景公派去治理東阿，三年過去了，齊景公氣噗噗地把晏子召回，數落他一番：「我還以為你是治國之能臣，才派你治理東阿，結果你居然搞得一團糟，我派去考察的官員呈上來的報告沒有能聽的。你回去好好反省一下，我準備要好好懲戒你一頓。」

晏子對曰：「臣請改道易行而治東阿，三年不治，臣請死之。」景公許。於是明年上計，景公迎而賀之曰：「甚善矣！子之治東阿也。」

晏子一聽，先是愣了一下，但隨即會意過來，一臉誠懇又似有深意地拱手對齊景公說：「修但幾咧，東阿管理不善的確是臣的過錯，臣回去後會換個方式治理，請再給臣三年的時間，要是不見起色，臣自己提頭來見。」齊景公一聽，想說反正也不差這點時間，於是點頭答應。沒想到還不到三年，隔年晏子到中央向齊景公彙報稅收時，齊景公直接迎上去，喜孜孜握著晏子的手說：「厲害啊，你把東阿治理得井井有條，向我報告的大臣每個都大加稱讚，我就知道我沒看錯人。」

「可是老大，你去年不是這樣講的，明明還要治我的罪……」當然，晏子不會把這段心裡話說出來。

晏子對曰：「前臣之治東阿也，屬託不行，貨賂不至，陂池之魚，以利貧民。當此之時，民無飢，君反以罪臣。今臣後之東阿也，屬託行，貨賂至，并重賦斂，倉庫少內，便事左右，陂池之魚，入於權宗。當此之時，飢者過半矣，君迺反迎而賀。臣愚不能復治東阿，願乞骸骨，避賢者之路。」再拜，便僻。景公迺下席而謝之曰：「子彊復治東阿，東阿者，子之東阿也，寡人無復與焉。」

老謀深算的晏子隨即正色，趁機對齊景公來個機會教育：「從前臣治理東阿，完全不給人開後門關說，賄賂這檔事兒不可能發生，池塘裡的魚這類公共資源也是留給百姓，讓貧民有飯吃。這時路上幾乎看不到有人挨餓，但大王您卻要治我的罪。後來臣一改過去作風，關說賄賂什麼的，只要有錢都放行，還進一步加重百姓稅賦，多出來的錢也不入國庫了，直接拿去孝敬大王身邊的人。池塘的魚也不留給百姓，統統當特許事業包給權貴。現在東阿的百姓有一半在挨餓，想不到臣這樣惡搞，反而得到大王的誇獎。臣無能，東阿這地方實在是沒辦法治理，請准許臣退休回鄉養老。」

齊景公何等聰明，聽到其中關鍵字隨即會意過來，下席跟晏子道歉：「請你一定要繼續治理東阿，這地方只有你才治理得了，我今後不再妄加干涉了。」

來，現在拿出潛規則鑰匙好好想想，齊景公聽到的關鍵字究竟是什麼？

掌握資訊管道

齊景公是組織領導者，自然有著下決策的權力，先不說執行必須仰賴自身威信、派系整合、嫡系人馬是否給力這些技術問題，至少在君權神授的春秋戰國時代，坐在龍椅上出張嘴的本事還是有的（一點都不難）。

但是，不論選擇當個英明神武的聖王，還是生靈塗炭的昏君，都需要根據「情報」來下決定。正如同我們人類會因為感官而有所反應，任何一位君王也必須仰賴眼睛所看、耳朵所聽、日常生活所養成的慣性思維來對眼前每個狀況，下達心目中的合理決策。所以，晏子怎麼治理東阿反倒是其次，甚至是沒那麼重要的事。但要在齊景公心中留下好印象，重點在於齊景公怎麼看待這件事。

此時，最重要的是齊景公看到什麼和聽到什麼。那麼問題就來了：誰才是齊景公的耳目？是該拿出潛規則鑰匙的時候了。**把「利」字擺中間，很多光怪陸離的歷史現象往往能撥雲見日。**晏子的回答已經給我們線索：權貴。

當時可不像現在這樣，有抖音、臉書、ＩＧ、油管等網路平台，可以讓當地居民直接把生活狀況上傳到網路；也沒有媒體等資訊平台，幫忙將資訊昭告天下。齊景公想知道東阿的治理狀況，考察晏子的績效，方法只有兩個，一個是聽人說，一個是親自跑一趟。顯然，後者雖然正確率高，但技術上不太可能實現。如果每個地方齊景公都親自考察，一整年下來光是遊歷各地時間也不夠用（認真考察的前提下），更不用說還要撥時間審理國防軍備、經濟民生等國家大事。要是真這麼搞，恐怕連去後宮臨幸享樂的時間都沒了。所以，只能仰賴有人向他報告，或者「討論」。

1. 考察的官員

齊景公派出去代替他考察東阿狀況的官員，很類似教育部派去各級學校考察的督學。齊景公根據他們來自第一線的觀察彙報，藉此判斷晏子的績效是否良好。當然啦，前提是這些官員有認真考察，同時據實以報，沒有胡謅。

有點權謀根柢的朋友讀到這裡應該不難發現，這些考察官員或許官位不高，但對晏子可是擁有實實在在的合法傷害權。晏子如果「款待」不力，這些官員完全可以昧著良心在齊景公面前奏上一筆。或許你會問：啊齊景公就這麼好騙嗎？他們亂講齊景公就真的照單全收？

實務上也沒有別的辦法，難道你要叫齊景公再派人考察上一位的考察是否屬實。又不是在玩俄羅斯娃娃，打開一層還有一層。這麼搞下去，整個國家光是考察就忙不過來，啥事兒都不用幹了。

晏子在第一段證詞也承認「屬託不行，貨賂不至」，顯然他不搞小動作，所以被這些考察官吏在齊景公面前大肆抹黑，自然是可以合理推測的結果。

2. 貴族

在東阿有些貴族盤踞在當地，平常作威作福，甚至在地方身居要職，跟中央的高官也有著深厚關係。也就是說，地方貴族吸取民脂民膏，上繳一部分給中央高官或貴族，讓他們在皇帝面前美言幾句，確保地方貴族能繼續在當地剝削。在中國官場上，我把這稱為「貴族食物鏈」，大貴族吃小貴族，小貴族靠剝削蝦米百姓以滋養大貴族，這種生態在千百年後的明朝更是發揮到極致。

憑藉這一點，歷代東阿父母官總是要賣這些當地貴族面子，動用關係讓中央貴族在齊景公身旁美言幾句，大家互利共生，繼續在東阿剝削，反正死的是百姓，沒飯吃的也是百姓，管他路有凍死骨，我們自己朱門酒肉臭，爽到翻天就好。

但晏子的公正清廉（在貴族眼中則是白目），連特許事業都不外包給貴族壟斷發財，可說是斷了這群地方貴族的財路，擋人財路如殺人父母啊，當然是想方設法要把晏子拔掉。於是動用關係，讓中央的貴族或高官，整天在齊景公耳邊碎嘴，三人成虎的威力下，齊景公就算一開始不信，也被洗腦到信了。

3. 齊景公信任的人

如果齊景公意志堅定不被說動，這些貴族勢必山不轉路轉，改道拉攏齊景公的心腹，再由這些心腹間接洗腦齊景公。在中國歷史上，帝王身邊的心腹大致有以下幾種：寵愛的妃子、諮詢商討各種國事的帝王師、拉攏來對付大臣集團的太監。要改變君王的想法，有時以迂為直，從心腹著手，說不定能收到奇效。

再說，心腹也是人啊，是人就容易被財色利誘。歷史上種種富貴不能淫、貧賤不能移的優良特質全是特例，萬不能當常態看待。只要出得起錢，一定可以讓他們替自己賣命。

簡單說，晏子一句「倉庫少內，便事左右」提點齊景公，今天你會收到妥善治理東阿的好名聲，完全是剝削百姓、花錢打理資訊管道的結果。可別忘了晏子在當時已經是齊景公心腹等級的寵臣，本應堅若磐石的信任都能被動搖，真可說是人言可畏。

齊景公是昏君嗎？

認真說，齊景公能重用晏子，已經算是不錯的君王。領導者本身不用太強，只要敢用人、用對人，就足以維持組織正向發展。也因此，齊景公在位五十八年，小打小鬧有，但大事上因為有晏子幫他看著，國內政治算得上安定。

但是，歷史上被定位的昏君，真的認為自己是昏君嗎？大家在讀歷史的時候要有一個認知：每個歷史人物在做決策時，都是依照當下獲得的資訊，結合本身的思維，同時參考外部的建議，據此做出心目中的合理決定。當然，決策本身好壞與否是另外一回事，身為後人的我們因為可以從更宏觀的時空角度看待整件事，自然站著說話不腰疼，輕易嘲笑歷史人物的腦殘。但如果把你丟到當時的情境背景，給予同樣（稀少）數量的資訊，說不定做出的決策會更加愚蠢。

更進一步說，歷史上的昏君與明君之分，都是我們讀史之後蓋棺論定的後見之明，這些君王下決定的當時可都自認是明君，所用之人皆是忠臣賢相。這就是可怕的地方，明明所託非人，但因為感官被蒙蔽，獲得資訊的管道出了問題。一旦輸入的資訊錯誤，據此產出的決策品質也高不到哪去，garbage in garbage out 嘛。

如果你是晏子的角色，心志不堅的話，說不定就此退隱山林，好好一個良幣就這麼被劣幣逐掉了。必須有著堅強意志，才能挺過蜚短流長的侵擾，明白「清官要比貪官更奸」的道理，真正權謀覺醒。但大多數人則是變相領悟「東混西混一帆風順，苦幹實幹撤職查辦」的官場真理，職場黑藥丸一吞，好人就這麼墮落了。

第二章

組織生存：有人的地方就有江湖

Chapter

2

2—1 組織草創期的發展

徐克的電影說得好，有人的地方就有江湖。正所謂「人為財死，鳥為食亡」，組織的發展絕不像職場藍藥丸的天真腦袋所想，列出一張企業願景，執行長在股東會或董事會講講幹話，幫全體員工打雞血，大家變身成嗑了藥的超級士兵，一起替公司賣命。就我觀察人類歷史，組織領導能達到這種理想境界，除了邪教，大概只剩下《星海爭霸》裡人族的機槍兵。

再怎麼說，只要是人，各種利益考量將是投身進組織的優先選項，跟著老闆混也不過圖口飯吃。什麼拯救世界、致力改善人類生活的種種幹話，最主要的功能大概是放在官網上當品牌故事糊弄一下外人。員工真的要幹事，心裡還是優先考慮能拿到多少銀兩。

但這不代表每個人都是這樣利益優先。我自己的合作經驗，能將利益擺在次要選項的好咖還是存在。也的確，擁有強大人格魅力或優秀人品的領導者，不靠銀兩就能號召一票不愛財的死士替自己賣命。但這類畢竟屬於特例，也僅在某幾種特定組織發展階段才派得上用場。有志開公司、搞組織的各位，一定要對人性有著通透了解，搞懂組織各發展階段的成長關鍵，否則給錯東西，你會驚訝明明加薪都加到公司快破產，怎麼流動率依舊居高不下，人才就是留不住。

草創時期員工的心理狀態

各種新創公司一開始都必須從草創時期辛苦幹起。幾個人窩在車庫或破舊公寓的辦公室，只領最低薪資，用的電腦也是東拼西湊生出來的，辦公家具更是從二手市場（或別人家打算扔掉的）挖出來的堪用品，大夥兒共體時艱，度過最初的草創時期。你可能會驚訝怎麼有人能忍受這種鳥不拉屎的辦公環境，甚至有些新創公司創辦人的前一份工作是在１０１大樓的高級辦公室養尊處優，怎麼自己出來開公司，搖身一變成了校長兼撞鐘的打雜小弟，還三天兩頭睡公司，徹底實現大禹治水三過家門而不入的苦幹精神。

答案是，通常會創業，多半懷有滿腔熱血。在公司草創時期，因為滿腔熱血還沒有被帳單、請不到款、發不出薪水、跑三點半這類鳥事磨得焦頭爛額，仍有閒情逸致憑藉理想做事。也因此，草創時期的公司創辦人最容易靠著自身理想和熱血，號召一票看似不計名利的員工替自己賣命。

不過嘛，加入新創公司的員工雖然表面上看起來不計名利，卻可能另有圖謀。大致可分為以下兩種：

1. 社會新鮮人

新創公司畢竟資源不多，也不像台積電這類大企業，可以靠名氣吸引到各大名校的優秀人才主動投懷送抱。但這不代表名校畢業就不會去新創公司就職，只是比例上遠低於大企業就是。再者，新創公司比大企業更有發展空間，會投身新創公司的名校畢業生通常有著更大的理想（或圖謀）。

一般來說，新創公司必須仰賴創辦人的名氣或社會資源招兵買馬。創辦人有名望，自然可以號召到優秀人才，在給不起高薪的前提下替自己賣命。否則，如果是存到一筆錢想創業的小型新創公司老闆，能用的員工大概就一般社會新鮮人。這種初出茅廬的社會新鮮人通常對人生規畫不太有深遠考量，覺得畢業就該找份工作，薪水領了就買臺iPhone犒賞自己，或是夜唱什麼的把它花光，很多都是月光族。

對了，要先說，我並不是特別看重名校，也不認為名校畢業一定等同於高級優秀人才，非名校畢業的社會新鮮人只要努力自覺向上，還是有很高機率翻轉階級。只是對新創公司老闆而言，面對履歷如同白紙的社會新鮮人，多半只能拿學歷當主要指標篩選人才，至於適不適任必須用個好一陣子，才能知道眼前這人是真材實料的人才，或是被低估的黑馬高手，還是欺世盜名的薪水小偷。

更進一步說，良禽擇木而棲，既然老闆會挑員工，那有志向的員工挑一下老闆也是合情合理的事。我在直播講過，水鏡八奇最厲害的郭嘉，一開始其實是在袁紹手底下打工，只是發現這老闆實在太廢，長得雖相貌堂堂，但優柔寡斷又好謀無決，實在不是個明主，跟在他身邊遲早身敗名裂，還不如早早投靠到曹操門下。這類厲害員工會在任職期間觀察老闆的為人處世，藉此判斷是要幹個兩三年賺個履歷走人，或是認同老闆的能力，在他身邊窩著，直到把本事學完再走。

領導統御的最高境界，是員工下屬徹底被你收服，不僅認同能力，也敬佩人品，在你身旁跟到最後一刻，至於薪水這種庸俗的東西，畢竟談錢傷感情，或多或少可以先擱在一旁暫且不提。而這種打從一開始跟到最後的員工，通常會成為老闆的鐵桿班底。但這類人發展到最後，究竟是擁兵自重的難搞派系，還是實力堅強挺自己到底的嫡系人馬，又是另一回事，我們後面還會講到。

2. 空降的主管

前面說過，新創公司的招兵買馬，很高程度必須仰賴先前的社會資源，其中也包含人脈。如果公司漸有規模，或是創辦人必須替公司不同業務分派管理職監督，第一個想到的通常是自己先前所認識相關業務的熟手朋友。

順道提醒一下要走孤狼路線的，除非你想跟我一樣，搞個一人公司就打算幹到退休，不然有心往實業發展的還是多到外面走跳，認識一下各家公司行銷、業務、媒體等各式各樣人才。別等到有心用人的時候，才發現能情義相挺（翻譯：願意領低薪）的朋友太少，新創時期又只給得起香蕉，想請到獅子根本天方夜譚。

有些人會想問，啊不能把底下員工直接拉上來當主管嗎？理論上可以，但實際上緩不濟急。一個員工從新手村開始練等，要視野與能力兼具，沒有個三、五年是辦不到的。你總不可能放著管理職的缺等他練起來再升官，公司業務還是要照走，薪水也要照發，不如直接空降已經具備管理能力的熟手，順便母雞帶小鴨，透過日常工作的交流監督提升底層員工能力。

不過，如果三、五年過後，員工能力練起來，開始有了對專業的自主判斷，那很可能會跟當年空降的主管發生衝突，甚至憤而出走。

尋求穩定錯了嗎？

眼尖的朋友說不定已經發現，上述的討論獨漏掉「尋求穩定的熟手員工」。這類員工有著豐富的工作經驗，能力實屬勝任，有著家庭或妻小，需要穩定的薪水。也就是說，只要給得起錢，通常能順利完成分內工作。乍聽之下算是好用，但問題就出在「尋求穩定」四個字。

畢竟，新創公司如果在草創期搞穩定，通常是死路一條。以系統觀點來看，新創公司屬於市場系統中的變數，能活下來的通常具備殺翻市場的能力，或顛覆傳統商業模式的破壞式創新。也就是說，必須是市場裡的「Bug」才有活下來的機會，否則必定流於「平均值」，被系統吃掉。每個創業者都知道，能撐過五年的新創公司通常只有一%。

新創公司必須力求大破大立，時不時多出很多鳥事讓員工加班，有著妻小家庭而力求穩定的員工可遠不如社會新鮮人好用。說難聽點，社會新鮮人完整無缺新鮮的肝、沒有家累的自由度，都隱含著一項難以取代的價值：好拗。

這也是新創公司老闆和力求能力發展的社會新鮮人，之所以在人力市場成交的主因。

新創公司老闆尋找便宜好用的人力，而社會新鮮人則展示誠意，表明自己是有利用價值的貝塔，願意犧牲一點點薪水的代價（可能還要賠點健康下去，請注重養生好好活著），換得能力的巨幅成長。這也是我給社會新鮮人尋求第一份工作的建議：**除了薪水，也要考慮能力成長的尾勁，選對老闆，學習老闆的為人處世**，在他打小怪的同時，躲在一旁偷吸經驗值。

草創時期的公司通常是向心力最強的時候，也是最不需要靠物質等因素拉攏員工的甜蜜期（會加入新創公司的通常打從加入的那一刻就不指望領高薪）。整個組織的氛圍只有一致對外，努力讓公司生存下去。只要老闆或領導者不是蠢到太誇張，通常管理難度都不大。人類這種社會動物很有趣，**只要有系統外部生存的競爭壓力，往往能團結一致，沒空在系統內部互鬥**。

但公司不可能一直停在草創期，也不可能總是用社會新鮮人，更不可能永遠發低薪。員工一開始或許受創辦人老闆的精神感召，願意捏著卵蛋共體時艱一下，但時間一久，隨著能力變強，遲早會覺醒（如果讀過本書獲得權謀覺醒，那更可怕）。此時他會盤算自己的發展，要麼跳槽，要麼變相暗示老闆加薪。此時此刻，就換老闆要想辦法安撫能力覺醒的員工。必須讓員工看到組織正在成長與公司未來願景，時不時在開會上畫一下大餅，加薪當然是必要，但要真正把人留住，需要帶心。畫大餅的能力也是帶心的重要技能之一。

員工跟你打天下，願意忍受低劣的物質環境，還要應付各種突發狀況加班，圖的不外乎是公司將來做大上市成為另一個臉書，自己則成為元老坐享其成。朱元璋之所以貧農出身還能號召到徐達、常遇春、劉基、李善長這類一等一的人才，也是因為這群人從朱元璋身上看到，他坐上龍椅後，自己也能跟著雞犬升天的發光場景（雖然真實狀況是兔死狗烹）。

所以啦，一家公司如果永遠只有未滿三年的新進員工，或只用工讀生，通常是老闆有問題。能力不足以帶公司度過草創期，人格素養也無法讓老員工景仰（員工看破老闆是廢柴而離職），在這種公司或組織能活多久，答案也不提自明了。

2—2 派系才是組織最小單位

前面講了公司草創期員工的心理狀態，照理說要接著講衍生出來的派系平衡議題。但我們有必要先停一下，跟大家補充必備的權謀知識，從了解組織最小單位「派系」開始。正所謂「物以類聚，人以群分」，用點科技感的術語，派系的定義其實包含在網路時代的「社群」一詞裡，大家有著共同目標、價值觀，或者因為同樣出身、經歷而凝聚在一起，說穿了是標籤的一種，只是派系的定義更加嚴謹。說到標籤，雖說這年頭總有左膠跳出來呼籲不要亂貼人標籤（偏偏左膠才最愛貼人標籤），但綜觀人類歷史，沒有標籤幫我們簡化社交成本，還真難以運作下去。

各個史詩級的宗教戰爭，說穿了也正是因為身上標籤不同而開打。

要知道，如果人類身上沒有標籤，社交生活將會變得麻煩。**「標籤」是大腦幫人類快速**

辨識敵我的生存機制。有了標籤幫忙，可以在第一時間知道要用什麼模式跟這人相處，是敵意還是善意，要當聰明人還是當智障，也會心裡有底。否則，每個人都要認真相處三、五個月才知忠奸，光忙著識人就飽了。

然而，之所以說派系的定義更加嚴謹，不外乎是需要利益來維繫彼此關係，或許一開始因為某種相同標籤聚在一起，但最後一定有著共同利益，讓所有人向心力一致，替派系的發展盡心盡力。舉例來說，有些大公司底下，同一間學校畢業的會聚攏成派系，跟另一間學校畢業的抗衡。朱元璋旗下也有著以劉基為首的浙東集團，跟以李善長為首的淮西集團，正是典型以地域區分的派系（以前交通不方便，一堆老鄉很容易自成一派）。你看，即使同一個國家、同一間公司，哪怕規模再小，都可能因為標籤區隔，再因為利益的不同各自帶開。

大家念小學時常在嘴巴嚷著誰要跟誰好，這種搞小團體形式，其實正是派系的雛形。

有搞頭的派系通常暗著來

派系就是自己的人馬。我也不諱言跟大家明說，**不論公司組織或官場政治，就算是大學生搞系學會，想混得風生水起，一定要有自己的派系，或者一開始直接加入大的派系。**這條人際關係鐵則，如同物理領域的萬有引力一樣牢不可破。當你有自己的人馬，或投身在勢力龐大的派系底下，別人想動你一定投鼠忌器，要麼擔心你事後反撲，要麼害怕背後老大出手相救。有道是打狗也要看主人，當別人的狗其實不會怎樣，只要主人夠力，叼著骨頭一樣橫行天下。至於主人為什麼要罩你這條狗，這就是面對上級的學問了，後面章節會說到。

但是，加入派系絕對不可能找個辦事處填填表單申請入會。甚至我可以告訴你，凡是要你填表單公然宣誓入會的組織，都不叫派系，最多只是上梁山入夥，真正的派系內鬥是入夥之後才開始。既然派系圍繞利益而生，靠利益聯繫成員關係或感情（如果有感情的話），自然不能太赤裸裸地放到檯面上討論。剛加入一間公司或組織，只能靠觀人入微的本事，哪幾個人特別常聚在一起抽菸、開會時是不是互相發言cover，從這類小地方去判斷組織內有哪些派系、成員，以及誰才是幕後真正的老大。

再不然，你也可以跟掃地阿姨或總機小妹多混熟，從她們口中的八卦去探知組織內的權力組成。沒事多到茶水間打轉，或去抽菸區跟前輩閒聊，也是搞懂組織派系的絕佳方法。然後你會知道該找誰拜碼頭、跟哪幾位前輩說話時要特別立正站好。

初次接觸「派系」一詞的朋友，可能會以為派系是圈子，比如講師圈、小開圈、簡報圈，用生活圈或專業領域區分派系。事實上並不盡然，一切還是要扯到利益，有利益往來才足以構成派系，而附加價值的革命情感才是真正鐵桿哥兒們的派系。

緊扣利益，才能看清組織裡真正的人際交織網。比如總經理和掃廁所的清潔阿伯，看似不相干也絕不可能在同一場合出現，但如果掃廁所阿伯常幫總經理探聽茶水間員工偷講老闆壞話的八卦，而總經理私下也會偷塞小紅包感謝阿伯的「幫忙」，如此利益往來，讓掃廁所阿伯搖身一變成為總經理御用的錦衣衛密探，看似位階低下的清潔阿伯，也可以因為自身提供的價值，成為總經理派系的一員，而且是嫡系人馬。

如果總經理夠聰明想收買人心，可以學當年吳起親身幫士兵用口吸膿，看見阿伯鞋帶沒綁好，親自蹲下去幫他打理完畢，阿伯一定會更賣力工作，探聽更多八卦以報答知遇之恩，這可是用錢收買不到的。沒錯，錢的確可以提高手下的忠誠度，但要他們不計較薪水更賣力工作，或者交出金錢買不到的東西，需要讓他們覺得自己被重視，可以把命交到你手上。真正有才華的死士，必須跟他交心。

三國時期蜀漢的派系

說了這麼多關於派系的權謀知識，還是直接舉個實例，一樣是我們的老朋友——三國時代的織蓆販履大耳劉備。大家自小到大玩了這麼多年光榮出品的《三國志》和《真・三國無雙》，相信對裡面的人名較為熟悉，拿他們當例子應該能幫大家更快速上手。

說到劉備創立的蜀漢，一般人大概只知道關羽、張飛、趙雲、馬超、黃忠這五虎大將，再加上孔明、魏延、龐統，《真・三國無雙》裡能選的就這幾位名將了。但實際上，你可別以為大家在劉備的蜀漢企業公司上班會自動萬眾一心，還是各懷鬼胎，各有自己的派系人馬。在對岸學者易中天的節目《易中天品三國》裡，將蜀漢的派系分成以下幾種：

1. 劉備創業嫡系人馬

打從劉備自討黃巾賊起家，身旁就跟了關羽、張飛這兩位ＳＳＲ等級的萬人敵大將，後續還收了一身是膽的趙子龍，以及像糜竺、孫乾、簡雍等打雜的文官，這些人從劉備草創時期就跟著他大江南北四處征戰（你要說四處流竄也可以），算是劉備最鐵、最具有革命情感的嫡系人馬。

2. 荊州招募的嫡系人馬

好不容易流浪到荊州，歷經赤壁之戰、奪南郡等大小戰事洗禮，這段期間劉備也招募一票能臣武將，為首的是孔明（冷淡熊都叫他諸葛村夫）、龐統這類神級軍師，文臣有馬良、預定當孔明接班人的馬謖，武將則包括神射手黃忠、反骨魏延。至此，也開始看出蜀漢企業公司派系之爭的端倪。雖同樣在蜀漢企業上班，可熟悉三國的朋友都知道，關羽可是壓根兒看不起黃忠，自黃忠跟關羽同樣並列五虎大將的那一刻起，整天嚷著要跟黃忠比試，認為黃忠沒資格跟他平起平坐，最後仰賴孔明的睿智調停才獲得解決。

3. 東州集團

劉備受孔明的《隆中對》啟發，欲取西川當作三分天下的根據地，進軍過程中，西川之主劉璋手底下有一票人因為不爽他的昏庸闇弱，有的跟劉備眉來眼去，有的直接陣前倒戈。這段期間收服的人才有鬼才法正、李嚴。值得一提的是李嚴，日後劉備白帝城託孤，除了孔明外，另一個在場的就是他。所以後世有人認為，劉備讓李嚴留在託孤現場，實則是為了制衡孔明。

4. 益州土豪

真正在西川當地定居多年的是益州人士，所謂的地頭蛇就是這類人。他們在當地有名望、有人脈，深耕已久，知道當地風情，上面的命令下來，也要仰賴他們才得以順利推行，算是蜀漢企業西川當地的基層力量，陳壽的《三國志》將益州派系的幾位主要人士寫在一起。代表有黃權、王平。特別是王平，雖然自曹操陣營投降劉備，但畢竟是益州當地人，算是回鄉效力，後面的街亭之戰也有他的戲碼。

如果你是劉備，或是後期的主事者孔明，要怎麼處理這些派系問題呢？我們先用劉備的視角來看，一般來講，初代創業者是最鎮得住各大派系的，創業時期的關羽、張飛不用說，荊州時期的人才也是因為劉備的誠意才加入門下；至於後期的東州和益州人馬，基本上也是看劉備面子。只要劉備在，皇城的和氣還是維持得住。但劉備一掛點，孔明可就一個頭兩個大了。雖說孔明深謀遠慮，劉備在世時略施巧計收服關羽，讓其鐵桿派系納入自己嫡系，與荊州人馬合而為一，但還有東州和益州兩大派系要處理。甚至可以說，孔明後期治蜀，正是為了三大派系的制衡焦頭爛額。

別以為一個國家裡有三、四個派系是很奇怪的事，這是非常正常的事，只是一般紀傳體史書不會把派系的脈絡寫出，必須靠後人根據利益、地域的觀察入微，才能統整出實際運作的派系。而且啊，這狀況可不是蜀漢獨有，東吳也有，曹魏也一樣，甚至我可以說，每一個看似中央集權的國家都會遇到這類問題。組織內派系的制衡，將考驗每一位領導者的政治手腕與智慧。

也許有人會問：既然都知道有這麼多派系，連根拔除不就好了，幹麼還要讓他們在底下生事？先不說鏟除派系這事的難度有多高，如果可行，在組織內一統江湖（這說法很奇怪我承認），讓權力定於一尊，也勢必因為利益的重新分配而產生新的派系。搞半天，你才驚覺鏟除派系這件事到頭來只是白忙一場……說真的，任何一個權謀覺醒的領導者都知道，**派系不能也無法完全鏟除，最多只能讓底下派系支持自己，再利用他們去制衡其他派系。**最難也最需要智慧的部分，自然是派系之間的利益分配了。

大家記得先熟記這裡提到蜀漢企業的案例，我們後面繼續講公司的發展階段還會用到它。

2—3 諸葛村夫的困境

大家如果玩過光榮出品的戰略遊戲《三國志》，在早期的前幾代，一定會對「軍師」這職位印象深刻。被賦予軍師職位的將領會在你做出任何決定時，跳出對話框告訴你成功率大小。你當然可以不鳥他，照樣單幹，但軍師智力愈高，這預測也愈準，至少我用智力一百的孔明當軍師還從沒失準過。總之，具體意義類似上古時期的帝王出征前用龜甲卜卦，已將結果預示給你，幹不幹要看你定奪。

在《三國志》系列遊戲早期劇本，如果你玩的角色是在平原當縣令的劉備（拜《三國演義》的洗腦，八成的入門玩家都會選劉備），一定會發現軍師居然是關羽。對，就是過五關斬六將、水淹七軍、威震華夏的武聖關二哥。這並不難理解，畢竟那時劉備手邊就關羽、張飛、簡雍等人，好歹關羽智力也有八十左右，橫看豎看都是軍師的不二人選。雖然我每次都覺得關羽的預測很常出包就是了……

一直到後來劉備找到諸葛孔明，正常人都會心想：啊反正軍師這職位是有能者居之，你關羽的強項也不在智力，當然要乖乖讓賢給智力一百的諸葛村夫。遊戲裡的關羽連一聲都不吭，但演義裡的關羽，乃至我重看好幾次二〇一〇年版陸劇《三國》，裡頭的關羽可是很符合人性的，連同張飛一起唱反調。劉備得孔明如魚得水，張飛那句「哥哥何不使水去？」相信在廣大三國迷心中言猶在耳。

看似三國故事裡的一個小橋段，卻點出當今職場身為老闆最頭痛的問題：幹部究竟是該從內部培養，還是該找外來空降部隊？

人資部門的侷限

前陣子我看到一位網路名人在自己的社群網站推薦一本人資職場書，說這本書解決了他開公司多年的疑惑，甚至認為每個身為老闆的都該找這本書來讀。好奇之下我也買來一翻，想知道當今人資對於組織變革的看法，是否具備權謀覺醒的洞見，還是一如以往走著傳統老派職場藍藥丸路線。

答案當然是後者，不然我也不會特別挑出來用這副標題提醒大家。書裡條列式分析了內部培養與外來空降的優缺點。大體來說，內部培養的優點是熟悉組織文化，缺點是被框架侷限；外來空降則是優缺點對調，有著不被框架侷限的創新，但融入組織需要花一點時間，或者……呃你知道的，被資深老員工排擠。

不過，這些都沒回答到重點，這也是我觀察西方人資的侷限，藉這機會跟大家聊聊。

目前世界各國的人力部門，大體上還是沿用西方世界「人力資源」（Human Resources, HR）的概念，將「人」當作公司資產，在人資部門的妥善規畫下，達到最高效率的安排與發揮。這所有的基底，全部源自西方的「契約精神」。員工跟公司簽了合約，在白紙黑字成形的那一刻起，理論上也成了公司資產，以「個人」為最小單位，任由公司差遣和調派。

但這是西方世界，東方華人可不跟你講契約這套。雖然嘴巴會講，也的確弄個人資部門管理人才，但大多情況下還是「關係」為重，你跟老闆熟、老闆信任你，有比較高的機會攀上高位。

要注意喔，我不是否定「能力」的重要，而是我認為「能力」是贏得老闆信任的重要途徑之一，但不能劃上等號，有能力不能保證會贏得老闆信任。反之，很多深受老闆信任的也不代表擁有能力，充其量只是條聽話的狗。

我想說的是，真正構成華人組織文化的氛圍，其實是柏楊先生曾經提及的**「醬缸文化」**一詞，雖然其中有不少偏見，但對於官場組織的洞見頗為精準。一切以利益為優先，能結黨就結黨，能搞派系就搞派系。表面上依循著人資的「科學管理」，實際運作的還是權謀思維，大家一起在醬缸裡攪和。

話又說回來，雖然人資是西方世界的產物，我也不認為西方世界的公司或組織會老實秉持這套原則用人。我曾經在直播推薦過《獨裁者手冊》這本神作，裡頭提到，一個領導者（或獨裁者）若要上位，勢必得獲得「關鍵少數」的支持，也許是黨內大老，也許是軍系首領，又或者是立院龍頭（假民主必備），只要這些派系首腦願意支持，自己的位置也能坐得更穩。就算是民主國家，這規律還是派得上用場。

《獨裁者手冊》的作者不是華人啊，他可是研究政治體系的大學教授，書中用了不少來自公司企業的案例。即使是人資概念發源地的西方世界，但在內行人眼中看來，在官場、職場底層運作的，跟華人的醬缸文化沒啥兩樣，天下烏鴉一般黑，要上位就是要結黨，就是要搞派系壯大自己的勢力。

當然，理解這件事後你也不用跟公司人資撕破臉，覺得這群人尸位素餐啊什麼的，在體制內吃飯還是要講點道理，再怎麼說，人資可是你道上名聲的第一道門面，獵頭公司若要挖角也是先從人資單位探聽消息。開始權謀覺醒的各位，應該把人資單位看作是拉攏的派系之一，反正嫡系人馬是多多益善，留點暗樁在公司幫自己說好話絕對是好事。跟人資搞好關係，在道上名聲通常不會太差。

如果軍師是關羽

再回到一開始講的案例。很明顯，關羽是內部幹部的代表，而且非常大咖，是老闆劉備的結拜兄弟，不僅能力超群，關係更是直達天聽；孔明則是空降部隊的外來勢力，是劉備委身挖角來的專業經理人。兩者之間的取捨不會有太大困難，當然以能力為優先。你看曹操的荀彧、孫權的周瑜，不也都是一開始創業就跟在身邊的鐵桿人馬。有能者居之還是硬道理。但是，**除了用人，怎麼擺平用人之後派系互鬥的後遺症與副作用，才是領導者最該煩惱的事。**

假設劉備當時有意繼續栽培關羽，沒事送一堆兵書把他的智力加到九十五以上，在孔明出現的那一刻，關羽想的絕對是怎麼連同現有勢力把孔明鬥倒。而孔明也必須仰賴唯一靠山劉備，透過他的授權去收服既存派系，在組織內占有一席之地。

國外公司也常有在別的領域挖角高層職位的案例。比如蘋果，當年曾重金挖角Burberry

執行長安琪拉・阿倫茲（Angela Ahrendts）擔任零售部門的資深副總裁。通常這類直接空降跳槽到大公司的高階主管，走馬上任後要處理的第一件事，絕不是大刀闊斧改革，而是弄清楚整個公司的權力結構，動搖現有的利益基礎，再想辦法安插自己的人馬進去。一切順利後才能認真做事，完成當初公司挖角他來的任務。

而這勢必會動到現有派系的奶酪，雙方開始鬥法。若是空降部隊鬥法成功，替公司做出大家所期望的貢獻，媒體雜誌會對他歌功頌德一番，說當初挖他來的人有多英明神武，做出多正確的決定，而這空降部隊又是如何借重前公司經驗，替新公司創造一番新氣象。歌功頌德這種事向來不缺虎羼素材，跟安插莫須有的罪名一樣簡單。

但要是鬥法失敗，打不進現有權力架構，自然也落得被架空的下場。或許有著CEO的高貴頭銜，但要人沒人，要底下部門做事，大家也愛理不理，別說改革，連正常營運都是問題。不過別擔心，這種狀況不會持續太久，通常外商公司的容忍期限是半年左右，半年之後即使被迫走人，只要跟媒體關係夠好，主流媒體也會以「文化水土不服」為由，替這件事蓋棺論定。再怎麼看，名聲還是保住了，不會有人質疑跟既有派系權力鬥法失敗，而且也賺到半年的薪水，不算虧，就當作是名字上媒體的遮羞費。

那麼，內部培養出來的幹部為什麼會被職場藍藥丸指控固守舊有框架，答案也呼之欲出了：老子打拚多年好不容易搞出來的生錢體系，廠商、部門，甚至整個上下游都是我的嫡系人馬，大家撈錢撈得正爽，幹麼要隨意改動？這可以解釋，**為什麼很多當年雄才大略的主管，換了位置就換了腦袋，不是不為也，而是時勢所逼，不能也。**

當然啦，我同意有的時候能力不足的主管靠著逢迎拍馬上位，對老闆來說，他就只是條敢做骯髒活的狗，要說能力，只能讓人尷尬笑個兩聲。但我敢保證，身具權謀覺醒的各位一定能早早看破這種人的手腳，在他手底下幹幾年混到資歷就是，要架空他還是乾脆走人，都可以權衡局勢後再做打算。

我們再把視角拉回孔明身上。即使天縱英才、有著滿腔抱負，也絕不可能在叫不動關羽、張飛等重臣的前提下帶領蜀漢集團邁進。說穿了，關羽代表的是劉備既有的鐵桿勢力，關羽服，張飛自然服，關張都服，其他小咖絕對跟著老大走，派系整合才堪稱順利。也許你會問：欸不對，孔明是劉備挖來的，光劉備一個人挺他，其他人難道不會聽話嗎？

不夠，遠遠不夠。

二〇一〇年版陸劇《三國》中有一幕演得很好。孔明初出茅廬第一戰，劉備集團正面對曹操大軍殺來的博望坡之戰，即使劉備親自入列，身體力行表示服從軍師命令，關張兩人還是一臉倨傲不恭，心裡想著且看老大面子，聽命一次再說。

劉備拜孔明為軍師，只有一次機會讓孔明立功，這也是讓空降部隊整合派系的方法之一：刻意讓其立功；孔明也只有這次機會能證明自己的本事，藉機收服關張二人，整併蜀漢最鐵桿舊勢力。所以啦，閣下若身為老闆，有意引進外來空降部隊接任主管，可以參考劉備的作法，讓他立功。有了功勞，自然有籌碼與威信領導整個部門做事，一切的事業藍圖，只有在集團機器得以運轉的前提下才能慢慢推動。

要是孔明失敗哩？不好意思喔，前面說了，機會只有一次，孔明要是失敗，別說關張從此不服，就連劉備也會懷疑自己看走眼。就算劉備願意再給一次機會讓孔明立功上訴，以關張為首的舊勢力也絕不可能容忍，一定表面維持官腔答應，實際上用盡各種手段消極不配合，甚至故意失敗藉此搞死孔明。這種情況下，孔明絕對無法擺脫領導無方的政治責任，今後只會綁手綁腳，事情更加難辦。可以預期關張日後會不斷找孔明麻煩，向劉備控訴他的無能。而孔明也將因為關張在背後掣肘，無法立功替自己累積政治籌碼，最後落得走人下場。

別看孔明戲裡演得談笑風生，這場博望坡之戰，才是他軍師生涯中只許勝不許敗，最兇險的生死之戰。

2—4

加入派系才分得到核心利益

就我觀察，「以和為貴」這四個字曾經在政治正確排行榜上雄踞多年，以致許多人在江湖走跳，大多喜歡扮演著不沾鍋角色，不隨便跟人叫板，也不輕易得罪他人。遇到事情能唏哩呼嚕糊弄過去，就不用多費心神正面硬幹把事情弄清楚。對他們而言，撕破臉等同於把飯碗摔破，寧可生活裡多幾個智障，也不願劃分界線將其擋在門外。要演鄉愿就演個徹底，這些人可是非常熟悉「不得罪人」的醬缸文化，和諧至上。

不隨意得罪人本不是壞事，像我也很清楚自己在性格上的缺陷，容易因為到處酸人累積仇恨。不同於前兩本書，為了退休後獲得善終，每次動筆寫這本書的時候，我都再三告誡自己不要因為一時痛快而下手酸人，雖然或多或少有些漏網之魚，但我想次數和頻率應該比以往少上許多（吧？）。教人家權謀的，自己卻做錯誤示範到處累積仇恨，實在說不過去。

我們前面講過，遇到不想繼續互動的對象，官腔打發即可，千萬別在無利可圖的狀況下得罪他人。或許對方會懾服你的勢力，一時半刻看起來沒事，但終究埋下仇恨的不定時炸彈。不過，好事歸好事，總該有個限度。與人為善的確可以結善緣，但過度當濫好人，死的往往只有自己。

1. 別人容易侵門踏戶占自己便宜

請大家記得，玩權謀要因地制宜，說難聽一點，要見人說人話，見鬼說鬼話。我看過很多家教良好的優秀青年不是沒有腦袋，權謀機巧等詭詐思維一應俱全，對手在玩什麼把戲其實心裡有數，但就卡在想法太過古板，總想當個君子，在外混得好名聲，對於心懷不軌侵蝕自身利益的小人不願正面對決，害怕弄髒自己的手，以致利益一點一滴被人拿走。

特別是身為領導者，當面對外界若有似無的敵意，底下的人都睜大眼睛看你怎麼處理。有的時候挺身而出比個中指再大聲說不，看似與外人決裂，實則大大收攏自己派系的民心。

2. 身邊的智障會敗壞自己名聲

再者，只要你具備有利蒼生的價值，不論是專業技能還是人脈資源，一定會有免費仔想湊過來分一杯羹，通常這種人要麼心胸狹隘、格局窄小，要麼就像小標題說的是個智障，留他在身邊，只有養老鼠咬布袋的份兒。有些惡名昭彰的傢伙，若沒有及時跟他保持距離，別人看你跟他混在一起，會自動把你們劃上等號，連一句「我跟他不熟」都來不及喊。

這可說是負面品牌效應。正常人是拚命跟正向指標的名人混在一起藉他光環，而沒有及時跟惡名昭彰的網路名人劃開距離，那可是連自己的名聲也一同陪葬。

比如我在第一本書《壞男人的孫子兵法》裡說的那位「大神」，真的仰賴他幫我過濾不少人際關係。通常來加我臉書好友的，我會先看他是不是熟人、共同好友多不多。再來，我會看他是不是活躍帳號、牆上都寫些什麼東西。只要看他轉貼、分享、引用這位大神講的話，幾乎蓋棺論定他的智商和品味，堪稱人際關係裡的空氣清淨機。

不過嘛，跟生活裡層出不窮的智障保持距離，僅僅是用來自保的守勢哲學，要撈好處還是要加入派系，而且愈接近核心愈好。

牆頭草撈不到油水

常看到很多自以為參透利益本質的權謀新手嚷著：「我們為什麼要選邊站？不是應該哪

裡有好處就往哪靠嗎？」每每聽到這種話，我只能在心裡暗罵他們蠢蛋。傻傻的，你不選邊站，靠過去只能撿到肉屑啊。換個角度想，如果今天你是派系領導人，拚死拚活拿到一塊肉，當然是自己先吃飽，行有餘力再分給底下出力甚多或深得你心的小弟。至於掉到地板上的肉屑，啊反正這人我也不討厭，他想撿就隨便他。

當個牆頭草，最高成就頂多是你撿肉屑時人家不會把你一腳踢開。但打工仔絕對不會知道老闆的想法，特別是幹了一輩子打工仔，靠吃肉屑過活的人，我敢說他沒看過真正的肉長什麼樣子，才會質疑選邊站這件事。對他來說，能吃到肉屑就是天大的福利了。

看到這裡，你最想問的應該是：那我要怎麼進入派系的權力核心呢？我猜很多人可能會說：啊一定要夠強，這世界是強者說了算，一旦你變強，別人會想拉攏你，花若盛開舞蝶自來嘛。

答案很可能出乎你意料：**要成為派系的鐵桿人馬，第一要務是忠誠。**

在派系上位的方法

派系裡的入門角色，唯一能選擇的是當個好用又認分的貝塔。開局直接當阿法是死路一條，沒有一個具備權謀覺醒的領導人會容忍另一隻阿法來分食自己的權力大餅。就算你是阿法，也要裝成一隻貝塔。

1. 必備特質：忠誠

忠誠是在派系生存的必要條件。智商正常的大阿法都無法容忍身後有個背刺小人，更不用說這些已經權謀覺醒的阿法。所以願意展現自己的忠誠，老闆可是看在眼裡，多少還是會加分。我就直說了，即使你沒有半點專業技能，但願意展現忠誠，死心塌地跟著老闆，他還是會賞你口飯吃（前提是他具備權謀覺醒）。一來他需要在組織內維繫權力，自家嫡系人馬畢竟是多多益善；二來他要用行動證明，藉此宣告天下，凡是跟著我混的，老子一定讓他吃得飽。

話又說回來，也不需要太過用權謀視角看待「忠誠」這項特質，它說穿了就是人與人之間的誠信。朋友之間本來就該互相信任、情義相挺。而在組織內，老闆如果扛起照顧員工的責任，員工自然也該投桃報李，說它是人際關係的基本素養也不為過。

只是這年頭的背骨仔愈來愈多了，做人該有的標配竟然變成一種罕見稀有的特質，真是令人感慨。

2. 加分特質：能力

光有忠誠，你只是條聽話的狗。而擁有老闆不可或缺的專業能力，會讓你搖身一變成為聽話又好用的狗。既然升級，好處也不會少給你。我建議大家，不妨藉此觀察自家老闆是不是雄才大略或權謀覺醒，只要你確認自己擁有老闆需要的能力，權謀覺醒的阿法一定千方百計將你這隻好用貝塔留在身邊為己所用，薪水該加碼就加碼，甚至跟你談分成，把自己的利益跟你綁在一起。

再次提醒，你要真的確定自己擁有老闆需要的能力，而不是自以為時候到了就該加薪，有沒有人挖角通常是個不錯的指標。一旦有獵頭公司跟你接洽，足以代表你的專業能力已經被市場所注意，你的老闆該多付出點心力，把真正的人才留住。如果他一點表示都沒有，很可能是他沒有權謀覺醒，又或只想用香蕉請獅子替自己賣命，這種老闆不跟也罷。

如果老闆願意加碼在你身上投資，你要更加展現忠誠，讓老闆知道他擁有一隻忠誠與能力兼備的狗，你也開始吃得到真正的肉了。

3. 平起平坐的關鍵：Game的藝術

照理說啦，如果你跟隨的阿法人品好，有肩膀又願意扛責任，才華也算雄才大略，應該會把整個組織或派系照顧得好好的。好好當個有用的貝塔，待在疊床架屋的權力塔下撈油水，戲棚下站久也輪得到你，吃喝不盡指日可待。不過嘛，如果你的志向不只如此，想上位，甚至想成為一人之下萬人之上的二把手，那最後一步棋的關鍵就在這裡：你要會Game。

說到Game，應該很多人很困擾，媽的跟女生Game都不會了，現在又要跟男人Game。但是我得說，**如果你想上位，一定要會這套學問，把「觀察」與「表態」這兩件事學好。**

阿法跟阿法之間的較量分成武力型與智力型。武力型大概就日本熱血漫畫那套不打不相識，《北斗神拳》、《七龍珠》、《魁男塾》這類標榜傳統男子漢氣概的漫畫，還多少有些惺惺相惜的場景，最鐵的兄弟往往是打出來的（看過這幾部漫畫的應該都有點年紀）。至於智力型，則是在隱晦的言語試探之間去觀察對方是否聽懂，而若聽懂，也必須隱晦傳達自己的意思，如此一來一往，除了溝通彼此想法外，這類潛溝通也是一種智力測驗。初出社會的年輕人讀權謀書總是抓不到重點，無法參透為什麼在官場上說話不能直接點，正是因為無法明白，**這種不點破的說話方式，最大的功能是用來測試對方智力。**

權謀覺醒的阿法會觀察你的反應，判斷你是不是意識到他有意為之的小動作，如果沒有，很抱歉嘿，智力測驗沒過關，即使再忠心耿耿、再有能力，多半只能當許褚、李逵之流的近衛軍角色，難以接近權力核心（但即使如此，能力夠強也可以不愁吃穿）。所以領導者身邊的心腹，往往是一個表情或動作隨即能意會過來的人精，要麼是長年在身旁服侍的特助，要麼厲害一點的會成為軍師參謀這類角色。劉邦與張良、劉備與孔明、朱元璋與劉基、李世民與李靖，為什麼打天下的開國皇帝身邊的心腹都是智謀型，原因也在此。只有智謀型才有本事通過智力測驗，要謀大事，武力只是工具，還是要靠腦袋在後面指揮。

再說，伴君如伴虎啊。如果不是觀察入微的人精，不小心在老闆面前表錯情，下場通常是人頭落地。這就是權力核心巨大利益所伴隨的風險，要在老虎旁邊一起吃肉本就不易。

有沒有覺得跟女人Game簡單多了？她要的東西很單純，不外乎是真正的男子漢。你只要判斷她是否出現興趣指標，之後隱晦地（重點）透過言語框架、肢體動作，讓她知道你是個頂天立地的男子漢，再適時表達興趣，通常幾次約會就能收單，連朋友都不用當。

而跟男人Game可沒那麼簡單，特別是權傾天下的阿法，他可能要的是名聲，也可能要你的錢，抑或是要你背後的人脈，甚至只是想測試一下你是否忠誠，你必須站在他的立場思考，從其言行舉止的細微暗示去猜出他心中所想，再隱晦表達你的意思。

一旦通過他的智力測驗，你在他心中的地位會大幅提升，他甚至會在眾人面前給你社交認證，把自己的權力與你分享。至此，你才可以說自己走進權力核心，成為幾乎跟老闆平起平坐，同時深受信任的地下首長了。

2—5 派系的本質

既然派系這麼重要，或許雄才大略的你應該已經摩拳擦掌，準備大幹一場。但我還是得說，如同我曾在直播提過的概念，**每個人只看到身為阿法男的紅利，卻沒看到身為阿法男該扛的責任與該負的風險。**如同職場上一堆嚷著只要有錢誰不想當老闆的打工仔，真要他像老闆一樣跳出來做決定，每個都像見到瘟神一樣能閃就閃。

趨吉避凶是人的天性，特別是在組織裡。在大公司待過的朋友一定會發現一個有趣現象：開會時若有爽缺，每個高階主管一定奮力拚搏，各種冠冕堂皇的幹話講得臉不紅氣不喘；可只要有屎缺或大條鳥事出現，也絕對用冠冕堂皇的理由能甩鍋就甩鍋。然而，底下的人即使甩鍋甩得再漂亮，身為領導者是閃不掉的，派系是你的，一肩扛起成敗是你責無旁貸的事。光這一點，就足以造就阿法與貝塔的差別，責任扛久，絕對會逼著一個人成長。

如果你依舊堅持不想寄人籬下，想弄個自己的派系玩玩，那我就幫你分析一下派系的本質，希望透過這些基礎知識助你在結黨之路有個善終（咦）。

派系如何形成

我以前玩一些RPG遊戲，裡面有史萊姆類型的怪物，你把它打爆了，會露出核心，又要再打一次。派系的形成倒是跟這個很像，「利益」雖是其核心，但長大過程中還需要靠某些東西來把人凝聚在一起，也就是「理由」：

1. 價值觀與理念

說到因為價值觀或理念結合在一起的團體，一般人第一個想到的大概是「黨派」。每個黨員加入時，先不管其內心真實盤算如何，至少都會認真把戲演完，老實把黨綱誓詞唸個一遍。但真要追根究柢，我會說真正的黨派原型其實是宗教。「宗教」才是真正以價值觀和理念在吸收信眾。

說到宗教，一定會有人有疑惑：幹奧客你這不是自打嘴巴嗎？明明前面才說派系的核心是利益，但對信徒來說，宗教怎麼看都沒啥利益可圖啊，一堆人整天上繳香油錢，把教主養得肥肥的耶！這是外人的想法。在信徒心中，可是真心相信教主能帶自己上天堂。或許當下沒有利益，但大餅可是畫好畫滿，而吃不吃得到又是另一回事了。

2. 地區出身

物以類聚，人以群分。從地區出身挑派系成員也是歷史上常發生的事。前面提過明朝李善長的淮西集團和劉基的浙東集團，正是用地區分派系的典型。或許你以為只有在地大物博的地方才會出現用地區分派系的情況，比如中國的省分或美國的州。但身在臺灣的你，如果稍稍留心公司茶水間的日常對話，應該還是會聽到同事嘴邊出現「你們臺北人」這類標籤。不論再怎麼沒有意義，人類始終會想方設法變出個意義來。

出國留學或工作的朋友應該對地區出身的派系更加有感。事實上你也的確會跟來自相同地方的人混在一起，到哪都一樣。

3. 背景出身

最簡單的一種叫「校友會」。在新創公司上班的朋友可能感受不深，畢竟公司人少，要搞校友會頂多就小貓兩三隻，沒啥意思。可如果在大企業，那基數就大了，動輒兩三百人是常有的事。科技公司常有「臺大幫」、「交大幫」這類專門貼給名校畢業的標籤，高階主管也有著偏好同校畢業學弟妹的傾向（然後排擠其他學校的），在情感上我們很容易理解為這是人類天性，但就權謀角度看，同校畢業的會因為這份連結而比較好喬事情。

派系的誕生就是為了喬事情而來的。凡事照規定是用來對付外人的。

4. 深層利益

利益既是核心，也是拉攏人心的凝結劑。最容易理解的例子，我想當業務的朋友一定有過經驗，當好客戶都被老鳥業務占走，望著手上那些老鳥不要的爛客戶名單，夜深人靜頂著巨大業績壓力的你，絕對感受深刻。在職場上，老鳥之所以排擠菜鳥，大多數是出於利益。既然可以占著錢多事少離家近的爽缺，只要到老客戶那裡泡茶聊天，訂單自然進帳，幹麼沒事把新人調教起來搶自己飯碗，所以老鳥表面上雖然會答應上級主管交代的教育訓練，實際上嘛……

職場藍藥丸把這叫作「溝通不良」，所以人資會請講師教溝通課做企業內訓。反正既然人資有消化預算的任務，大家一起配合演一下戲，新人教不起來是新人自己不長進，很少有人想到是老鳥心中自有盤算。

5. 恩怨情仇

這大概是派系產生速度最快的方式，特別是結仇，也請不要用前功抵後過的思維來解讀恩怨。這意思是，即使你先前對人有恩，但事後若不小心結仇，哪怕之前恩惠再大，對方通常只記得你的仇恨，把恩惠忘得一乾二淨。要玩權謀，懂人性是必要條件，**人類這種生物，對恩惠常常只記得一兩天，對仇恨可是記得一輩子。**仇一結下去，哪怕是故意還是無心，會瞬間製造出敵人，這惡緣可不好解。

一旦跟你有仇的人連成一氣，要面對的可是名副其實的「復仇者聯盟」，面對一個來尋仇的已經夠麻煩，現在升級成一缸子，難度瞬間變成地獄等級。

這裡會出現一個問題，如果前功不能抵後過，那後功總該可以抵前過了吧？至少我當時念書的時候，學校的功過系統還是如此運作，被記了過，後面努力替校爭光記功，是可以把過消掉的。如果今天跟人結了仇，日後再對他有恩，能不能把仇恨消掉呢？如果人類是機器的話或許可行，但很可惜不是。甚至我要告訴你，你若對已經結仇的人施恩，他會更加恨你。

我常跟朋友說，讀金庸小說，可以從中理解許多儒、道、釋三家的哲學概念（看《霹靂布袋戲》偶爾也會有所領悟）；而讀古龍小說，可以從裡面的人物互動理解更多深刻人性，以及背後的殘酷與真實。時過境遷，我早已忘記出自哪個橋段，但我在高中讀古龍時，對其中某個概念可是印象深刻：一個已經對你使壞的人，如果你試圖用恩德感化他，只會提醒他的惡，甚至他會解讀成是在挑釁，更想把你消滅，省得在夜深人靜時面對良心譴責。

深刻、殘忍，但是真實。所以我才會在直播一直強調**「仇恨管理」**的重要。上醫醫未病，人際關係的上策是不要跟人結仇（或是像我一樣孤狼天賦點滿，少跟人有利益往來），而不是想著怎麼化解仇恨。仇一結，惡緣難解。很多社會案件都是來自藍藥丸貝塔，他們的女人被另一個沒有大局觀的阿法睡走，拿事業、家產，甚至生命當籌碼，豁出去復仇到底，至死方休。穩賠不賺的生意，只有被仇恨沖昏頭的藍藥丸貝塔幹得出來，就看你要不要跟他們一起攪和了。

上面五種方式是讓派系壯大的基礎知識，實際狀況會更加複雜。絕大多數情況類似複選題的盤根錯節，除了互利共生，也可能是暫時放下私人恩怨，但能夠攜手共謀大局的派系，其中怎麼調動資源、凝聚人心，說穿了還是要看領導者的智慧。搞派系從來就不容易，向來是有能者居之，無能者只會在短時間被組織內潛藏的阿法漸漸架空，最後被奪權。

我猜啦，大家讀到這邊，多半會覺得所謂派系應該是有個人跳出來登高一呼當頭，再看看其他人是不是一起拿香跟著拜。如果有，那派系自然慢慢成形，自己的力量也就此慢慢蓄積，最後翅膀硬了，可以跟上級領導拍板對幹，甚至把客戶拉走，跳出來獨立創業。

如果你真的這樣想，就是在找死。特別當你的上級是個如同朱元璋一樣，屬於權謀覺醒或根本權力執迷的阿法時，在你聚攏人心的過程中，他不可能看不出你的把戲，在你翅膀長硬前一定先行出手，把還沒燎原的星星之火捻熄。朱元璋搞個錦衣衛，為的就是這件事。

對所有帝王而言，對臣下最不能容忍的行為叫「謀反」。而謀反絕不可能一人成事，勢必要結黨聚眾，買通各個環節，才可能出手奪取權力。所以歷代帝王對權力的敏感度簡直可比鯊魚對血的嗅覺，權謀覺醒的阿法也同樣如此。沒有一個權謀覺醒的老闆或領導者可以容忍底下的人結黨，如果他能容忍，絕對是溝通那套職場藍藥丸的受害者，是心懷不軌偽裝成貝塔、實則狼子野心阿法眼中的肥羊，隨時會被架空奪權。

那麼差別在哪？結黨和派系要怎麼分呢？答案是看利益。

假如一個組織底下有甲、乙兩個派系，甲乙基本上替組織盡心盡力，替頂頭大阿法帶來好處，那不論你加入甲還是乙，大阿法都不會說話，他知道管轄甲乙兩大派系的小阿法還是忠於自己，所以睜一隻眼閉一隻眼。又或者大阿法壓根看甲或乙其中一方不爽，想透過一方壓制自己眼中釘，歷代皇帝默許的黨爭則多半屬於這類。

但如果你不想仰甲乙兩位小阿法的鼻息，打算搞出第三個丙派系，自以為來個三國鼎立，那問題可就大了。

在你身無長物的情況下，上頭絕不會認為你搞這派系是為了他的利益，就算你真的是這麼打算也沒用，**權力這東西非常主觀，大阿法覺得你是什麼就是什麼，沒人在意你怎麼想。**再者，如果你忠於大阿法，你該做的是直接向他效忠，看是加入大阿法的嫡系人馬直接受他管轄，還是甲乙兩派系挑一個價值觀合自己胃口的待著，沒事另起爐灶聚眾，非奸即盜。對權力有點敏感度的，絕不會容忍這樣的人存在。

接著就看大阿法的手段是否細緻，如果你還有利用價值，會找你喝咖啡暗示（前面說的潛溝通），看你是蠢蛋白目還是另有所圖，再依你的反應定奪。但可怕的地方來了，就算你忠心耿耿，只是一時不察講錯話，大阿法仍可能認為你另有所圖。幹，一樣百口莫辯。

我的建議正如我直播提過的，長眼觀察組織內的派系組成，找個好地方窩著，先跟在小阿法身邊歷練，剩下的事就徐而圖之吧。

2—6 如何結交派系

上一節提到先加入派系小阿法麾下，之後再徐而圖之。常受我直播洗腦且心思機敏的讀者朋友，應該已經聯想到職場情境，剛到新環境，第一件事是先長眼觀望組織底下有哪些派系、該投靠誰、找誰拜碼頭，先求個立足之地再說。但我前面也說過，派系本身並非像黨派一樣有個明晃晃的辦事處，交個報名表或會費就能堂而皇之跟人家一起吃喝混跡江湖。你要先有本事觀察派系組成，還要有本事加入派系才行。

但大多數男人，特別是社會新鮮人，會因為缺乏社交直覺這個硬傷而卡在「辨識派系」這關。一開始連窗口有幾個都不知道，更不用說把隱藏在深處的門找出來。據我觀察，女人對這件事的敏感度可是強上許多，或許是自求學時代習慣搞小團體（八卦天性），再加上天賦特有的社交直覺，對於這類誰跟誰好的人際敏銳度，相處個兩三天就能看出端倪。

先假設各位能在辨識派系這件事情順利過關，接下來會遇到的問題自然是標題所說的，該如何結交派系？

結交派系的方法

派系說穿了正是利益同盟，或許如前所說有著地域、背景等區別，但終究是圍繞著利益，大家不過圖個方便，拉你入夥是為了以後好喬事情。而要在組織內討生活，請千萬要緊扣著上級利益，你的一言一行代表的不只是你自己，而是整個派系都可能因此得利或受害。往這方面一想，結交派系的方法也呼之欲出了：

1. 有用

當你想投靠一個派系，最重要的是先拿出籌碼證明你能做出多少貢獻，錢、名聲、人脈等等，不論有形資產或無形效益都可以。如果你本身在江湖上是個別人喊得出名號的咖，你本身的主動敲門，對權謀覺醒的大阿法來說已經是個暗示，他自會評估跟你合作的效益、把你納入旗下能帶來什麼好處，以及一旦你窩裡反搞他，自己是不是有後著能鎮住你。

特別是最後一點，據我近年來的觀察，很多人在挖角人才時常忽視這一點（由此可證明權謀覺醒的阿法並不如想像中多），挖了大咖加入自己陣營，卻甚少想到一個非常實際的問題：「既然他比我大咖，要是他想把我架空、挖光我資源，我有沒有辦法應對？」

然而，若你不幸還只是個「nobody」，那也別氣餒，請先潛沉下來培育自己的專業能力或其他硬價值，待能力成熟，自然可以向想投靠的派系毛遂自薦，「兜售」自己的能力。你可以直接向對方表明自己觀察到他所缺乏的項目、可提供什麼樣的解決方案，以及為什麼非自己不可的理由。這招雖然直白粗暴，但要是一擊命中，效果通常超乎想像。大家在面試時走的流程也屬於這類，你要向對方證明為什麼他要用你。

是的，會用「兜售」這個詞，實在是因為我覺得主動出擊這行為，很像路邊流浪漢突然跳出來賣《如來神掌》祕笈一樣（請參考周星馳電影《功夫》），雖然有用，但格調未免過低。更優雅的作法是學習歷代謀士挑主人，直接進言，觀察主上是否採用；如果採用了，再觀察他是否會惜才提拔自己。也就是說，你可以給他一個餌，看他識不識貨、會不會咬餌，咬了餌以後會不會投桃報李、有沒有眼光把自己留住。兩者成立，這隻大阿法才是你的明主，跟著他才能飛黃騰達。

2. 表態

表態是門藝術！絕非我在這三言兩語能盡述，只能先提點一下，若你遊走在派系之間，或者老闆疑心病很重，就要把這玩意兒謹記在心。當你的專業能力超強，同時被兩個以上派系看上，他們必定會使盡全力將你拉攏到自己旗下，這時你就需要適時表態，明示或暗示自己的立場。你總得告訴人家自己站在哪一邊，對方才能評估是不是要在你身上加碼，或者……呃，既然得不到你，但又忌諱閣下能力，唯一的解決方案只剩下將你除之而後快，你也得想辦法避掉此禍。

表態不光侷限於個人，也常見於派系之間。當大阿法想做點什麼，需要底下派系支持時，通常會發出信號，暗示各個小阿法該出來表態。如果表態結果涉及大阿法龍椅可以坐多久，通常是決生死的時候。大阿法最不想看到的，莫過於平常以為打點好的各個小阿法，卻在投票表決時突然叛變跑票。

順道一提，人都是自私的，如果反對派拿出更大誘惑收買你背叛主子，人為財死是可以理解的。如果面臨此類糾結狀況，我還是希望以道義為優先。再怎麼說，圈子很小，背骨仔的事蹟只要傳出去，對將來走跳的江湖聲名大有影響。除非主子真的很廢，涉及的利益也大到可以讓你幹完這票就退休，而且必須是徹底人間蒸發，連仇家僱用徵信社都找不出來，不然沒事別幹這類事情累積仇恨，山水有相逢，大家總會遇到的。

如果你身為大阿法，也千萬別把籌碼都押在人性美好這個不切實際的前提上，記得把我講過的概念放心上：永遠想著當手下背叛自己時，能有後著做危機處理。或是更厲害一點，底下小阿法出現紅旗指標時能防微杜漸，在危機出現之前事先出手將他解決。

3. 交出自己的把柄

《水滸傳》裡有一幕：林冲初登梁山泊，想投靠當時的梁山泊之主王倫。這王倫不是什麼英雄俠士，說穿了就是個讀了幾年書，兼之心胸狹隘的白面書生。見林冲一表人才與滿臉英雄氣，又頂著八十萬禁軍教頭的赫赫威名，就連王倫這種小貝塔也知道自己鎮不住林冲，納他入夥肯定讓人心風向瞬間生變。就算林冲無奪權之意，但景仰這事兒，跟男人對女人的吸引力一樣，向來是開關而不是選擇，王倫被架空是遲早的事。盤算了一下，王倫嘴巴推拖，要林冲先下山殺個人，再提人頭來展現退無可退的入夥決心，這就叫「投名狀」。

「投名狀」自古是綠林盜匪這類非法集團用來凝聚人心的好東西。一來的確可以證明自己的決心，二來也因為幹了這件事，原本的大好前程就此毀掉，人生道路只剩下在黑社會裡升級，要轉職也只能走黑暗路線當魔劍士、狂劍士或死靈法師，光明世界的聖騎士和賢者自此與自己無緣。上級領導也會因為你自斷退路的投名狀，更加放心把好處分給你。因為他知道握有你的把柄，背叛他，你只會死得更慘。

這就是投名狀的真實用途：交出自己的把柄，讓頂頭上司大阿法放心，安撫並提升他的安全感。不過，林冲納投名狀的故事誤導很多權謀新手。大家以為只要對上級領導交出自己把柄，從此在組織內能平步青雲一帆風順，但其實沒把林冲的故事看懂——你區區一個廢柴向頂頭上司交出把柄，他只會納悶覺得你沒事發什麼神經，我根本就不認識你，到底是在創啥潲。

交把柄有用，前提是你實力超強，危及上級阿法的權力，才需要交出自己的把柄宣誓效忠，提升大阿法的安全感。別忘了，林冲在入夥之前已是大名鼎鼎的八十萬禁軍教頭，更是名滿天下的武林高手，什麼都不用幹就能把人嚇倒。這就是名聲的好處——威懾。要鎮住這樣的高手為自己所用，實在不是件容易的事，必須比林冲更阿法才行。王倫在《水滸傳》裡連素人小咖都排不上，我猜他第一眼看到林冲就嚇到閃尿了，領便當退場是遲早的事。

具體地說，如果你今天實力不夠，離功高震主還有段很長的距離，沒人在乎你是不是交出把柄。自己沒事搞這齣，只有被當跳梁小丑的份兒。

有過職場經驗，特別是當過業務或採購的朋友，應該對酒店不陌生。這類聲色場所常常是廠商或客戶的首選，一來食色性也乃男人最大慾望之所在，再者，拉你進這種地方的主管老闆，也有點半推半就拉你立投名狀的意味在。對岸有個段子講男人只要一起幹過這幾件事，很容易就此變成鐵桿兄弟：

「一起扛過槍，一起同過窗，一起分過贓，一起嫖過娼。」

「一起扛過槍」跟「一起同過窗」類似，前者指的是戰場同袍情誼，後者則是一起讀書互相督促勉勵的同窗之情，一文一武配得剛剛好。同生死共患難對人類而言的確是直指本心的巨大凝聚力，特別是對男人而言，義氣背後所展現的「忠誠」是種非常有價值的高貴特質，可以拉攏人心，也會受到上頭大阿法的器重。

而後面那兩句「一起分過贓」和「一起嫖過娼」，顯然呼應這裡提到的「交把柄」概念。要知道，一起幹壞事本質上是件互交把柄的事，除了展現彼此的忠誠，也將對方制衡自己的力量親手交到他手上，沒有比這更能塑造兄弟義氣氛圍的了。原本不熟的兩人，也會因為一起做點什麼壞事而變成鐵桿好兄弟。

所以啊，如果閣下是個乖乖牌，不涉及聲色場所，面對主管廠商客戶各種「盛情」邀約，恐怕要權衡一下利害輕重，到底是要先求自愛，還是為了績效沾染一下世俗之氣。就算你潔身自愛不好此道，在某些傳統產業，對方嘴上不說，甚至表示能理解且不在意，婉拒這類邀約絕對會讓雙方距離拉遠。雖然我也不認為一定要上酒店才能拿到訂單，但對某些人而言，除了交把柄的背後意義，他們所理解的「交朋友」，只有到這類地方把酒言歡才夠資格，你不去就是不給他們面子。訂單？這杯先乾了才有資格跟老子談。

當你跟對方攪和得愈深，想當然耳能分到的利益也愈多。但事有正反兩面，一旦你努力交陪的派系出包，開始要被人抄家滅族，當時努力經營的派系人脈與成果會瞬間變成通往墳場的車票。

不是結交派系後就能躺著賺了，福禍都要自己擔。

2—7 派系平衡才是向下管理的核心

十幾年前我還在職場上班當業務的時候，常對公司底下派系互鬥的現象百思不得其解，甚至懷抱著典型社會新鮮人的過度理想，認為是公司高層領導無方，沒辦法將組織整合得萬眾一心，才讓底下人馬各懷鬼胎，各個都在算計對方，以自己部門的利益為優先。

那時候在業務部門上班的我，工作上需要跟客戶洽談大型專案，根據公司內部技術部門提供的工時成本，計算出合理的利潤空間，再向客戶報價。當過B2B業務的一定有過這種經驗，即使你千方百計想辦法讓利，甚至砍到見骨，這單根本是交朋友不打算賺錢，客戶照樣跟你殺價，跟你夠熟願意挺你的客戶還會好心告訴你別家廠商的底價，只要能比它低，這案子就是你的。至於賺不賺錢，那是你家的事。

既然客戶價格這麼硬，沒辦法，只能找技術部門主管聊聊，請他帳面上降低人力成本，讓你計算利潤時能好看一點。雖然打著替公司賺錢的名號（是真的替公司賺錢沒錯啊），但你會發現要求降價這件事，還得看你跟技術部門的交情，甚至在公司裡的「坎站」到什麼程度。平常有請工程師吃吃喝喝，上酒店有想到他們會揪一下，案子出包時有跳出來替他們擋子彈，這時技術部門才可能挺你，給你個好價格幫你把案子拿下來。不然一句「這會損及公司利益」的官腔就把你射得滿頭包，還不能含扣。

你會發現，所謂「自己公司的技術部門」，壓根兒只是掛著同公司旗號的廠商，而且成本估算（也就是他們的報價）硬到哭爸，毫無議價空間。甚至把案子發包給別家公司，搞不好還比找自家公司來做更便宜。

你也許會想，站在業務部門的角度，只要想辦法讓決標價減掉成本呈現正數，案子本身有賺錢就能跟公司交代，你管我是不是找外面廠商來執行專案？但是，如果你站在公司經營者的角度來看待此事，事情就沒這麼容易了：

■你外包給別家公司，表面上看起來或許案子有賺，但卻忘了自家公司的成本估算也把另一筆利潤算進去。也就是說，真正的利潤結構是業務部門加上技術部門的利潤。最後的決標金額，利潤會分給這兩個部門。外包給別家公司團隊執行專案，自然壓縮公

司的利潤空間。

■ **業務部門有業績要求，技術部門也有績效要求。專案執行品質、客戶滿意度，以及最重要的替公司賺進多少錢，都是年度會議上決定技術部門主管是被高層表揚還是拉正狂釘的關鍵。**

■ **如果今天外包給其他公司出包了，品牌是用自家公司，實際執行卻是別家公司，這筆帳要算到誰頭上？**

綜合以上三點，你會很清楚看到，即使你替業務部門賺進大筆銀子，但站在公司和技術部門的立場，絕不可能接受找外包廠商執行專案。比較可能發生的例外是，業務部門能分到的利潤大到哭爸，能蓋過技術部門的損失，但這多半屬於公司級別合作的大專案，通常是副總等級以上才談得下，一般小業務不太可能碰到，我們就暫且不討論。

當年我初出茅廬看不懂這現象，只覺得怎麼業務部跟技術部老是鬥來鬥去，公司高層也放任不管。但現在換位思考，用公司高層角度去看，一切也豁然開朗，之所以放任派系之間互鬥，乃是因為最後得利者依然是公司，甚至必須這麼做，才能將公司利益最大化。

派系不能被消滅，只能彼此制衡

奴性是人類的本能，盲從的羊群需要領頭羊統御牠們，此乃人性之必然。所以當你的組織夠大，過於天高皇帝遠而無法直接管理時，底下一定會出現某些能人，站上小阿法的位置，幫你就近管理人馬。這跟組織規定沒有任何關係，就算大家的位階都是「員工」，表面上看似再扁平的組織架構，人們還是會傾向找到領導者來扛責任，小阿法的誕生可說是無法避免的事。

而這類小阿法所管理的人馬，也可視作「派系」。在公司組織中因為規章制度的建立，形式上也具備「派系」的模樣。一般而言，部門本身就是派系一種。雖然很多人可能會說，幹我的部門主管超沒肩膀的，一臉貝塔樣，但就制度而言，他還是派系領導人，在架空他之前……我是說在換部門或離職之前，他終究是你的主管。

任何一個權謀覺醒的公司高層，只要是憑實力而不是靠空降坐上這位置，絕對明白派系制衡的重要，也深知派系獨大會帶來什麼壞處。拿前面的例子來說，如果今天是業務部門獨大，那會發生什麼事呢？

假設今天業務部占整間公司九〇％的利潤，基本上業務頭子在公司可以橫著走了。在這狀況下，如果業務為了「方便」逕自發包給外面公司，把原本該屬於自家公司技術部門的利潤往外放，公司高層也只能睜一隻眼閉一隻眼，畢竟再怎麼說，人家業務部門還是實打實替公司賺進大把鈔票，雖然整個業務部門臭屁又不受控，但能替公司帶來巨大價值，實在是沒什麼好嘴的。

我們把數字放進去舉例，大家會更知道我在說啥。如果今天業務談到的利潤是一百萬，自家公司技術部門成本是三十萬，自己的利潤則是七十萬；但如果外包給其他公司能將成本壓到二十萬，自己的利潤就多了十萬，變成八十萬，我相信任何一個頭腦正常的業務都會選擇低成本的方案提高自己的利潤。

而外包給其他公司當然會減少自家公司利潤，原本能進帳的三十萬卻不翼而飛，但因為業務部門平常功績卓越，業務頭子在公司的坎站很高，公司裡所有人都要賣他面子，不得不對此事睜一隻眼閉一隻眼，長久之下，業務部門必將擁兵自重，在公司為所欲為。

更慘一點的，業務頭子會在衝業績過程中培養自己人馬，替自己將來「創業」做準備。可能利用公司資源結交外面客戶（拿公司交際費請客吃喝），或繼續按照前面講的，發包其他公司時順便圖利某幾家廠商，藉機賺點回扣，這些在職場都時有所聞。我很幸運，踏入職場時就遇到好前輩循循善誘告訴我，要混得長長久久，「忠義」兩個字絕不可少。該拿的錢公司會給，拿了不該拿的錢，總有一天會在想不到的地方變成麻煩找上門來。

但仍要提防類似行為，有遠見的人畢竟不多，大多數人都想蹭他人價值，再藉機取而代之。對任一派系不加以制衡而放任獨大，下場就是處處受制於人，甚至被反客為主。

試想，如果業務部門照此狀況發展壯大，從原本占公司九〇%的利潤提高到九五%，業務頭子又不安於室，甚至狼子野心，他大可帶著客戶去外面創業，還順便挖走平時在公司培養的人馬，不光是業務部門集體離職，連技術部門的工程師也走一大票，直接在外面另開公司跟原公司對幹。這才是任何一個開公司的老闆都會欲哭無淚、絕不願意看到的鳥事：辛辛苦苦培養的大將竟然變成窩裡反，變成背骨仔，化身為競爭者搶自己生意，而且還直接把客戶和整個團隊帶走……

派系互鬥的真相

在公司發展階段，為了避免某一派系獨大，權謀覺醒的大阿法勢必要用點手段制衡派系實力無限成長，直觀一點是打壓，但太過明顯或嚴重打壓反而容易打草驚蛇，加速他叛逃或自立門戶的過程。必須在其羽毛未豐時扶植另一個派系來加以制衡，這就是公司高層放任內部派系互鬥的真實考量。

而技術部門因為跟業務部門有上下游關係，很容易因循職務之便「卡死」業務部，自然可以產生制衡效果。只要業務談的案子太鳥、吃力不討好，技術部門大可兩手一攤，或乾脆報高價最後再用不符成本為由打槍，業務根本沒轍，啊執行不來的案子怎麼能亂接。

又或者扶植另一個業務部門隨時替換。講好聽點是以備不時之需，但真有需要，可以讓另一個業務部門「支援」想打壓的業務部門。大一點的公司底下通常有好幾個業務部門，表面上是分產業或領域，實際上可以分散公司客戶，避免雞蛋全在同一個籃子裡。業務部門之間用盡手段去搶業績，其實也在公司高層的盤算之中。反正你們再怎麼搶，最後的錢都是進到公司戶頭，就讓你們鬥個你死我活吧。

再者，有些公司會根據不同產品線分成不同業務部門，也可以達到制衡效果。比如一家公司裡同時有A和B兩個產品，分屬不同業務部門管轄，如果A業務部門管理的客戶不僅需要A產品，也需要一部分的B產品，此時A業務就得找B業務來談該怎麼搞定這筆生意，以及最重要的，該怎麼分錢。

當然啦，其中的各種爭執只要不傷及公司利益，你就算半夜到公司老總門口擊鼓喊冤，他也只會給你官腔回覆，把你們的手拉在一起要彼此好好合作，只要公司有錢賺，底下再怎麼鬥個你死我活都是可容許的必要之惡，不要犯法就好了。

在這個局勢裡，既然派系互鬥是公司高層可預期的結果，**各派系的小阿法自然只是大阿法的棋子之一，大阿法該扮演的角色是在背後下指導棋，當個資源分配者，提醒小阿法出手。**最簡單的作法，只要在年度會議上對案子的執行方向略加「指點」一番，也能信手拈來改變雙方互鬥的動態，達成打壓或扶植的效果。比如技術部門要是太秋條，那就對技術部門老大說公司很需要這個案子，能不能在工時計算上幫點忙；又或者壓一下業務部門的氣燄，跟業務頭子說技術部門現在的專案攸關公司命脈，必須豁盡全力執行，其他案子恐怕要先暫緩。聽明一點的小阿法當然聽得懂大阿法意思，再怎麼不爽也只能摸摸鼻子認栽。

各位不妨進一步觀察，一家公司的總經理或CEO通常只有一個，但底下號稱老二的副總則往往有好幾個，其背後原因也是為了彼此制衡。如果其中一個副總獨大，那下一個倒楣的，絕對是老總。

2—8 跟尉繚學分化

曾經有好一陣子，我挺沉迷於中國古代兵法，從《孫子兵法》《吳起兵法》《六韜》《尉繚子》等戰國時期的兵書，再到稍微近一點的《百戰奇略》，大致都翻了一遍，我的第一本書《壞男人的孫子兵法》也差不多屬於這段時期的讀書心得。但後來我發現，這些古代兵書除了有著時代侷限性，邏輯與系統也不夠明確。或許其中有著足以為人生智慧的金玉良言，但不如後人所推崇的如此強大。就如同我的第一本書，我也坦白承認那是超譯之作，反正孫子本人無法從土堆裡跳出來指責我曲解他的意思。

不過嘛，除了讀書之外，那段期間我也稍微涉獵了各個作者的生平，特別是尉繚，他的史跡雖只見於《史記》裡的〈秦始皇本紀〉，但寥寥數語卻蘊藏巨大的權謀智慧，不能只有我看到！

重金分化各國群臣

尉繚，戰國時代魏國大梁人。當時國力最強的秦國，就像現在的美國一樣廣納移民，專收各國人才替自己國家賣命。所以尉繚入秦的第一份工作，正是找鼎鼎大名的秦始皇面試，暢談天下大勢：

大梁人尉繚來，說秦王曰：「以秦之彊，諸侯譬如郡縣之君，臣但恐諸侯合從，翕而出不意，此乃智伯、夫差、湣王之所以亡也。願大王毋愛財物，賂其豪臣，以亂其謀，不過亡三十萬金，則諸侯可盡。」

尉繚直白地告訴秦始皇，以秦國國力之強，其餘六國就像是弱小的地方政權，只要各個擊破，根本不足為懼，但就怕六國密謀聯合（合從為合縱的古字），出其不意捅你一刀。智伯被韓、趙、魏三家分晉，夫差被勾踐臥薪嘗膽反撲復國，齊湣王被樂毅打到脫褲還得靠田單用火牛陣復國，全都是這狀況導致身死國滅。

而且，尉繚這種檔次的謀略高手還進一步點出解決方法：只要大王願意下重本買通各國權臣，讓他們敗壞自己國家，花費不過數十萬的黃金，天下可得矣。

我每次讀到這段，都覺得這真是分化敵人的一千零一招，即使千百年過後還是那麼有用。出兵打仗實在是太勞民傷財，直接花錢買通對方政權的反對派，不一定要他賣國，只要刻意敗壞國家朝政，削弱國力即可。

特別是在兩黨制的民主國家，這招更為有用。如果國家是多黨制，或是底下派系紛呈，就像是賽馬場上一堆馬，不知道要賭哪匹才能押對寶，還必須考慮到不同派系之間的利益衝突，雖說賄賂看起來很簡單，但複雜的權力結構會提高執行難度。

但在兩黨制的國家裡，政黨也就兩個，直接下重金買通反對黨（或側翼），要他們在媒體放話扯執政黨後腿，要押對寶實在不是難事。再說，就算是執政黨也逃不過金錢這關，花錢一樣能解決。尉繚也說了，買通各國政要，他們只要聽話領錢不做事，國家自然衰弱。你想想，你領國家的錢還要煩一堆鳥事，而現在有人願意出更高價碼，要身居要職的你能過退休般的爽日子，這何其誘人。

我敢說，這招即使再過一千年一樣有用。而且不僅適用於國家級別的霸權爭奪，企業商戰、派系互鬥，任何人只要出得起錢，都可以用這種粗暴又簡單的銀彈攻勢，在談笑間溫水煮青蛙。必須要有遠見且性格忠義之人，才可能洞悉這招的陰狠之處，把白花花送上門的銀子拒於門外。

但這招更陰險的地方，在於利用群體的力量逼人就範。

舉例來說，如果對方鎖定我方政權的十個大員，其中九人收了錢決定配合敗壞朝政，僅一人知道對方詭計，兼之對國家有忠義之心，不願收錢配合，即使如此，也會因為態勢逆轉下瞬間變成異類，成為另外九人的眼中釘。原本這九人只打算拿錢不辦事，現在多個不配合的傢伙，留個忠義愛國分子在組織內會敗壞自己好事，一定想盡辦法除之而後快。所以，除了留在位置上敗壞國家朝政，這九人會自主多個任務，把這僅存的一人搞掉。誰愛國誰就該死，這就是金錢力量的可怕。尉繚洞悉人性的本事，光這一點就看得出手段有多高竿。

秦始皇要是精打細算想省錢，打個九折一樣有效果，這九人會自己想辦法解決不配合的最後一人。

秦始皇的權謀

秦始皇不愧是權謀覺醒的大阿法（還帶點權力執迷），一眼便識出尉繚這招的陰狠獨到之處，馬上同意照表辦理，錢砸下去開始分化各國。不過嘛，尉繚這招厲害歸厲害，卻也引起秦始皇的戒心：這等人才要是不能完全為我所用，將來反過來搞我，他這種檔次的腦袋，朕能否應付得了？

愈想愈令人發寒啊，一定要想辦法把他留住才行。

秦王從其計，見尉繚亢禮，衣服食飲與繚同。繚曰：「秦王為人，蜂準，長目，摯鳥膺，豺聲，少恩而虎狼心，居約易出人下，得志亦輕食人。我布衣，然見我常身自下我。誠使秦王得志於天下，天下皆為虜矣。不可與久游。」乃亡去。秦王覺，固止。

秦始皇不僅用了尉繚的計謀，還視他為上賓，讓他享有跟自己相同的飲食待遇。如此高規格待遇，尉繚卻覺得不對勁。首先，尉繚從秦始皇的外貌，認為他是刻薄寡恩之人。我想有點歷練的朋友一定明白「相由心生」的道理。有些人一臉寬厚，有些則一臉陰狠，估計秦始皇屬於後者。再者，就算不靠相貌，要判斷秦始皇屬於下手狠辣之人也不是難事。尉繚入秦時秦始皇已即位十年左右，先前憑著強大的政治手腕與謀略擺平嫪毒之事早已名貫天下，現在親見其人，搭配觀察神韻的相人之術，判斷秦始皇絕非易與之輩。

而這樣的人，卻願意用高規格對尉繚以禮相待，足見其背後有更深層的算計。有些人可能會覺得秦始皇禮賢下士啊什麼的，實則不然，你必須從過往的行為模式判斷其居心。秦始皇當時的好殺之名早已眾人皆知，這樣的人願意「禮賢下士」，甚至忘記彼此身分差距，委身跟尉繚一介布衣低聲下氣，絕對是精心計算過的結果，一旦人才失去利用價值，他必會毫不憐憫，直接殺掉。

順道一說，尉繚這樣的觀人方法也可用在現今的兩性情場上。很多女生會被病態人格渣男豁盡全力去愛的方式所感動，殊不知這道理跟秦始皇委身收買尉繚一樣，為了達成目的，連尊嚴都不要的男人，在達成目的後翻臉不認人也是可以預期的事。無奈現今的妹子就是這麼容易上當。

尉繚判斷，如果讓秦始皇得到天下，將是生靈塗炭之際，但想走人已經來不及了。秦始皇的雄才大略，斷不可能縱虎歸山，讓如此人才為敵國所用，於是將尉繚軟禁在秦國境內，就近嚴加看管。更絕的來了：

以為秦國尉，卒用其計策。而李斯用事。

這次換秦始皇出招了。為了廣納天下人才，他把尉繚高高供在神壇上，還給予當時秦國非常高的軍事職位，聽其言，用其計。但是，他卻派李斯去執行這一切，不讓尉繚出手。

要知道，任何一種專案任務在執行過程中，往往可以因為職務之便收攏人心。以這狀況來說，負責收買各國權臣的李斯可以憑藉手上黃金結交各國重臣，要是李斯有心謀反，將會利用這方式在各國底下培育自家人馬，到時成為一股巨大的反秦勢力。因此我相信秦始皇早就認可李斯的忠誠度，才放心讓他執行這項茲事體大的計策。如果秦始皇傻乎乎派已有二心的尉繚去執行計謀，一來尉繚可以頭也不回騎馬閃人，二來，以其聰明才智與機心，透過這方式反秦也不無可能。

聰明的君王都知道，將手底下的決策跟執行分開處理可以互相制衡，有執行力的沒有決策能力，而有決策能力的卻無力執行，讓大腦跟雙手的聯繫完全斷開，任何一方想搞鬼都沒有辦法。秦始皇早早就知道尉繚的心已不在他身上，但又不能將他殺掉損及自己聲望（我認為當時的秦始皇對尉繚早就沒有愛才之心），所以用這個方法，既可軟禁尉繚不為他國所用，還順便成就自己的愛才名聲，也可派忠心耿耿的李斯執行尉繚對各國的分化大計，實在是一舉數得。

秦始皇這招猛歸猛，但我必須說，這只是組織內的維穩之計，用來提高組織大阿法的政權穩定度，對於突發事件的靈活程度絕對是反應不及。試想，照這脈絡搞下去，每件事都要交由決策圈處理，定好計策後挑選忠心耿耿的執行人手，一來一往就去了十天半個月，要是屬於十萬火急之事，恐怕早已錯過危機處理的黃金時期。

我也常說，**權謀這類知識大多是組織系統內的維穩之用，對於系統外的侵擾可說是一點幫助都沒有，甚至會扯後腿。**待過大企業的一定知道，秦始皇這招將決策跟執行分開的作法，最後一定演變成官僚體系。反正有什麼決定就是寫簽呈往上報，等裁示下來也是一個月後的事。真的要提高對外部事務的反應速度，適當授權有其必要，讓有能力之人將決策和執行一把抓，迅速根據前線狀態做出最佳決策。

但這就考驗被授權之人的忠心、大阿法的心理素質，以及不小心被背叛的危機處理。雖說歷史沒有如果，但我每次重讀三國時，心中老在思考，如果今天周瑜要謀反篡奪孫權的江東之主大位，孫權可有辦法應付？

第三章

御下之道：學習當個好主人

Chapter 3

3—1 主子要讓底下吃得飽

明朝官員的薪水是中國歷代史上最低的。據史書記載，一個七品知縣的年薪約莫九十石大米。我查了一下現在二〇二一年的交易行情，再換算成新臺幣，七品知縣的月薪大概是新臺幣三萬兩千元。對，你沒看錯，一個在公堂之上威風凜凜審問犯人的縣太爺，月薪竟然比不上一個剛出社會的上班族。

而且別忘了，這還只是名義上的薪水，並不包含各種交際費。隨便一個欽差大臣的高級幹部到縣裡視察，各種招待行程不僅要全程打理（當然是自掏腰包），有時還得孝敬點紅包請對方在皇上面前說幾句好話，這些都是無法想像的巨大開支。就算是日常生活的公務雜事，通常得聘僱小吏跑腿辦事，一樣只能從自己根本餵不飽家人的薪水袋裡，像擠牙膏似的榨一點出來支付。試想，今天你每個月領三萬二，除了支付各種雜支，時不時還要包紅包孝敬督導幹部（這筆錢不付，到時他在上頭面前隨便奏上一筆就難看了），我都不知道臺灣有哪個地方可以用這點程度的薪水生活。

這一切都是朱元璋的精心計算。朱元璋是貧農出身，而且是窮到哭爸的那種，現在新聞看到的貧戶對當時的他而言，恐怕還是天上人間的美好生活，至少還有飯吃。年幼時幾乎全家餓死的經歷，造就對貪官汙吏的深惡痛絕，所以朱元璋即位後，「精心」算出官員勉強能維持生活基準線的最低薪資，希望杜絕一切貪汙行為，從此人民安居樂業，不會有人餓死。

以這點來看，其實朱元璋跟左膠挺像的。左膠有個特色，就是只管理想，但罔顧執行難度、成本、細節，蠻幹下去才發現問題一堆（但絕對會甩鍋給執行單位）。朱元璋的想法很簡單，只要讓每個官員的薪資不存在任何獲利空間，僅能維持正常生活，也就沒有機會衍生貪慾，自然也不會變成貪官汙吏來榨取百姓的民脂民膏。但很可惜，跟人性規律對幹，即使強如洪武大帝朱元璋，歷史也會毫不留情地打臉他好幾巴掌。

水至清則無魚

有些人擅長進攻，但不擅守住基業。開疆闢土是戰將在做的事，也是開國君主的必備技能；但守成則需治世之能臣，需要換另一套思維管理組織。陸賈當年對劉邦說的名言「居馬上得之，寧可以馬上治之乎」，相信已經被許多管理者銘記在心，作為提醒自己不可將開國與治國視為一談的座右銘。

我相信朱元璋在帶兵時絕對是體恤將士，否則斷不會有徐達、常遇春等猛將替他賣命。能讓武人服氣，朱元璋一定深懂義氣的重要，也知道要適時放福利給他們。自古將領默許給士兵的福利，通常是打下城池後放任燒殺擄掠屠城。但對開國君主而言，現在打的城正是自己未來的江山，隨便屠城不僅失去民心，把城屠光屠爛了自己也沒城可管。所以像朱元璋這類有遠見的開國皇帝，勢必強力約束手下對百姓基業秋毫無犯，但即使如此，該賞賜的金銀錢帛絕不吝惜，一定讓手底下的三軍將士深刻明白，跟著自己混是有前途的。

只不過換個位置就換個腦袋了。朱元璋因為童年全家幾乎餓死的慘痛經驗，對治國的文官有著不吐不快的仇恨，想方設法約束他們，不希望手底下百姓跟當年的自己遭受同樣待遇。但卻忘了底下這群文官跟當年和自己打天下的武將謀士一樣，都是有家要養，有好幾張嘴等著自己餵飽。

所以，理想歸理想，文官終究要面對生活裡找錢吃飯的現實問題。不管朱元璋如何精心計算出讓官員低空飛過生活基準線的薪資，同時搭配各項嚴刑峻法嚴懲貪汙官員，然而在明朝當官，在明朝當官就是要想辦法「額外」生錢來應付生活各項開支，包括走後門、打理其他官員等各項關說。當時隨便一筆關說費就是五百兩銀子，對比現今白銀價格是新臺幣三十四萬左右，一個小小縣令要不吃不喝一整年才有這個數，你要他到哪去生這筆錢？當然只剩貪汙這條路。

大家也許會問，難道整個明朝將近三百年的歷史，就找不出一個完全不收賄賂的清官嗎？還是有的，能載入史冊的大概五隻手指數得出來，比較知名的就海瑞，是明朝晚期的著名清官，完全秉持洪武大帝朱元璋的遺訓，不走後門、不關說，僅靠著薪水過生活。下場呢？想當然耳是一貧如洗。曾有人在海瑞過世後，親眼見過其下葬的慘淡狀況，提了四句詩形容：「蕭條棺外無餘物，冷落靈前有菜根。說與旁人渾不信，山人親見淚如傾。」

簡而言之就是，如非親眼見到，我還真不相信一個當官的窮成這樣。

或許海瑞這等窮到脫褲的慘況還能成為許多左膠心目中的楷模。但我要提醒大家，海瑞能安穩善終被記載在史冊，實在有點運氣成分在，大多數不收賄賂不走後門的清官，老早被整個利益集團視作眼中釘給排擠除掉，說不定還屍骨未寒，被人當作失蹤結案。海瑞這種善終的清官，根本是「生存者偏差」的最佳示範，可千萬別以為這是常態。歷史上選擇當清官的，除非才識過人，兼之權謀手段高超、後臺強硬，否則絕對被各大利益集團明槍暗箭齊發圍剿至死。

睜一隻眼閉一隻眼

那麼，一個組織裡的大阿法，要如何處理手底下組織的利益問題呢？

1. 依親疏遠近分派利益

最基本的當然是確保每個跟自己混的貝塔都有飯吃。「共體時艱」這種幹話就留給那些不成材的老闆去講，能餵飽手底下每張貝塔的嘴，才有資格求得最好的人才替自己賣命。再來就是依照每個人的忠心程度，根據遠近親疏分派不同利益。愈是可信任的心腹，愈能分到好處。

很多人可能會疑惑，怎麼不是根據功勞或才能來分配獎賞，用人唯才不是讓組織強大的不二法門嗎？事實上，「用人唯才」必須建立在忠誠的前提上。看到能力超強的人才，雄才大略的大阿法所想到的第一件事，絕對是收買他留為己用，也願意出高價留人，此時論功行賞才有意義。如果不願意效忠，又或者換個黑暗的說法，不願意接受收買，那出價的大阿法必須轉念思考，如果這等人才被其他競爭對手挖走，對自己會有什麼影響。很多時候殺人滅口的骯髒事，就是因為收買不成，必須一不做二不休。

當然，若要講功勞，勢必面對屬下功高震主的巨大議題，但這恐怕要花很多篇幅去講，這裡先暫且不提。

2. 接受潛規則的存在

我認為以朱元璋的權謀素養，斷不可能不知道潛規則這玩意兒的存在。雖然「潛規則」這詞是公元二〇〇〇年左右才出現，但朱元璋肯定知道有個什麼東西在左右人的行動。

還能有什麼呢，啊不就是錢罷了。

然而，過於理想主義的另類左膠朱元璋，還是認為這世上有所謂不講利益的烏托邦存在。不同的是，一般左膠會指望政府來幫他們達成理想，而朱元璋則相信可以靠自己打造出心目中的烏托邦。很顯然最後是失敗告終。也就是說，潛規則是歷史之必然，就連封建時代的皇帝都無法將其滅絕，足見其根深柢固的威力。所以身為大阿法，不該跟潛規則硬幹，應睜一隻眼閉一隻眼，既然消滅不了，那就讓它維持在可控範圍內。

這意思是說，即使你給員工高薪，也知道貪點小汙是人性之必然，只要底下的人不是誇張到動搖國本，嚴重損及組織（或你自己）的利益，那大家就各退一步，前面也說過，水至清則無魚嘛。

3. 在可控範圍內允許貪汙

與其像朱元璋什麼都禁，最後官員個個在比貪汙創意，一次又一次突破朱元璋認知極限，還不如故意留點空間，讓底下的人在你默認的灰色地帶賺他想賺的外快。這很像禁菸：與其全面禁菸，搞得全國人民個個躲起來偷抽菸，在各種奇怪地方抓不勝抓，不如直接弄個模稜兩可的灰色抽菸區，在這個地方只要不是明目張膽太過大剌剌地抽菸，執法人員會當作沒看到，默許抽菸，反正大家各憑本事，想要隨心所欲抽菸，也要會躲會閃避執法人員耳目才行。

記得，不能直接立個合法抽菸區，或直接明定說在什麼地方抽菸執法尺度會變得寬鬆。潛規則之所以有用，在於躲在檯面下的刺激感能給人類的陰暗面找到出口。把它寫出來變成正式規則，這種偷偷來的快感也就沒了，就系統角度來看，引誘力也會少上一半，所以絕不能弄上檯面。讓人人口耳相傳，只有真正的老司機才知道的門路，才是這類灰色地帶最誘人的地方。

用抽菸當比喻只是為了讓大家更好理解。在真實世界裡，這種故意留一手讓手底下貪汙的具體操作複雜到難以詳述，我就先不說，讓大家自己在職場或官場中細細品味。但從宏觀角度看，這一招可以讓大阿法將每一個貪汙的人牢牢掌控在手裡。更進一步說，這讓每一個想貪汙的人，都是在大阿法眼底下故意不抓的情況下貪汙，誰貪汙、貪多少，大阿法可是眼睛雪亮又心如明鏡，為了維持皇城內的和氣刻意放任而已。

於是，大阿法又多了個御下武器，在灰色地帶調整執法力道，對看順眼的放寬尺度，看不順眼的就讓他皮繃緊一點。時不時再來個大掃蕩，讓底下人摸不清上頭到底在想什麼，進一步做到深不可測，甚至殺雞儆猴要大家別貪得太過分。說實話，這招玩法實在太多，是每一個深懂御下之道的大阿法必備的帝王之術。

在兵法上這正是「因勢利導」的具體展現，只是現在這個勢是由人為創造出來的，權謀覺醒的大阿法，可要懂得打造合乎自己利益的潛規則。

3—2 社交認證不能亂給

聽過「社交認證」一詞的朋友，我猜大多曾經鑽研把妹之道。事實上去Google一下，出現的詞條十個有十一個屬於把妹範疇。也的確，社交認證對吸引女人有著強大威力。女人就是喜歡有人愛的男人，只要這男人身邊跟著女人，甚至身邊圍繞著一群朋友，她們的慕強擇偶開關會自動開啟，在潛意識先入為主把這男人視為強者。

不過我們這裡要聊的不是社交認證在把妹上的功能，而是在統御千軍萬馬時所能發揮的效用，以及給錯了人，會對身為大阿法的你造成什麼困擾。

社交認證就是兵符

社交認證。

大家看歷史劇應該都看過類似橋段：主帥把代表指揮權的信物交給手底下將軍，將軍可以憑藉此信物調動原本只有主帥能指揮的兵馬，在主帥授權下，小小將軍也能分到權力，位階一下爬升好幾級。換到現代，兵符這類實質信物慢慢退居幕後，但背後所傳達的意義正是社交認證。

再次借用先前提過二〇一〇年版陸劇《三國》的橋段，更能幫我們清楚理解展現社交認證的威力。當時孔明剛被劉備三顧茅廬請至麾下，初出茅廬第一仗就要面對曹操大將夏侯惇帶兵來犯，劉備心慌意亂，只能請孔明調度軍馬。當然，這少不了2D和3D……我是說關羽和張飛（抱歉我冷淡熊看太多）這兩員大將的力量。但先前眼巴巴看著自家大哥被這孔明折騰多次，原本對其才學已有疑慮，再加上過往累積的私人情緒爆發，當然不服孔明調度。孔明知道手無寸功的自己叫不動關張兩大將，先前早已跟劉備討到信物，希望藉此調動軍馬；劉備也爽快答應將信物（寶劍之類的），也就是大阿法的社交認證交給孔明。

不過事與願違，即使孔明手持劉備給予的兵符，關張仍是一臉倨傲。劉備和孔明都是明白人，看到這情景，也深怕關張不服命令而誤事，當下合力演齣戲，讓孔明拿到更高層次的社交認證——劉備主動入列，拱手聽任孔明調度，向眾將表明自己願意服從指揮。

這麼一來，關張也不得不服了，至少這一次就是要乖乖聽話。試想，連自家大哥、主公、堂堂大漢劉皇叔都聽從諸葛村夫調度，我們還有什麼理由唱反調？於是乖乖領命辦事。也還好孔明在僅有一次的機會下獲得首功，在蜀漢說話才開始有分量。

這就是社交認證的威力，能跳過很多辛苦打拚的過程，直接把人拉上來跟大阿法享有一樣地位。一般狀況下，只要不是遇到像關張這類阿法氣場強大的重臣，底下貝塔們看到大阿法表態，多半會拿香跟著拜，支持大阿法願意支持的人。

你也許會問：大阿法幹麼沒事把兵符分出去，萬一遇到背骨仔，拿著兵符帶兵反噬自己怎麼辦？會問這個問題，代表你對權力有一定的敏感度，這也是接下來要談的議題。至於為什麼大阿法要把社交認證交出去，其實從前面劉備和孔明的案例也能找到答案。很多時候大阿法無法分身處理每件事，勢必要授權給其他專業人才幫自己做事，此時給予社交認證，除了方便大家做事，也能拉攏人心。回到問題本身，效益背後的風險也如同光與影的存在伴隨發生，如果今天這人拿著社交認證亂搞，該怎麼辦呢？

唯名與器不可假人

春秋時代曾發生過一件事：當時衛國發兵攻打齊國卻不幸戰敗，主帥在危急時刻被衛國人仲叔于奚所救。事後衛國國君打算封地賞賜挺身相救自家重臣的仲叔于奚，讓他一享山大王之樂，卻遭到拒絕。仲叔于奚不要土地，也不要金銀珠寶，只要求諸侯享有的樂器與上朝覲見穿的服飾。衛國國君心想，喔那很棒啊，你既然一毛錢也不要，幫我省下原本該賞給你的額外開銷，這些樂器服飾我庫房裡多的是，想要多少你就拿去，於是一口答應。

孔子聽到此事後，說出每位身為人主都該牢記在心的至理名言：「不如多與之邑，唯器與名不可以假人。」意思是，寧願多給他錢或土地這類虛有其表的物質賞賜，也不可給予具有象徵意義的名號與器物。用現代話講就是標題所說的，社交認證不能亂給。前面說過，底下人會根據你的社交認證有所行動，一旦這人有狼子野心想取而代之，你的江山就麻煩了。

要給社交認證？可以，但身為大阿法的你，必須先想好以下三件事：

1. 先想好自己的利益

男人對女人會有拯救者心態（Captain save a ho），而男人對男人偶爾也有類似狀況出現，會無端拉拔來求助自己的人。劉備把孔明拉起來是為了自己的江山著想，在你把這個人拉起來之前，也要先想清楚這人能替自己帶來哪些價值。「不問利益先給予」是典型職場藍藥丸制約，我所遇過在江湖混跡許久的前輩在拉拔人之前，絕對會嚴加考核其才能，以及接下來要說的人品。

2. 必須再三考核人品

雖然「人品」就區區兩個字，但真要細說可是好幾本書的事，範疇龐大。甚至我也不得不承認，要知道一個人的人品，沒有長時間的相處恐怕無法知其真實樣貌，必須從很多小細節判斷，才能有個較明確的輪廓。不過嘛，所幸現在處於網路時代，大家不妨從群組、社群媒體的互動判斷這人的人品。就我自己的觀察，現代人在網路上比較敢做自己，很多狼子野心也會在社群留言、群組發言露出狐狸尾巴，實際互動反而比較會藏。

像現在獵人頭公司或人資部門也會透過「網路痕跡」來調查員工人品，你不妨比照此方式，不動聲色嚴加考核想拉拔的對象。再說，這些留言發言什麼的，平常不會有人刻意去清除痕跡（如果被你發現刻意清除網路痕跡，那也是個警訊），就技術而言，要查證非常容易，有心的話一定查得到。

3. 想好所託非人的退場機制

人非聖賢，就算是老謀深算的江湖熟手，看人眼光也不可能百分百精準，給了看似狼子野心的小阿法社交認證，這時就要有危機處理的意識。眼睛利一點的朋友，應該發現前面加了「看似」兩字，讓我來告訴大家真實情況。或許你會因為對方某些侵犯框架的行為動了殺心，但還未搞清楚狀況前，斷不可貿然動手，以免誤殺忠良而把能人之士送上斷頭臺。

一般來講，當這人誤犯你的框架，先從他的年齡、職業、背景來判斷，可以抓個大概標準。同樣對你直接頂撞，剛出社會的屁孩跟四十歲有一定社會歷練的老男人，其背後所代表的意義也大不相同。顯然嘛，未經世事的屁孩無法掂清楚彼此的身分差距，貿然頂撞是可以理解的，容許犯錯的程度會比社會人士高一些。而如果是有歷練的老江湖，要考慮的事可多了，老江湖不太可能不知道公然頂撞上級的意義，通常是試探你是不是好欺負的前奏，此時放任他為所欲為是開自己後門準備給人捅屁眼而已，沒事別犯賤幹這類蠢事。就算你真的誤會，但一個活到四十歲還能如此不長眼的老白目，也沒什麼必要跟他花時間互動，留在身邊遲早壞事，趁早遠離比較實在。

再者，對方是不是有心理或精神方面的疾病也是該考量的點。就我觀察，這類人平常沒事，但要是情緒被撩撥、處於憤怒狀態，思考和行為模式斷不可用正常人類的邏輯判斷，建議平常多協助他們接受專業治療，以免後續砸到自己的腳。說到這議題，容許我再多說幾句，我最近發現有類人常給我一種刻意雕琢的樂觀自信感，平常相處人很不錯，待人也客氣，但就是覺得這份和善有種做作不協調的人工感（要用比喻的話，大概就是整形整過頭的網美），通常要等到突發狀況發生，才能清楚看到他們真實情緒所展露的人格特質。有些人就是特別會藏，務必小心。

拉回正題。當你發現對方只是因為拿到你給的社交認證，而忘記自己是誰開始白目，並非狼子野心想篡位，可以給點暗示點醒他。而暗示也分輕重，資質高的通常是一點就通，會開始收斂言行；而已經明講卻還不懂事繼續白目的，我的建議是快點解決掉，把社交認證收回來。或許他此時忠心耿耿不會害你，但連話都聽不懂，這種智商還給他社交認證肯定遲早誤事。也就是說，就算是資歷尚淺無心犯錯的屁孩，並不代表擁有能無止境犯錯的免死金牌。如果孺子不可教也，看不懂潛臺詞或聽不懂人話，也該設好停損及時遠離，別沒事搬石頭砸自己的腳。

跟手底下的人相處，其實原則跟妹子相處一樣，要時時注意是不是有紅旗指標出現。

很多職場藍藥丸的大阿法之所以被開後門背刺，大多是紅旗出現時沒有及時處理，放任他走進權力核心，最後自己死無葬身之地。我認為，跟手下相處要多考核他們的智商，說話拐個彎，用暗示確認這人的才華是否配得上自己使用。忠心的白目，像曹操身旁的許褚一樣當個打手或幹點骯髒活借刀殺人還行，給他統兵只會害死三軍。

再說，對於權力意識如此不知分寸的人，絕對不會把你給的兵符當一回事，他不會認為此刻的風生水起是因為手上有兵符，而是全數歸因為自己很強好棒棒，壓根兒不會感恩你給他的權力。照這思路往後推想，他的內心遲早會膨脹到認為自己可以取而代之，你等於親手養出一隻會在自家農場偷雞吃的狼。

所以，社交認證給了之後，務必、千萬、一定要繼續試探考核對方是否知道感恩與效忠。若只是白目，那就看能否教化，無法教化就盡速收回社交認證，而且要公開收回，讓所有人知道大阿法的態度。我知道有些職場藍藥丸會顧及對方面子而私下處理，就自以為收回社交認證，這樣是不行的。既然當初兵符是公開發出來，現在要收回也只能公開收回，千萬別婆媽等到他拿著兵符養大勢力，到時要處理也來不及了。

3—3 阿法要有阿法的自覺

這年頭，在各種要求「平等」的聲浪下，要人們學習當個好主人根本是一種刺耳的聲音。就算我的直播頻道整天要男人找回自己的人生主導權，也不見得每個人都願意這麼幹。畢竟對大多數人而言，有個人在上面罩著，自己不用跳出來扛責任或直接面對市場風險，管他什麼阿法不阿法，只要有人願意付自己薪水，要不要跪舔充其量也不過是價碼問題而已。

這才是真相，**大多數人都不願意扛起責任，連當主人都不想，更不用說學習當個好主人。**什麼紅藥丸，人生太辛苦了啦，趕快找個阿姨，馬上不用努力提前結束比賽。

然而，說是這樣說，大多數人的人生並不會照當初的計畫發展下去。就算你打算秉持「我就爛」的精神庸庸碌碌過一生，想說在夜市擺個小攤餓不死就好，可一旦生意變好，想弄個店面多賺點錢，需要聘僱員工把事業體做大，那管理員工的本質就是在當主人。你說只請一兩個人，或許還可以騙自己說大家當朋友就好，但底下的人若繼續擴編下去，來到十幾二十個人的時候，閣下就得拋棄職場藍藥丸的舊思想，認真把自己當成主人來看。

職場的平等主義

因為網路科技的關係，在市場創造出更多機會，不論是自媒體還是電商，基本上只要有臺筆電跟牽條網路線，要創業不是什麼難事，許多具有老闆頭銜的創業者哪怕只是一人公司，也如雨後春筍般大量出現。但我發現，這幾年的創業氛圍變得很奇怪，很多老闆會趁著社群網站之便，開始在臉書或ＩＧ大吐各種創業心酸史和苦水，好像不這麼做就不叫創業一樣。這麼一來會引起其他創業者的共鳴，大家相濡以沫互相取暖，在社群媒體上形成一種老闆們互相討拍的風氣。

創業很苦我知道，身為一個小小企業體的過來人（嘿對我是一人公司），當然知道當老闆要扛多少壓力。連我走孤狼路線的都要擔心是不是入不敷出，得撐過一兩年潛沉期才有機會站穩腳步，那些要扛員工家計和薪水的老闆，壓力自不在話下。跑三點半、籌錢付薪水、借周轉金度過難關的各種戲碼，相信每個老闆都非常熟悉，能找個人吐吐苦水，對心理健康總是有幫助。

但我得說句殘酷的，**如果創業還要人鼓勵才撐得下去，那就不要創業了，領薪水當打工仔才是正途。**

職場藍藥丸很強調老闆跟員工當朋友，這不是不行，只僅限於一開始人手不多的情況。我小時候玩光榮出的遊戲《三國志》，第一時期的劉備剛從織蓆販轉職成軍閥，在平原縣窩著，手邊只有關羽、張飛、簡雍這三人可用，要做商業、開發土地之類能積累錢糧的內政，礙於人手不足，劉備也得親身下海幹這些活。創業維艱嘛，事情都做不完了，哪有空去思考當主人的事。在組織人數不多的情況下，權力架構還可以維持扁平狀態，這時老闆跟員工當朋友，大家博感情（外加省薪水）把事情做好，是可以理解的。

可隨著組織愈來愈壯大，劉備就必須學習當個主人，不能把所有情緒寫在臉上，時不時還要演一下戲，捧一下阿斗收買趙子龍的心。玩《三國志》也一樣，當領土一多，你會很懶得每一座城去做內政或軍事指令，通常是委任軍團長，稍微定個大方向後全權託管，前面講的社交認證正是在幹這類事情。如果劉備像現代老闆一樣，動輒把心情小語寫在臉書上哭爸哭母，會有以下麻煩：

1. 被員工鄙視

說實話，大阿法愈雄才大略、有肩膀、一臉掌握乾坤的模樣（哪怕只是裝出來的），底下貝塔會愈有安全感，能摒除一切雜念替組織做事。雖說論雄才大略劉備遠不及曹操，但劉備可沒有整天在手下面前哭哭啼啼，最多只是為了仁義虛名掉幾滴眼淚。就算要演也要演出一副淡定模樣，不為什麼，就因為你身處在這個位置，必須扛起一切。身為大阿法絕不能失去軍心，不能隨便在手下面前展露情緒，而且還是脆弱不堪的那面。除非，你反過來逆向思考，把展現情緒當成武器來用。

對員工自我揭露的事做多做久了，他們只會在群組擔心老闆太弱經營不善讓公司倒掉大家領不到薪水，甚至私下嘲笑老闆的懦弱，鄙視之意也油然而生，說不定還開始計畫集體跳槽來捅老闆一刀。

2. 上下不分

一旦底下的人對自己失去敬畏之意，管理起來會變得非常麻煩。或許看在你發他們薪水的面子上還叫得動，但做事品質絕對有差。同樣做一件事，真心景仰你的員工會盡心盡力把事情做到超乎標準；而失去敬畏之心或該有尊重的員工會變得沒大沒小，可想而知做事品質是敷衍了事。

曾有位朋友在直播時問我：當兵時能做點什麼事來自我提升，累積將來與其他男人競爭的基礎？我給他的答案，倒不是什麼多讀書或讀英文之類的主流答案，而是要他觀察部隊裡有沒有那種責任感十足的長官，他們有肩膀、有威嚴，能力超群，還帶點深不可測的神祕感，能把手底下的人治得服服貼貼，讓屬下心甘情願為他做任何事。

如果你一生當中有幸遇到這樣的男人，請記住這種感覺，這就是男人對男人的景仰之情，用口語化的說法，就叫心服口服或帶兵帶心。你要帶人，就必須想辦法讓手底下的人對自己有這份景仰或敬畏之心，而若要讓他們心服口服，勢必得區分出上下階級或主僕關係，這一切得靠恩威並施才有辦法達成，而自我揭露會毀掉這一切。

3. 引得狼子野心覬覦

常看我直播的朋友一定對情場紅藥丸裡提到的歸零餘悸猶存。而職場藍藥丸卻意外跟情場藍藥丸有著驚人的相似之處，對邪惡之人事物視而不見，壓根兒不認為這世上有人等著磨刀霍霍要奪走你胼手胝足打下的江山。這麼說吧，情場藍藥丸你該提防的是女人，而職場藍藥丸你該提防的是男人。

那什麼樣的人才是男人下手歸零的肥羊？答案就是弱者，特別是有錢有資本的弱者，簡直是走在暗巷露出白花花的鈔票，不搶你搶誰。

曾經跟一位朋友聊過，他會特別找軟弱好欺負的主管，再想辦法進其部門做事，一來混水摸魚方便，二來這種主管多半不敢下重手懲戒，就算摸魚被逮，嘴炮技能點滿的他也是兩三下就能糊弄過去，至今仍在底下活得平平安安。我這位朋友倒也不是什麼狼子野心之人，說穿了就是想混個爽缺開心過日子，可是連他都知道要找弱一點的主管才能達成自己目的，更不用說那些整天覬覦權位的病態人格患者。一旦被病態人格患者選定目標當成獵物，他們出手更是沒有底限的兇殘。

面對病態人格這種純粹的邪惡，那些整天在臉書自我揭露脆弱面的老闆更是親手把自己送上絕路。首先，動不動哭喊創業很辛苦，等於向世人宣告心理素質低落，他們可以據此判斷，這老闆不是個深謀遠慮、冷靜處世的狠角色，簡單講就是好欺負；再者，他們可以從訴說脆弱面的緣由判斷情緒弱點，今後只要發生類似的事，就是老闆生氣、憤怒、沮喪等最容易失去判斷能力，也是最容易中招的時候。真要做點什麼歸零老闆，先前的架空、分化、搞派系都只是萬事俱備前的累積，就等老闆失去判斷能力的東風了。

就算本來不打算出手，但看到上頭大阿法這麼廢，不出手實在對不起自己。

讀過我上一本書《壞男人的紅藥丸法則》或常看我紅藥丸直播的朋友，應該都知道「阿法」是個心態，而這本書所提到職場上的「阿法」一詞，要連位置一起看。意思是，如果你的心態是阿法，但剛進入公司從小職員幹起，處在這職位就要有貝塔的樣子，暫時隱忍偽裝成聽話貝塔，否則必定會替自己帶來麻煩；而如果你本身是貝塔（大多數人都是貝塔），但工作績效卓越而被上頭拔擢成主管，或只是運氣好而空降成主管，那就必須有身為阿法的自知之明，就算千百個不願意，也要咬緊牙關把這齣戲演下去。你手底下每個人都睜大眼睛看你怎麼處理事情，在權謀覺醒的人眼中又更不在話下，一舉一動都顯示著你的權謀功底是否深厚，他們也據此決定面對你的態度。如果你被他們鄙視，陽奉陰違完全是可以預期的。

也就是說，要駕馭權謀覺醒的手下，你必須展現更高明的權謀手段，才能把他們鎮住。司馬懿在曹操手底下乖得跟狗一樣，也是因為曹操的權謀手腕高超，鎮得住司馬懿。司馬懿隱忍著曹家，直到第三代的魏明帝曹叡（曹操孫子、曹丕長子）當政，才有機會揚眉吐氣，出手竊國把曹魏江山整個端走。

所以如果你是被趕鴨子上架，雖身居阿法一職，但骨子裡還是隻貝塔，學習當個好主人就是你的首要任務，不想辦法讓自己看起來像個阿法，這位置絕對坐不久。鎮不住手底下的貝塔，整個組織的執行力會變得非常低落，你的考績不會好，上頭也一定看你不爽；而如果手底下有其他心懷不軌兼權謀覺醒的小阿法，等於是送頭到他們面前，這時你會深刻體認到，什麼叫上下夾攻，裡外不是人。

通常這類主管職也是男人的成長關鍵時刻。如果願意靜下心來學習權謀，政治手腕、識人、外交內政等各項能力會大幅提升（當然前提是有活下來沒被鬥倒），眼神也會變得聰慧有神，帶有狡詐與算計，甚至震懾他人的邪氣，對於有心想歸零或篡位的部屬，光是眼神對上就足以打消他們的謀反念頭，你說好不好用？

如果沒有這種覺悟，我勸你也別升上去當主管了，乖乖當個貝塔，給上頭阿法罩著也是挺不錯的人生。要當阿法可是要有身為阿法的自覺。

3—4 捍衛自己的框架

之前在〈社交認證不能亂給〉這節，跟大家聊到要怎麼收回已經發出去的社交認證，而那節所說的是手底下的人或多或少帶點無心之過，但好心辦壞事的狀況，這世上從未少過，更遑論「無心之過」。你放任他養大狼子野心，自然也難辭其咎。不過，我想大家應該會有個疑問：萬一對方不是好東西，又該怎麼辦才好？這就來回答這個問題。

一切還是從我們的老朋友「框架」說起，**得框架者得天下**。只要是人際關係的問題，從框架這點切入去解析，通常都可以理出個頭緒。

所有鳥事都從被侵蝕框架開始

大阿法要鎮住底下的小阿法，必須讓小阿法進入自己的框架。如同男人要有長治久安的兩性關係，必須讓女人進入自己的框架。要是反過來進入女人的框架，有很高機率會引發女人的慕強擇偶，除非女人人品好，不然變成馬子狗的下場，我在上一本書《壞男人的紅藥丸法則》已經做了很多血淚交織的說明，有興趣的朋友可以再回去翻一翻。

同樣的，**大阿法要是擋不住底下小阿法對自身框架的侵蝕，下場就是被鄙視。**而且不光是被小阿法鄙視，連帶影響其他吃瓜群眾的觀感，處理不好也會被他們鄙視。

那麼，一般的框架侵蝕大多發生在什麼情況呢？

1. 肢體語言與語氣

實際互動最容易發生，礙於社交直覺的低落，也是一般男人最不容易察覺的硬傷。比如吵架後甩門、說話時不耐煩、用跟小弟說話的語氣下命令等等，都是最基本透過非語言訊息侵蝕他人框架的方法，簡而言之就是「沒大沒小」，而你若放任不處理，這些人遲早騎到你頭上來。

說到這個，讓我想到在當兵時所遇到自家連上的副連長，他的作法真可說是恩威並施的典範。這位副連長私下跟阿兵哥、各級士官打成一片，常混在一起抽菸閒話家常，或是放假留守時給其他阿兵哥一些小福利。只要上頭長官不在，你會發現他就像大哥哥一樣，用兄弟義氣那套在帶兵。但只要是公開場合，有其他長官盯著看，他就不跟我們客氣，該罵就罵，該狗幹時絕對第一個跳出來狗幹，而且狗幹用詞之難聽，堪稱使用髒話的藝術，你會驚訝怎麼跟私底下天差地遠。

對他來說，私下互動不用那麼拘謹，大家放下身分像朋友一樣相處，該給的福利也不會吝惜，用「恩」來收買人心；但在正式公開場合，或大家還是軍人身分，他嚴守框架，用「威」來鎮住每一個人。

我記得有一次，部隊值星官犯蠢，他搶先在連長出來說話前臭幹部隊一頓，那次足足狗幹了一個小時，連長看他罵成這樣也不好再說些什麼。事後他才私下跟我們說，如果當時他不出來狗幹，連長會做出什麼懲處根本沒人知道，他這是在救我們。現在想想這一手恩威並施，真是讓人印象深刻。

2. 稱謂

日本和韓國常有的敬語文化，其實也是在稱謂上嚴守框架。在中文上我們可以用「您」來稱呼對方，或是在對方名號後面加個「哥」或「老師」以示尊重。以我來說，即使跟多年不見的老朋友相見，當年再怎麼打鬧或感情深厚，也會根據目前對方的社會地位給予應有的尊重，該在後面加個「董」、「總」、「哥」什麼的絕不會少。對方如果說不用這麼見外，再改口也不遲，禮多人不怪嘛。至少這些年來，我還從來沒被糾正過說不用這麼客氣，足見人們被用敬語稱呼時內心也是挺爽的。

所以如果對方不使用敬語，你要觀察他是不懂事還是有意為之的侵門踏戶。說真的，不使用敬語不是什麼大事，你也不能說「欸幹你跟我說話要用敬語」，那樣很瞎。再說，現在年輕世代對語言奧妙的認識遠不如上一代，不使用敬語其實並無冒犯之意，可我還是要說，敬語的使用與否是個指標，尊重對方框架是種在社會走跳該有的禮貌，也可以讓你避禍。

我最近觀察到另一種侵蝕框架的作法，是在稱謂上貶低你的直屬人馬。比如打算歸零你的小阿法礙於你的權威無法直接下手，所以把矛頭轉向跟你關係密切的某甲。舉例來說，這傢伙跟他人討論到某甲時會展現出不屑神色，甚至出言不遜，語帶輕蔑幫某甲取些不雅綽號（可以參考川普的作法）。於情於理，你身為某甲的直屬上司或合作夥伴，本要一肩扛起保護下屬或盟友的責任，斷不可放任人對其言語嘲諷。某種程度上，某甲的存在也代表一部分的你，身為權謀覺醒的大阿法有義務出來阻止這一切，讓這狼子野心的小阿法知道，沒有人可以動到你的人馬。

如果你沒有挺身而出制止這傢伙的不當言論，甚至繼續放任其在言語稱謂上不斷挑釁侵犯某甲的界線，而這一切默許，在政治上等同於你對某甲釋放另一種訊息：我要離你遠一點。道理很簡單，如果今天換成你是某甲，這些事都在原本最挺你的老闆眼皮底下明晃晃發生，可老闆卻動也不動，放任一切進行，你會不會覺得一定是老闆對你有所不滿，才什麼事都沒做？

除非啦，這位某甲智慧超群，知道老闆是個不諳權謀的白痴，否則一般人只會解讀成是主公對自己厭倦，想假他人之手切割彼此關係。你也許會問：啊某甲怎麼不試著跟老闆溝通哩？這年頭溝通這麼熱門，應該是萬用解才對啊。如果你還有著職場藍藥丸的天真思想，請你記住，**權謀戰場上是沒有「溝通」這個選項的，只有釋放訊息的藝術與解讀訊息的智慧。**如果不幸出錯，別懷疑，其中一方必定是智障。在這個例子中，智障的當然是釋放錯誤訊息的大阿法。試想，某甲怎麼可能直接去問老闆為什麼不跳出來挺自己，萬一老闆真的打算跟自己切割，還去問這蠢問題不是死得更快嗎？

你看，狼子野心的小阿法只需要動一張嘴，隨即能兵不血刃，分化你跟某甲的關係，直接讓你失掉個得力助手。

3. 排場與器物

電影《赤壁》（嘿對就是林志玲萌萌的那部）一開始，正是曹操面聖漢獻帝請求名義發兵南下討伐劉備和孫權。而曹操登場時所擺出來的排場，根本不把天子漢獻帝放在眼裡。首先，他在天子殿外布下重兵，一踏上階梯所有軍士立即向其下跪，用此暗示自己手握天下兵馬順便表示威脅之意；再者，曹操一步入殿堂，滿朝文官隨即背對天子向曹操跪拜行禮，明明天子在上，大家直接把頭轉過去對著曹操，寧願得罪天子，也不敢得罪曹操。所有人都心照不宣，就算天子降罪，反正實權在曹操手上，也治不了自己的罪。再說真要治罪，首當其衝應該是曹操本人先頂著，問題是你漢獻帝有本事治曹操的罪嗎？

曹操所想的事昭然若揭：天下兵馬和滿朝文武皆聽我使喚，陛下還是聽我的吧。這就是排場背後的暗示，曹操用了天子等級的排場，不需要舉著大旗說自己是天子，所有人也知道狀況，識時務者為俊傑，該選邊站就選邊站。在正史上，曹操可是被加封「九錫」，用以代表僅次於天子，身為「王」的九種器物象徵。

換到現代社會，說穿了只是代表象徵的器物變了，器物背後的意義可是一點都沒變。人類本就習慣把意識型態寄託在器物上，近年來有一門新興科學叫「符號學」，探討的也是不同符號在人類歷史上所代表的意義。而在現代社會最能強調身分地位的，大概就是名車和服裝了。所以身為下屬最簡單的避禍方法，就是開的車不能比老闆開的車更好，身上穿的衣服品質和質料也不能好過老闆。

不過嘛，現代的貧富差距愈來愈大，要用器物象徵逾矩與否來判斷狼子野心，會顯得太過不切實際，除非你送他一輛名車，讓名車變成給他的社交認證，否則一般人根本買不起老闆階級才開得起的名車啊。因此，比較好的判斷方式，是看他會不會在各種社交聚會巧妙利用排場的力量，在你身旁刻意沾光。

最容易判斷也是最常看到的方式，大概就是合照了，特別是這個隨手可以將合照上傳到臉書和ＩＧ的年代。大家應該都知道，合照裡的站位本身就是門學問，站中間主位當然是場子的主人，毋庸置疑，而有操作空間的，正是中間左右兩旁的位置。

如果一個場合裡有三隻大阿法，那分別會站中、左、右三個位，其間怎麼區分就看這三位私底下的默契，輪不到小阿法的事。但若只有一位大阿法在，那大阿法左右兩旁的位置會立馬變成如同三國時代荊州一樣的兵家必爭之地。不管你在這個場子出多少力，就算只是路過，只要能蹭到主位兩旁的入鏡合照，恭喜啊，直接換得社交認證。大家在ＩＧ或臉書看到合照一定會心想：這傢伙是不是大阿法欽點準備要提拔的，不然怎會站在主位旁邊呢？

看到沒，這就是蹭流量的藝術。更有甚者，還會給你來個偷天換日，利用合照時人擠人的兵荒馬亂，「不小心」把原本該站中間的你擠到旁邊，堂而皇之占據主位。

我以前年輕時讀《論語》，總覺得孔子拚命強調的「禮」是個很迂腐的東西，但現在我把「禮」跟今天所要強調的「框架」合在一起看，發現這根本是在教人如何維持自己的框架。有人逾越了禮、失禮了，或不屑禮數跟你互動，雖不可一竿子打翻一船人，但國有國法，倫常秩序斷不可破，一旦有類似情事發生，都是身為大阿法的你該警覺的時候。

3—5 用懲罰樹立威嚴

我自己有個有趣的觀察，每次我在直播或書裡呼籲男人要主導關係，不可以跟伴侶搞平等主義時，總會有些極端女權主義分子或白騎士跳出來罵，或許是書評，或許是影片留言，反正講這事兒好像觸碰到他們身上奇怪的G點，不高潮抖個兩下彷彿全身不對勁似的。但我講到職場上老闆不該跟員工當朋友時，至少目前為止還沒看到有人罵過，反倒是一堆身負領導責任的老闆一直在臉書或ＩＧ上哀爸叫母，大搞平等主義自毀框架，真是令人不勝唏噓。

別忘了，主導關係的前提是負起責任，不論情場或職場皆是如此。在情場上負起男人該有的責任，搭配一點點跟女人互動（Game）的技巧，藉此主導關係，女人會用真實慾望回報你。同樣的，要在組織裡安穩地當大阿法，也該負起對底下的人該有的責任。〈主子要讓底下吃得飽〉提到讓員工有錢拿僅是責任之一，這一節我們要來聊聊身為大阿法的另一必備要素：威嚴。

很多職場藍藥丸的人至今仍無法參透，所謂威嚴，往往是靠著懲罰樹立出來的。「殺雞儆猴」還真有其道理。

讓破壞秩序的人受到嚴懲

或許大家活在史上最糟糕的年代，在一般人的認知上，左派和右派分別代表著「自由」與「保守」，但就我從極端左派所幹出來的事情來看，他們整天所標榜的自由，根本是破壞秩序、製造混沌的合理化說詞。簡單說，**左派和右派的本質，應該分別代表「混沌」與「秩序」**。一點點的混沌可以讓人類反思一下目前的意識型態是否妥當，但極端左派所提倡的混沌，根本是大規模屠殺人類行之有年的傳統美德與價值，我在第五章會跟大家詳細說明該如何對付極端左派。

畢竟人微言輕，世界潮流的走向恐怕無法在我們這代看到大幅改善（意思是還要忍受左膠好幾十年），但至少可以在自己所管理的組織內權謀覺醒，讓破壞秩序的人付出代價。

承接上一節的例子，如果有狼子野心的小阿法在言語稱謂上貶低你的盟友或直屬人馬，身為大阿法的你該怎麼做才好呢？

1. 直接把星星之火撲滅

前面已經分析過，放任這種言行存在會危及身為大阿法的威信，所以在星星之火尚未燎原時將其撲滅，是防微杜漸的最好作法，讓他閉嘴就對了。在職場環境裡，常見三種情境。

第一種情境是開會時，當著大家的面，從側面拐個彎讓他知道：老子知道發生什麼事，最好給我注意一下。這裡的用詞要謹慎，畢竟所有人都在現場，不能下手過重讓他失去面子，否則容易累積不必要的仇恨。重點是讓這傢伙知道你有在管事，同時向其他人宣告，只要是我的人馬我都會出力保護，藉機收攏一下民心。

第二個情境是直接把他叫到辦公室來，用詞可以稍微直接一點，甚至直接開罵也不是不行。因為是私下罵，或多或少能降低仇恨累積。但請記得，開罵之前一定要有道德名義當大旗，什麼破壞組織和諧、影響工作情緒，要扣莫須有的罪也不是不行，就算你他媽都不相信自己講的，反正掰得出理由就好。另外提醒一下，別直接把「這是我的人所以我要罩他」給說破，即使你們心照不宣，大阿法該有的權威、神祕感、優雅手段還是要有，直接說破會顯得手腕拙劣，別犯這種低級錯誤。

第三個情境則是群組。拜網路通訊軟體科技所賜，這年頭的職場環境多半會弄個員工群組什麼的，所以如果這人在群組貶低你的人馬，那身為大阿法的你也要在群組出言告誡並加以制止。理由很簡單，因為群組會留下紀錄，大阿法的表態力道可介於上述第一與第二情境之間。

2. 學鄭莊公

《古文觀止》第一篇出自《左傳》的〈鄭伯克段於鄢〉，根本是放任後再伺機出手剿滅的絕佳權謀典範。話說當時鄭莊公的弟弟共叔段仗著母親的溺愛，不甘屈於鄭莊公之下當個小小皇弟，處心積慮想推翻哥哥，不停在小地方踩踏鄭莊公身為王的框架。根據禮法，封地的規模不能大於自家國都，而共叔段卻不客氣地擴建所在封地，規模直逼鄭國國都。大臣向鄭莊公反映此事，只見鄭莊公像昏君一樣什麼事都沒做，繼續讓共叔段惡搞。

共叔段發現「昏君」鄭莊公動也不動，加大毀壞鄭莊公框架的力道，不先請示中央，直接命令鄭國西部與北部的兩個邊城要服從自己管轄，等於自行宣布擴大自己的封地。智商正常的大臣一看知道事情不得了，苦心勸告鄭莊公處理，然而鄭莊公卻依舊像阿斗一樣繼續和他的小夥伴們快樂地當個「昏君」。

經過三番兩次的試探，共叔段發現哥哥對他的逾矩行為毫無反應，更加確定自己有能力取而代之。判斷時機已成熟，共叔段連同母親（也是鄭莊公的母親）帶兵直取鄭國國都，由母親開城門當內應，打算直接把鄭莊公踢下龍椅。

想不到鄭莊公的大軍早就好整以暇久候多時，一舉殲滅共叔段的叛軍，將他趕出鄭國，也順便把身為共犯的母親逐出鄭國。我認為鄭莊公並不是什麼昏君，而是另有所圖想直接讓威脅自己皇位的弟弟消失，所以裝傻放任，待共叔段犯下更大罪行，才有名義出手。

試想，如果鄭莊公在共叔段擴建封地時出手，絕對沒辦法動用到軍隊，最多就是把他叫來罵一罵，他回去後必定會想新招來謀反，事情根本無法結束。所以鄭莊公先隱忍不發，待共叔段接二連三將罪行升級到峰頂——謀反，才有理由出兵將共叔段的基業連根拔起。也就是說，整件事是鄭莊公的精心策畫，按兵不動讓共叔段的犯罪事實完全發生，再出兵做他一開始想做的事。

自古以來，要使用愈殘酷、愈雷厲風行的整治手段之前，必須先扣上愈大頂的罪名。如果罪名不成立，就想辦法讓它成立。所以你看中國歷朝歷代的官場鬥爭，要把對方往死裡打的，絕對是想方設法讓上頭以為他有謀反之意，謀反可是要滅九族的大罪啊。

再拉回到原先討論的狀況。如果這個惡搞的小阿法只是羽翼未豐的小咖，可以比照第一點所說的狀況，直接當成菸蒂踩熄即可；但如果他是大咖，本身已是一方之霸並有著自己人馬，可要動點腦筋請君入甕，鄭莊公的故事將是最好的教戰守則。

具體來說，你要先放任他慢慢把罪行升級。這段期間，你必須將他原先中傷貶低的自家人馬私下找來安撫軍心，說狀況我都知道，只是現在正在下一盤更大的棋而不能發作，考量到人多嘴雜，也不用將計畫告訴這位被中傷貶低的部屬。之後等到他完成更大的犯罪事實，你再公開指責他的罪行，帽子扣上去後，直接將他掃地出門。

你也許會問：啊要是誤會了，或是扣錯帽子怎麼辦？兄弟，如果你還有這點職場藍藥丸的糾結，真的要考慮是不是乾脆當個打工仔領薪水就好。這整個案例中，有沒有犯罪事實從來不是重點，你又不是法官或檢察官還要肩負起調查責任，扣罪名只是手段，目的是把破壞秩序的人掃地出門。甚至我還要告訴你，有時罪名一安上去就要馬上扣下扳機，不要再讓他有機會辯解。讓他辯解有可能節外生枝，別讓這種夜長夢多的鳥事來擾亂自家組織的安穩。

這整個流程裡，難度最高的其實是傷害控管，你必須對這人的個性瞭如指掌，才能預測他的犯罪時機，覷準他的軟肋再出其不意下重手整治。鄭莊公如果不是算無遺策，在更高維度冷眼旁觀共叔段自以為聰明的種種犯行，又怎能在他發兵的同時，早就準備好大軍等著他自投羅網？

威嚴的本質是力量（你要說暴力也行），要在組織內樹立權威，勢必得若有似無地對手下展現力量。一般而言，當過主管職帶過部屬多少會有身為大阿法的氣場，言談之中能震懾住手下，而如果有過當眾發飆把人臭幹一頓的輝煌紀錄，這事傳出去反而能成為日後領導之路的助力。大家知道你有實力發飆也敢發飆，底下的人會自動敬你三分。

就怕你是完全沒擔任過領導職的新手大阿法，再加上一臉和善（以和為貴又一直是華人世界推崇的特質），講白就是好欺負，要說多有威嚴我看也沒人信，底下有心作亂的小阿法說不定已經蠢蠢欲動。此時就必須展現暴力……我是說力量來展現威嚴，而懲罰是最好辦法。

但這就有技術性問題，啊沒事怎麼能亂懲罰人呢？所以你看，很多老闆挖來空降部門的新主管，到職當天通常會集合小主管，要大家彙整部門近況跟他報告，道理也在此。沒事就自己生事，要大家交報告只是引子，報告交了戲才開始，他可以從中雞蛋挑骨頭，藉此樹立威信來告訴所有人：你們別以為老子是塑膠，都給我皮繃緊一點好好做事啊。

我在第一本書《壞男人的孫子兵法》提過的**「立威」**，更詳細的具體展現就是這麼回事。

3—6 大阿法的三種藏

不知道大家這本書讀到這裡會不會直冒冷汗，本來想說只是翻翻閒書看能不能提升一下職場競爭力，但卻發現原來身處上位不是這麼容易。職場藍藥丸拚命鼓吹對員工掏心掏肺當朋友，到頭來是場巨大騙局。我在直播常說相由心生，貝塔有貝塔的眾生相，職場藍藥丸也有獨特專屬的眾生相。找十個整天在臉書哀爸叫母大搞自我揭露的老闆，把他們的臉拿來比對，一定會有一種說不出的相似貝塔感。

我印象很深刻的是，曾經看過一位網路名人在臉書秀出自己大學時期的青澀模樣，語帶感慨地說以前年輕不懂事，只知道鋒芒畢露衝衝衝，旁邊對比現在開公司、養員工、被客戶各種洗臉，外加繳帳單、扛責任的現況近照，可說天差地遠。可以理解他想表達的是責任上身的圓融與智慧，但我左看右看，他年輕時的照片雖說不懂收斂，但卻有著一般屁孩少有的英氣。至於他引以為傲充滿「圓融與智慧」的近照，我看到的卻是獅子被拔掉牙齒和爪子，英氣盡失的落魄模樣。

當時我不禁思考：**所謂的圓融與收斂，真的有必要拿英氣和熱情這類力量代名詞當籌碼去換？**為什麼獅子不能暫時先把利爪和牙齒收起來，同時學習正確使用力量的智慧，卻只能在力量與智慧之間二擇一，而大多數人往往捨棄力量選擇智慧——如果沒有力量的「智慧」有資格稱作智慧的話。

空有力量或熱情而不懂收斂，的確會讓自己四處碰壁。我想這些老闆們在一般打工仔不敢領教的血腥叢林裡，已經被殘酷的社會好好上了一課，用血淚為代價才領悟出把力量和熱情收起來的道理，但結果卻是把力量全數丟棄，讓眼神英氣盡失，看起來根本是隻被打敗的落魄獅子。

其實，只要知道怎麼「藏」，不僅不用捨棄原本的力量，在力量上直接上一層智力的buff，還可以順便提高駕馭手下的能力。

藏鋒、藏拙、藏心

「難知如陰」語出《孫子兵法》，原意是指應對敵人時要顯得深不可測，但職場藍藥丸卻想不到，面對下屬也必須做到難知如陰。事實上，真正講出大阿法與底下人相處之道的，是《韓非子》這本書，推薦大家去讀裡頭〈主道〉這篇文章，一定能更加領略身為人主的御下之道。這裡就大概整理三種「藏」的方法：

1. 藏鋒

「鋒」指的是你的優點或專業能力，藏鋒的意思有兩種，一個是你很厲害但沒有人知道，另一個則是你很厲害大家也知道，但不輕易出手。

比如說你很會做簡報，在業界已經是扛霸子等級，很難找到能出其右的高手，也比自家公司所有員工還厲害。今天底下的業務經理要去客戶那提案，但簡報做得七零八落，你實在看不下去，甚至動起「媽的連這都不會乾脆我來」的念頭，想挽起袖子幫他搞定簡報，那該怎麼用藏鋒的角度看這件事呢？

答案是，你不該搶走員工的工作。

試想，如果今天你幫員工做了一次簡報，等於開了先例，日後只要簡報生不出來，他們都知道老闆會出手，大可一臉苦逼樣向老闆求助。甚至，他們吃定你這老闆不會坐視不管，打從一開始就不打算做簡報，壓到交作業期限再向上呈報等老闆出手即可。最後的結果，就是事必躬親把自己累死。老闆長期幫員工做員工該做的事，等於直接讓框架亂了套；站在員工的角度，等於透過擺爛馴化老闆。

比較好的作法是個人造業個人擔，誰談的案子就自己生簡報，要拗手下加班做也行，但就是不能往上丟，身為老闆的你也不能插手幫他做。帶兵這回事，要懂得放手磨練手底下的將領，大阿法的位置才能愈坐愈輕鬆，事情愈來愈少，錢也愈來愈多。除非是非拿下不可的大案子，那身為老闆的你就出來攬下，自己提案自己做簡報。否則一般狀況下，絕對不能完美主義發作，幫員工做簡報。但你可以利用這項專業來監督員工，我也敢保證，當員工知道你有這項專業後，交作業時絕對畢恭畢敬，甚至戰戰兢兢，無形之中你也可以樹立威信。

你要讓員工知道，非到緊要關頭，老闆絕不會出手。既然都說是「鋒」了，當然不可輕易出鞘，出鞘就要見血。

更高的境界是不讓任何人知道你有這項技能。如此一來，底下的人會以為你是個好糊弄的傻蛋，在你面前現出原形。你可以藉此知道誰是認真做事不隨便打馬虎眼的員工，而那些懷有鬼胎以為可以敷衍了事的人，也會在此時露出狐狸尾巴。

2. 藏拙

既然「鋒」指的是優點，那「拙」自然是缺點，而藏拙的意思就是把自己的缺點藏起來不讓人知道。如果你已經接觸過紅藥丸相關知識，這裡讀到「藏拙」一詞，必定可以迅速明白這就是不要隨意對人自我揭露的道理。缺點、過去種種挫折自己知道就好，沒必要逢人就說，除了要冒著被鄙視的風險，還要提防被人見縫插針開後門的危機。

說到鄙視，我舉一個男女互動的例子，幫尚未紅藥丸覺醒完全的朋友複習一下。曾演出《暮光之城》男一與《天能》男二的英國小生羅伯・派汀森（Robert Pattinson），曾經在節目受訪時提到過去被女粉絲瘋狂追殺的經驗。這位女粉絲為了堵他，幾乎天天到他的住處站哨，令他不堪其擾。他心生一計，想說既然躲不掉，乾脆一不做二不休，主動找女粉絲一起吃晚餐。更絕的來了，我猜他那時就領悟出《天能》裡時間逆行的奧義，席間一反身為大明星的身分，將把妹流程全數反過來操作，開始向女粉絲吐苦水，傾訴人生遭遇過的種種挫折，藍藥丸最愛搞的自我揭露他不僅做好做滿，還加碼到苦水一吐就是兩個小時。之後付完帳，女粉絲瞬間消失，從此再也沒到住處堵他，彈指間成功脫粉，這就是被鄙視的威力。除非你像他一樣故意要拒人於千里之外，否則若你打算籠絡人心，可千萬要藏拙。

藏拙的另一個目的，是預防被人知道你的弱點。病態人格患者最擅長抓人軟肋往死裡打，你隨便自暴弱點，他當然不跟你客氣，出手就直指要害。知道你對長輩言聽計從，就透過長輩來操控你；知道你拿女人沒辦法，會開始用美人計間接歸零你。你不需要裝懂，但也不用主動把自己的弱點告訴別人，平淡處之，保持深不可測即可。

但請你記得，「藏拙」只是戰術上的權宜之計，長遠來看，你應該把自己的弱點練得愈來愈少才是。正因為你有「拙」才需要「藏」，但如果藏拙期間努力將自身短板修正，也能散發出無拙可藏的內斂強者氣息，直接打消病態人格患者的虎狼之心，斷其圖謀之惡意，這才是我們的終極目標。

3. 藏心

說真的，我覺得一個大阿法，可以不知藏拙，也可以不懂藏鋒，但若連藏心都不懂，下場就是被底下心懷不軌的小阿法牽著鼻子走，最後被架空歸零收場。顧名思義，「藏心」指的是要隱藏自己的好惡，而且不光是好惡，連價值觀也要一併隱藏。《韓非子》一書也多番強調，身為人主一定要隱藏自己的好惡，否則會被臣下反過來利用，輕信小人而誤殺忠良。

諷刺的是，《韓非子》成書後沒多少年，有位君主馬上忘記藏心，反過來被人利用自身好惡而被架空，那人正是秦二世胡亥。說實話，要稱胡亥為君主，我覺得他還不太夠格，這人無才又無德，剛好身邊有趙高這小人，拿來講忘記藏心的禍害正好適合。趙高正是抓緊胡亥的好惡，藉此鬥倒自己的政敵李斯。

趙高知道胡亥喜歡美女（這應該是每個男人都愛），為了鬥倒李斯，故意在胡亥跟美女玩樂的時候，通知李斯老闆現在有空了，有事趕快上奏。李斯聰明一世，卻想不到此時著了趙高的道（他們還曾是盟友一起偽造過秦始皇的遺囑呢），在胡亥玩得正爽的時候，傻乎乎跟他報告各種國家大事掃他的興。多來個幾次，胡亥對李斯只有滿肚子不爽：「你為什麼總是要掃朕的興？」之後對李斯信任全失，全憑趙高擺布。李斯最後的下場，則是被趙高捏造謀反大罪（你看又是謀反），腰斬於市。

身為人主不懂藏心，只要喜好被臣下知道，會被人順藤摸瓜，馬屁拍到甜蜜點上，有心歸零你的，會利用這點討你歡心，一步步進入你的生活核心，待時機成熟再出手整盤端走；而被臣下知道討厭之物，會被反過來當作肅清政敵的工具，趙高善用這點，知道胡亥討厭在玩樂時被人打擾，自然可以設局讓李斯踏進這陷阱。

不過，你若以為藏心僅僅是不要隨意對人說自己的好惡，那就太小看這群人了。自古以來厲害的下屬，不論忠奸，都很擅長察言觀色與揣測上意這兩項技能。忠臣用這兩招自保，而奸臣則利用這兩招一步步排除異己往上爬。所以就算你抱定守口如瓶的決心，打死不透露好惡，他們也可以從你的表情變化判斷喜好，哪怕只是像李組長僅僅皺個眉頭，也能抓緊這稍縱即逝的線索，作為日後的行事依據。身為大阿法卻不懂得控制自己的情緒和微表情，即使嘴巴不說，也跟赤身裸體沒兩樣。

學會藏心，就換底下的人摸不清你在想什麼了。他們只能胡亂猜測，各自揣測上意去拍你馬屁，換成你好整以暇看他們在搞什麼把戲。厲害一點的大阿法則可以從他們拍馬屁的方式知道平常的為人，誰奸誰忠也呼之欲出。

3-7 更高境界的藏心

我以前在看《小說十八史略》這套書的時候，裡頭好幾位謀士都很強調藏心這項技能，力求做到泰山崩於前而色不變，甚至刻意練習讓自己的表情反應變得平淡，不論什麼鳥事發生在眼前，都像日常生活的吃飯喝水一樣處之泰然。一般人總會把藏心的練習著眼在驚恐鳥事上，但事實上，你必須連快樂的情緒也一併藏住，把平常聽到開心的事當作修練之一，有著「萬花叢中過，片葉不沾身」的淡然，跟悲傷、憤怒一視同仁。別忘了，只要不經意展現出好惡，底下的人就有可乘之機。

更高境界的藏心，我稱之為形象管理。

所謂藏心，指的是刻意為之的深不可測、靜若深淵，讓人摸不清你真正的想法，但若討論藏心的本質，你也可以把誤導對方歸納到形象管理的課題。說穿了，「深不可測」也只是形象管理的諸多選項之一。除了靜若深淵，你還可以選擇像劉備那樣的仁義處世，或像曹操那樣的奸雄形象，端看目的決定面具。

為什麼形象管理很重要？因為人們會依據你展現出來的形象去臆測你的心思，再做出對應的行為。如果你希望別人做出你要的行為，就必須先想到這件事，再透過逆向工程反思自己該給予他們什麼形象。《三國演義》裡孔明的空城計正是善用形象管理的成功案例，一個「亮生平謹慎不曾弄險」就把司馬懿唬得一愣一愣，最後只能滿頭黑人問號退兵。雖說我認為陸劇《三國》的詮釋比較合理，孔明透過空城計告訴司馬仲達，你若滅了我，自己也將被兔死狗烹，但大體來說，《三國演義》的空城計橋段還真點出形象管理的精神：**你所呈現的面具，將影響人們的判斷，進而影響到他們的行動。**

具體來說，形象管理分成三個境界：

1. 對敵人

周潤發經典名作《賭神》有個橋段，賭神高進為了日後跟賭魔陳金城在賭桌上的對決先行布局，刻意在五百副牌裡放進摸戒指的小動作，讓人以為只要賭神想偷雞，會先摸一下戒指再出手。於是陳金城被他這小動作誤導，最後反被將一軍輸了牌局。《三國演義》裡周瑜為了讓黃蓋詐降看起來合理，先把他揍一頓顯示兩人已有嫌隙，才能誆住曹操，讓詐降後的火攻成功，其背後的道理跟賭神摸戒指其實大同小異。為了最後目的，必須先演齣戲來掩蓋後續動作。

相信大家小時候看到《賭神》最後高進揭開謎底時，應該有種神來一筆的讚嘆，但若你願意細想，會發現實際執行上有幾個問題。首先，這招技術瞞不過身邊自己人。《賭神》裡有個反派角色叫高義，設定上他是賭神高進的表弟，實際上是個窩裡反的內賊。如果賭神打算透過這五百副牌的摸戒指小動作來誆陳金城，高義將是最大的不穩定因子，畢竟他是長期處在高進身邊的自己人，夠聰明的話一定料想得到老謀深算的高進怎麼可能會犯下這種低級錯誤。「自己人」高義可以拿這個情報給陳金城，再反將高進一軍。

再者，通常這種對敵人的形象管理都是有所為而為，高進為了削陳金城而在五百副牌裡摸戒指，周瑜為了對曹操火攻而打黃蓋。要我說的話，這類有著特殊目的的形象管理或多或少都有著斧鑿痕跡，只要敵人不是被貪念蒙蔽理智，冷靜細想之下，有很高機率可以看到事若反常必為妖的一面。如果陳金城願意擴大資料庫樣本，把高進出道至今的所有牌局納入調查，最後五百副牌摸戒指的小動作根本騙不到他。

陳金城和曹操都是敗在貪念，被勝利沖昏頭才見獵心喜讓理智失靈。而要破除這類對敵人的形象管理，方法也很簡單：花重金在對方陣營布署內應，便能獲得真實情報。

2. 對自己人

更高層次的形象管理是連自己人也騙。對高進來說，他很難知道身邊是不是有內賊潛伏，不是每個人都像朱元璋一樣，有閒工夫設置錦衣衛嚴加看管每個臣子的言行，我相信大多數人在管理組織時都秉持著善良原則，以信任為前提做事。可你要知道，內賊之所以危害甚深，正是因為他離我們太近，再加上對自己人毫不設防，那一刀捅下去常常讓你痛到失血過多而亡。所以與其搞職場藍藥丸那套無止境的愛與信任（我覺得是沒底限），不如透過形象管理來辨識忠奸。

也就是說，打從你接管組織的那一刻起，就要戴好面具。

再說，當你連自己人都瞞得過去，事跡敗露的機會也會少很多。許多大阿法或許知道人前一個樣的道理，但對心腹卻常常不設防吐露實情，殊不知自己的一兩句實話被傳了出去，或是對話截圖被瘋傳。想把事情幹得不著痕跡，一定是愈少人知道愈好，你要連自己人都騙，甚至一丁點證據都不能留下。

3. 對世人

形象管理的最高境界，莫過於全世界只有你知道自己在幹麼，所有人都被你的面具瞞住。唐寅（就唐伯虎啦）名句：「別人笑我太瘋癲，我笑他人看不穿」則或多或少點出這層形象管理的內涵。說個題外話，大家別以為上面那句是周星馳在電影《唐伯虎點秋香》胡亂講的臺詞，那可是出自明代唐寅的《桃花庵歌》。歷史上的唐伯虎是真的講過這句話，不要再以為是星爺亂嘴了。

具體來說，當你跟人相處的時候，必須知道自己在玩一場遊戲，只是這場遊戲剛好叫作「人生」。其中你有需要扮演的角色，對家人、情人、事業夥伴、朋友等，理性評估最大與最長遠的效益，戴上合適的面具。大家所熟悉紅藥丸的「深不可測」和藍藥丸的「自我揭露」，說穿了也分別是面具的其中一種，但藍藥丸會如同宗教信仰般宣稱並無腦推廣「自我揭露」的好處（比如妹子會因為你的坦承更加愛你），而紅藥丸則是透過大量田野調查，用大數據告訴我們「深不可測」才是兩性動態中最能達到雙方互利的面具。妹子喜歡帶有神祕感、讓她感到驕傲、能在聚會中對閨密炫耀的男人，而男人則可以獲得妹子的真實慾望當回報，實實在在的雙贏。

事實上，**男人跟男人之間的Game，「深不可測」的面具也可以是選項之一**。比如像政治立場這類討論起來比較尷尬的話題，最好的作法是連提都不提，若在聚會上有白目提起，你不妨姑且聽之，但不需要表態，給個微笑讓他自己體會。聽的過程中，你會知道這位大放厥詞的朋友所持的論點是什麼，他的邏輯、論證過程、思考脈絡，都會在談話中展露無遺，足以顯示他到底是聰明人還是智障。這件事的技術難點，在於當出現與你立場相左的對話時，會引起你不滿的情緒反應而想出言反駁，但這一駁下去，一來破壞感情，二來被當成智障（聰明人是不會選擇反駁的），怎麼算都得不償失，還是閉嘴聽就好，問到你再答就是。至於要答多少、怎麼答，就看你多重視這段交情或背後衍生的利益來決定。

喔對，還有一點。當你跟朋友聚會時不輕易發言或表態，可以引出一些好為人師的人開口「指導」，你也可以姑且聽之，這也是判斷一個人品德與才華的最佳時刻。他會因為你看似謙卑而誇誇其談，卻沒想過你是這領域的行家。如果你的朋友屬於這種沒有才華卻又愛裝屄的人，我的建議是不用跟他交惡，保持平淡相處即可，但對他的信用和言語真實性要打折扣，日後若要談合作也請三思而後行。

如果你心眼更壞一點，可以裝傻裝不懂，扣或是饒有興味向他「請教」，實際上是透過這方式引他犯蠢，講出更多他不懂的東西。在這個局裡，你表現出來的好惡反應會是對方行事的依據（前提是他會看人臉色），所以你可以根據自己的目的決定要戴什麼樣的面具，或許你內在有情緒反應，但權謀覺醒的高手絕對是各種生活情境裡的戲精。

但要把面具戴好，必須有堅實的核心價值才足以勝任，或許是使命感，又或許是主導自己生活型態的願景，最終要有一個遠大目標作為燈塔引領自己前進，否則很容易入戲過深而失去自我，變成沒有骨幹類似變形蟲般的生物，我在直播講過的病態人格多屬此類。跟這些人說話時，你會感受到他想刻意討好，但言談中卻有強大的不一致，儼然披著人皮的奇怪生物。但道行不夠的人容易上當，可老狐狸（又或者吃過大虧的人）絕對知道他在玩什麼把戲。

說到底，這就是我一直想跟大家說的最高藏心境界：**內聖外王**。你內心有著崇高理想，但為了站上高位讓影響力擴大，必須配合芸芸眾生演一下入世戲碼。

到這個境界，你不會再去尋求他人認同，又或者奢望其他阿法給你那寶貴的社交認證，你完全相信能憑自身實力拿到想要的一切。在整個阿法與貝塔的權力架構中，貝塔會想盡辦法獲得阿法認同，而阿法會想辦法找到更大隻阿法的社交認證，一步步往權力高峰邁進。這可說是人生這場遊戲裡最顛撲不破的真理，想往上爬，就得照著入世的規則走，進廚房沒有在怕手髒的。而內聖外王可以幫助你理智清醒地進廚房，該把手弄髒時，也能有義無反顧的決心。

據我觀察，歷史上具備內聖外王特質的強人，少數是從小就有遠大理想，知道要藏心與人互動，大多數則是在官場過於剛直，四處碰壁後才淬鍊出人生智慧。真要我說，我會建議先從硬價值開始累積，當你有一定的經濟實力或社會地位，再試著點一下藏心技能，練習多聽多看但少說話的社交智慧，你會發現有了硬價值支撐會顯得更有底氣。

沒有硬價值與核心願景，卻自以為能透過藏心、神祕感，或深不可測抬高自己身價，又或者天真認為標榜販賣自信的身心靈課程能逆轉人生，說穿就是「中二」罷了。

3—8 扣在手裡的終極武器

從歷史角度看，其實派系運作的架構才是最符合人性的，不論你從東方周朝的封建制度來分析，或從西方城堡莊園制度的角度來切入，本質都是一樣。封建時代的諸侯就是小阿法，小阿法底下則有一群種田或跑腿的貝塔替其效忠，而小阿法再對最上面的周天子大阿法效忠。但這樣的封建制度，有個令大阿法頭痛的特色：小阿法底下那群貝塔基本上不鳥大阿法的命令，只聽命於自家的諸侯，也就是直屬上司小阿法。大阿法想調動小阿法底下的兵馬替自己打仗，也只能對小阿法下令，再由小阿法派出軍隊替大阿法做事。

小阿法所管轄的地方叫封國。對於封國的管理，小阿法自然要負起保衛的責任，因此每個封國有各自的軍隊，藉此保衛封國不受外面的盜匪或其他小阿法派兵侵擾，而底下的貝塔們也努力工作並繳稅（你要說保護費也行），感謝小阿法願意扛起保護責任，儼然是個小型政府。

當然，小阿法還是要對大阿法盡點義務，將每年獲得的稅收上繳一定比例給大阿法。而大阿法的管轄範圍，大體來說只有王城附近那一圈（你也可以想成是大阿法自己的封國），在這範圍裡，大阿法可以直接獲得人民的稅收並擁有自己的軍隊。而其他封國的管轄權限僅限於坐領小阿法的進貢，至於軍隊的管理，不好意思啊，剛剛也說了，大阿法即使貴為天子，也無權調動小阿法底下的兵馬，必須靠著分封各地的小阿法肩負起保家衛國的責任，哪裡有動亂，就靠那附近的小阿法想辦法解決。

等等，我想大家看到這裡應該都有疑問：媽的，大阿法當成這樣會不會太窩囊啊？沒兵又沒權的，除了領一點進貢當被動收入，要做點什麼還要看底下小阿法的面子。要是小阿法不給大阿法面子，大阿法根本拿小阿法沒半點皮條，最多就是指著某個小阿法鼻子罵，要其他小阿法派兵好好教訓他一頓。但要是所有小阿法都不屌大阿法，那國家就要開始亂了，春秋戰國的亂世就是這樣展開的。早在千百年前，秦始皇就看出封建制度的弊端，打敗六國一統天下後將封建制改為郡縣制，行使中央集權，把權力牢牢握在自己手上。

大家應該已經發現，上面提到封建制度裡小阿法所管轄封國的運作方式，其實就是現代派系的雛形骨幹。即使秦始皇透過郡縣制拿回權力，懂點歷史的都知道，派系之爭從來沒有少過，只是從檯面上的封國轉到暗處，變成文臣武將之間的權鬥，形式不同罷了，骨子從沒變過。之所以會出現這樣的狀況，主要是因為派系運作符合人類的文化基因——「宗法」。要知道，法律是近代文明的產物，包括法治觀念，也是國民素養提升到一定程度才會有的東西。法律誕生以前，也就是人類尚未有國家制度的遠古時期，大多是以部落群聚的方式在各地生活。而之所以群聚變成以部落形式生活，說穿了也是由家族變化而來。家族之間透過聯姻產生聯繫，漸漸形成以家族為主的聚落。這時最適合用來維繫秩序的強力工具，正是所謂的「宗法」。

宗法顧名思義，乃是以祖宗為核心所衍生出來類似法律的制度。對嫡長子的重視、祭祀先祖，加上臺灣遍地宮廟所帶動宗教活動的盛行，即使早就是以法律為主的法治國家，也可以看到宗法在華人文化所留下的深刻痕跡。

宗法在當時如此盛行，主要有以下三個原因：

1. 貼近民情

既然是以祖宗為主的法律，當然最貼近家族現況，實行起來也最符合家族利益。就算是由多個家族所組成的宗法，至少也是這幾個家族的公約數，大家會更有默契老實執行。

2. 執行力強

再怎麼說，宗法是最貼近日常生活的秩序，因應家族而生，也圍繞著家族利益在轉。看過現代法律判決書的朋友一定很清楚，講好聽一點，那是優雅文字藝術的極致，但如果試著把判決書唸個兩遍，你一定會有當初高中讀英文的痛苦感——每個字都認識，但卻不知在講啥潲。

但宗法就沒這問題，或許邏輯性、架構、適用範圍遠不如現代法律，但接地氣的程度可說是老嫗可解。劉邦當年攻入秦朝首都咸陽的約法三章「殺人者死，傷人及盜抵罪」，其簡單明瞭可與宗法比擬。當年咸陽城老百姓可要感謝劉邦不學無術，才能想出這麼簡單易懂的法律條文。

也正因為宗法的簡單，執行起來相當方便，不需要法官或檢察官這類高級人才，一個德高望重的長老也能身兼檢察官和法官的角色。或許泛用性不足，認真思辨起來在邏輯上也漏洞百出，但一個部落可不像國家有好幾十萬甚至幾百萬人的規模，三、五百人就很多了，而三、五百人能遇到的也就那些鳥事。因為就這麼點人而已，一部立意讓人看了痛快的宗法，即使有著邏輯上的漏洞，只要加上一點人治，也能把底下的人管得服服貼貼。

3. 有互相約束的默契

畢竟人口少又生活圈小，老王偷吃的八卦很容易成為鄰居茶餘飯後的笑料，迅速在街頭巷尾間擴散開來。老王的家人怎樣也想不到，媽的竟然因為老王行為不檢，搞得自己出門也要躲躲藏藏、見不得光，於是會反過頭來約束老王的言行。這也是宗法的特色之一，因為面子或其他利益的綁定，家人或身邊較親近的朋友會負起部分監督責任，避免自身利益受損，變相促進成員守法。

歷史課就上到這邊。講了一堆關於宗法的東西，應該已經有人發現這就是「潛規則」的原型。沒錯，即使現代法律已經大規模實行，宗法制度早就消失殆盡，但實際上，正如同封建制度從檯面上退居到幕後，宗法制度也化明為暗，以潛規則的形式存在於派系之中。也因此，各個派系都有各自的潛規則。所以我才會再三提醒大家，剛加入新的派系時，第一件事是先搞懂潛規則是什麼。

但這麼一來就危及大阿法的利益。試想，如果今天派系成員只看潛規則辦事，那誰還要理上頭的大阿法？不知道大家有沒有看過一些早期的西部電影，小鎮裡的警長通常代表國家公權力，而盤據當地的黑幫老大則是代表小鎮裡勢力龐大的地頭蛇。如果當地有人犯法，警長因為只有一個人孤掌難鳴，代表中央的警力則因為地處偏遠無法適時支援，於是黑幫老大取代成為真實的執法單位。從此以後，居民做事前都得先看黑幫老大的臉色，政府的公權力將漸漸被架空。

也就是說，對組織成員來說，**誰具有真正的賞罰力量，誰就具有真正的權力。**《韓非子》可是明白提到「明主之所導制其臣者，二柄而已矣」，這裡的「二柄」在書中指的是刑與德，換個比較白話的說法，則是刑罰與賞賜。君王要將底下臣子治得服服貼貼，靠的正是賞罰二柄。只要將賞罰權力扣在手上，就算被架空也會有個限度，還可以憑藉二柄將局勢逆轉；但若將二柄交出去，被心懷不軌的小阿法掌權，他將靠著二柄的力量徹底侵損大阿法的框架。

在實務上，大阿法的二柄必須跟小阿法的二柄抗衡。大阿法的二柄是組織的「明法」，仰賴國家機器的法律、公司章程的各種規定都屬於明法的範疇。而派系或公司組織裡的潛規則，只要小阿法能透過潛規則執行賞罰，即使沒有白紙黑字當作法源依據，也能因著利害關係自成一套「暗法」。

追根究柢，要討論明法和暗法誰強，必須就雙方所掌握的資源討論下去才行。

比如有位黑道老大叫飆哥（是虛構人物啊大家請勿隨意猜測或聯想），掌握某縣市的宮廟基層、夜市攤販等各大地盤的利潤，透過幫派的力量在當地形成一套暗法體系，沒事收收保護費，或是受人請託處理事情，遇到解決不了的問題就派堂口小弟到門口撒撒冥紙，或乾脆開槍解決。統計一下飆哥能動用的二柄資源大概就黑幫勢力，姑且算一千人，他能用來整治底下人的就是這一千個武裝單位，或許平常不能隨便拿出來，但遇到狀況就是用槍桿子解決問題。

再拉回來看明法，不外乎是動得很厲害的國家機器。警察局、軍隊、特種部隊，根據事情層級不同，需要動用的單位也不一樣。我以前玩《俠盜獵車手》對這感觸就很深，從通緝等級一星的小警車到五星的直升機和坦克車，一旦國家機器動起來，我們小老百姓絕對沒辦法與之抗衡。別說小老百姓，就連擁有幫派武力的飆哥看到這陣仗也只能鼻子摸摸閃遠一點，畢竟屌鳥比雞腿嘛，雙方真的幹起來，擁有國家機器的一方絕對是武力壓制，把對手按在地上摩擦。

對一個大阿法而言，上臺後的首要之務是掌握賞罰二柄的力量，特別是「罰」，而這通常會直接關係到大阿法自己的嫡系人馬。一般領導者向來不缺「賞」的力量，國家機器給不出錢，你可以掏腰包自行解決，到時再巧立名目搜刮一下民脂民膏把錢拿回來就是。真的給不出錢，拿些沒有實權的頭銜當賞賜，不僅不用擔心亂印鈔票的通膨問題，對喜好頭銜勝過實質意義的華人而言，這玩意兒說不定還比鈔票更吸引人。在東漢和清朝甚至有賣官換錢的歷史。但是「罰」可就不一樣了。在現代文明社會裡，罰的方式主要以司法與軍隊為代表。前者當作定罪的藉口好出動代表國家機器的武力，後者則是武力的終極體現，解決不了問題時，直接一槍斃掉製造問題的人。

周天子之所以不被春秋戰國等各家諸侯放在眼裡，正是因為自身缺乏武力，沒有武力就辦不了作奸犯科的人，誰還要鳥你這大阿法？說直接一點，身為大阿法，必須要把懲罰機制納入嫡系人馬直接掌控，手握武力才有真正的權力。

第四章

伴君如伴虎：跟老闆的相處之道

Chapter

4

4—1 揣摩上意的系統化作法

前面講了一堆跟阿法有關的東西，就我在直播和課堂遇到的各種問題來看，大多數人總想著怎麼當阿法，畢竟在整個紅藥丸體系中，貝塔一詞可是帶有相當的貶義，沒有人想當貝塔。不過到了第四章，我反而要從權謀覺醒的角度，跟大家聊聊如何當個好貝塔。再怎麼說，沒人一開始就當阿法。哪怕你是活在遠古部落時代，靠著自身武力決定階級，也得從基層幹起，一步步爬上大阿法的位階。在文明社會的職場與官場，也是依循著相同規律。

而第一件事，就是先學會揣摩上意。

「揣摩上意」說穿了是想辦法知道上面的阿法在想什麼，但這簡單四個字，在中國官場不知讓多少人前仆後繼琢磨了數千年之久。照理說啦，揣摩上意應該是門藝術，需要一輩子的時間去累積經驗才能把感知範圍與敏銳度放到最大，這裡寫「系統化作法」只是提供一個基本入門法則，但你必須知道任何號稱「系統化作法」都是框架，入門後就要把招忘掉，把它當《聖經》死背絕對有礙歷練成長。到一定程度後，你也必須把肢體動作、表情語氣、行為模式這類人際互動的潛溝通細節納入觀察重點，玩轉人心的功力才會節節提升。

1. 大阿法如何下決策

在不同發展階段，大阿法所關注的事也會不一樣。你可以從他最常問的問題，判斷他現在最關心什麼事。比如會議上常常把業務經理叫起來罵，可以知道他現在關心業績發展；如果三不五時把研發經理叫起來拉正，可以知道他正在緊盯產品開發。反正會議上最常把誰抓出來狗幹，就是大阿法目前最關心的首要任務，如果剛好你也經手這些項目，皮最好繃緊一點，要紅要黑常常是一瞬間的事。

知道大阿法提出的問題後，要進一步觀察他獲得問題回饋後的反應。舉例來說，他在會議上問業務經理該怎麼發展業績，業務經理講了日後的戰略藍圖，你要觀察大阿法到底是想解決業績發展的問題，還是心中早有定見，只是透過跟業務經理之間的提問驗證自己的想法。如果這業務經理也是人精，會從大阿法的提問判斷他到底是要問問題，還是只是在驗證心中所想。你可以順便看看業務經理是像尚書大人一樣見風轉舵，還是秉持把事情做好死命苦諫，多獲得一條關於業務經理的情報。

另一種情況，大阿法問問題是要判斷底下多少人挺他。比如他想更換公司某套客服或倉儲管理系統，但茲事體大無法獨斷獨行（通常是牽涉利益過廣），一定要底下派系相挺才辦得到。他可能在會議上一個個叫起來問，當作專案執行前的投石問路，順便鞏固領導中心。

說到這，我覺得還在當小貝塔的你要珍惜在底下看戲的蜜月期。想想看，要是今天輪你坐到小阿法的位置，可要在會議上親身面對大阿法各種千奇百怪的試探與交鋒。**能坐在底下吃瓜看戲，在第一線觀察高手們精采絕倫的權謀互動，天底下沒有比這更棒的學習機會了。**

有了這些資訊，恭喜你，初步掌握「見人說人話，見鬼說鬼話」的道理，只是應用對象是自己的頂頭上司。《韓非子》裡有篇文章〈說難〉，清清楚楚條列許多勸諫上級的難點與瓶頸，但總歸來說，不外乎是沒弄清楚大阿法是哪種人，也沒判斷出他問問題的意圖。表面上大阿法看似謙恭向人請教，但骨子裡只想驗證自己的想法是否正確，順著毛摸才是正解，千萬別自以為力排眾議提出獨到見解。選錯對話選項，下場當然不會太好。

2. 大阿法如何與人互動

職場官場的權謀領域畢竟是處理人的問題，所以你也要知道大阿法跟人互動與培植嫡系人馬的方式。而後者必須從他怎麼區分公私領域觀察起。大家有沒有遇過一種老闆，除了公事上付薪水請員工做事，私底下還會請員工幫點小忙，比如接送小孩。而他也會在公事上給予回報，私下塞紅包或給點額外福利，感謝員工幫忙。是不是要這樣公私不分端看個人選擇，但如果你的大阿法是這類型，你就不能像個酸民一樣只會上網哭爸老闆，事情遇到了就是要處理，人在屋簷下不得不低頭，必須根據個人職涯規畫思考是不是要拍這馬屁，線索都給你了不是嗎？

當然啦，如果這大阿法公私分明，那儘管用工作表現讓他對你刮目相看，再怎麼說這才是職場正道，願意因為工作能力提拔員工的大阿法，才是值得跟隨的好前輩。

再來，你要觀察他親近的人是誰，真正影響他決定的又是哪些人。像劉備基本上就是聽孔明的意見，東吳的孫權基本上只要周瑜活著，絕對以周瑜意見馬首是瞻。再雄才大略的明主，也會有個厲害的軍師在一旁給予意見。**只要能影響軍師的決定（aka收買），十之八九能影響大阿法的決定**。也就是說，正面進攻大阿法如果不容易，那拐個彎迂迴一下，側面跟他信任的軍師交好也是個不錯的辦法。順道一說，觀察大阿法親近什麼樣的人，也可以判斷他值不值得跟隨。如果一條廢柴都能影響他的決策，那他的檔次也高不到哪去。要觀察一個人不能只看個人，要連他的交友圈與決策團隊一併考量進去。當你納入參考的人數愈多，愈能避開極端值造成的偏誤，讓判斷更加準確。

另外還有個特殊狀況要提醒大家，如果你的老闆對老婆言聽計從，甚至藍藥丸魂爆發，把老婆安插進公司重要職位，那這老闆恐怕也不能長久跟隨。把自家女人安排進自己的事業體系，等同於在裡面開後門讓人安裝木馬程式，讓自己多個弱點。只要女人的慕強擇偶發作，很可能反過來跟小王勾結窩裡反歸零你家老闆，盡早學到你要的技術或專業，早點閃人才是正途。除非啦，你很確定他老婆是萬中無一雄才大略型女強人，兼之人品個性善良，大權在握還能抵抗慕強天性不會鄙視自己男人，那這公司或許可以一待（只是學習對象要從老闆轉成老闆娘）。

3. 大阿法的能力與心理素質

判斷能力其實不難，看他怎麼上位就可推敲出十之八九。如果是大公司官僚體系，要麼靠資歷硬撐等職位輪到自己，要麼靠雙手打出赫赫戰功，又或者逢迎拍馬一路諂媚高升，只要沒事多到茶水間走走，閉起嘴巴豎起耳朵一定可以得知相關小道消息，但千萬別蠢到開口問同事……

知道他怎麼上位後，可以合理推測出大阿法喜歡什麼樣的人才。白手起家打天下的，當然不能跟他搞逢迎拍馬那套；而一路靠諂媚爬上高位的，拿出真才實學立下功勞，他反而會擔心你搶走他的風采。要是不懂得裝傻藏鋒，他一定會棒打出頭鳥把你狠狠壓在地上，更狠一點的會想辦法把你踢出組織以免威脅他的地位。

不過嘛，這年頭新創公司如雨後春筍般冒出來，雖說五年後可能只剩下一%的存活比例，但大家找工作有很高機率到新創公司任職。而新創公司不像官僚體系一樣有著嚴密的組織架構，有錢開公司就能請員工做事自己當老闆，跟能力反倒沒啥關係，這時可不能從他的上位方式判斷其能力，而要從客戶或同業評價來判斷。以前這可能有困難，但現在是資訊流通程度前所未有的網路時代，上網隨便Google一下一定可以知道老闆在業界風評如何。

至於大阿法的心理素質，最基本的可以從平常工作互動得知其情緒穩定度。情緒穩定度是種男性正向特質，也是領導者必須具備的心理素質，就算再驚慌失措，用演的也要演得像沒事兒一樣。紅藥丸裡常說的「深不可測」正是其意。**一般人往往只會注意到大阿法開心的樣子，卻忘記失敗時的反應才是最能呈現內心本質的時刻。**

比如專案失敗、訂單被搶走，你可以觀察當發生這類讓公司蒙受損失的狀況，大阿法用什麼方式收拾殘局，是降詔罪己一肩承擔，還是找底下人甩鍋，用馬景濤式的咆哮把責任撇清，或是對事不對人逐條釐清問題，這些都可以用來判斷大阿法的人品與處事態度。日後你若看出公司問題想提出建議協助改進，大阿法的處事態度將是該不該冒死進諫的最佳依據——如果他有甩鍋慣性，到時你的建議出了問題，鍋子有很高機率飛回到你身上。

上面說了這麼多，重點只有兩個，分成權謀與人品來看：權謀看大阿法有沒有權謀覺醒（不見得要讀過這本書知道權謀覺醒一詞，只要知道維護自身權力重要性的都屬此類）；人品則看他做人是否講誠信、有擔當。前者看他是不是有實力、值不值得跟隨、有沒有才華可以學習；後者則用來判斷該交出多少心力、能不能交心，又或者需要小心翼翼避免觸及逆鱗。

當然啦，遇到兩者兼具或兩者皆無的大阿法比較好選擇，但常遇到的是權謀或人品僅具備一樣，要麼權謀手段高超但人品低劣，要麼不知世俗險惡卻待人誠信又善良。只能從這兩樣特質去二擇一的話，記得選有權謀手段的，至少他有本事謀取利益替大家搶到更多餅，先不說你能分到多少餅，但至少餅是在的。又或者你可以設定停利或停損，在他身邊學到某些東西，或被他拗到某個程度就閃人，能跟在壞蛋身旁學習其權謀手腕的機會可要珍惜。

話又說回來，跟個天真善良卻心機全無的「好」老闆，他能不能保住自身基業都是問題。除非你認為自己像諸葛孔明一樣有經天緯地之才，不論跟到什麼樣的鳥主公都能幫他匡扶漢室，又或者你其實已經退休想盡量避免人世間種種紛擾，那就儘管去選天真無邪的善良老闆吧。

4—2 升官起手式

自從在直播頻道講權謀系列後，有時會遇到一些職場問題，或許是頻道一開始在講紅藥丸的關係，我的觀眾裡還真有不少是剛出社會的年輕男子漢。看了一下後台數據，十八歲到三十四歲的男性占了約七〇%，這年齡階層的男人正處於性價值的起飛時期，難怪對職場權謀求知若渴。

不過，大家可千萬不要有奇怪認知，看到「權謀」兩字就只想到陰損的卑鄙招式。陰招或許有啦，但正如一開始所說，我這本書的定調主要是陽謀，把心思放在正道能大幅提高自己善終的機會。就算你壓根想走陰招好了，一開始也要老老實實培植自身實力，把正兵養起來才行（正兵概念請參考我的第一本書《壞男人的孫子兵法》）。

這裡要跟大家聊聊，當你剛踏入社會到公司任職，想在組織裡扶搖直上，究竟該怎麼開始。畢竟男人可不像女人（我要強調是漂亮的女人），靠著外貌優勢自動會有一群男人跪舔湊上來，我們只能在身無長物兩手空空的狀況下，從等級零的劣勢（而且連半套裝備都沒有）開始打造出屬於自己的價值。

職場爬升須知

除非你是富二代，算準將來能空降到老爸公司當高階主管，不然我認為每個人都該先學習如何當個小螺絲釘。甚至我還要說，就算你是可以穩當接手老爸公司的富二代，沒有從基層幹起、沒有戰功，那些老臣不會服你，你充其量不過是個位處高位但沒有實權的空殼。男人的價值不會憑空出現，任何一個男人都必須親手打造出價值才有辦法贏得他人尊重。

1. 迅速上手工作

絕對是必備的基礎，進入任何組織，在沒有權力保護傘的狀況下，能做的只有先讓自己具備被人利用的價值，乖乖從貝塔幹起。很多人踏入社會，奢望有個錢多事少離家近的工作，是人之常情。甚至我也覺得，如果你另有創業打算，比如像我這樣弄個自媒體當作事業主體，那這份錢多事少離家近的工作將是你最好的避風港，你可以利用在公司打混的閒暇之餘認真衝事業，在餓不死的情況下偷偷做創業準備。

但如果不是，只打算當個混吃等死的薪水小偷，那最好祈禱能在這份工作窩一輩子不被火掉。否則十年之後你重新回到市場上與人競爭，才發現同期出社會的早就練出一身本事，到哪都餓不死，而你卻依舊跟當年剛畢業的大學生沒兩樣。更慘的是，剛畢業的大學生搞不好還記得一點課本內容，但我敢說這時的你連課本內容都忘光了。

不論你喜不喜歡自己的工作，都該把工作給做好。許多老生常談會告訴你，把工作做好可以訓練自己的專業能力，日後擁有更好的升遷或跳槽等種種好處，這當然是原因之一。但我想另外提醒大家，在職場……不，**在社會階級要往上爬，得到大阿法的提拔，絕對比自己苦幹實幹最後只能感嘆懷才不遇要強上許多。**不少有真才實學的人缺的就是兵符或舞臺，一個社交認證下來，有時候比找阿姨要好用千百倍。

當然啦，如前所述，要獲得大阿法的社交認證，優秀的專業能力是必要條件之一，但若單純比專業能力，在現實世界商業力量與資本主義的推動下，要找到外包人才並非難事，重賞之下必有勇夫嘛。但是，若把人品因素考量進去，這種人才可就稀缺了。每個大阿法心念所繫的專業人才，絕對是像劉備手底下的關二哥一樣，能不離不棄千里走單騎外加順便斬幾名敵將，這類忠義與能力兼備的頂級猛將。

但是，人家跟你又不熟，怎麼知道你這人忠不忠誠？事實上，久經江湖歷練的大阿法都很清楚知道一件事，一個人忠義與否需要花時間相處才知道，但可以從工作態度看出雛形。

簡單說，替人打工的本質就是「契約」，而你加入大阿法底下做事也是種契約。你對自身工作的重視程度，足以顯現對契約關係有多重視。大阿法可以輕易推想出來，將來你到他手底下做事，是不是也同樣重視跟他的契約關係。注意喔，這裡講的「契約」不見得要白紙黑字簽合約，口頭承諾也算。**真的要對自己的工作負責，就是把口頭答應的事也放在心上。**前陣子看《烙印勇士》這部漫畫，裡頭同樣重視契約的概念，只要你口頭答應了某些事，即使是跟地獄使徒做交易，他們也一定要求你兌現。在西方文化裡，可是連魔鬼都講契約，你敢開口、願意付出代價（重點），祂們一定會給你當初承諾的一切。

所以又要繞回陳腔濫調勸每位年輕人好好把自身工作當一回事。只是我切入的角度並不單以訓練自身能力為主，而是希望大家透過重視工作品質，把契約精神當一回事。哪怕你只是個掃地清潔工，但請你務必相信我，永遠都有人在你不知道的地方盯著你看，君子慎獨。

2. 學會價值交換

當你有點本事後，可以開始跟這世界交易，換一點自己想要的東西。我發現不少年輕朋友對於職場有種天真的迷思，認為前輩對自己有教導的義務，有什麼不會的，乖乖當個伸手牌去問人，他們必定知無不言、言無不盡傾囊相授，拜託，根本沒這回事啊。如果是講究流程的行政工作可能還好一點，畢竟你跟老鳥的工作之間沒有什麼利益衝突，對方實在沒有不幫你的理由，而且把你教起來後，還可以把不想做的鳥事丟給你，行政工作要找到人教的機率比較大。

但如果是業務性質的工作，那可就不一樣了。當老鳥教會你之後，某種程度來說你會變成他的潛在競爭者，說不定有一天會反過來搶他客戶。如果他先前有被徒弟陰過的經驗，對此事必定更加提防。一般公司都會安排老鳥業務以手把手的mentor形式帶領菜鳥業務，但光想到利益上的衝突，老鳥業務恐怕會另有盤算，暗地留好幾手。

這時你該做的，正是**「釋疑」**。你必須讓老鳥知道把你拉起來對他是有好處的，要麼如前所說展現強大的可利用價值，要麼展現忠義（外加無害）的性格，讓他知道你不是那種會反捅一刀的小人，還能跑腿倒茶水做點雜事，替他分憂解勞。但即使你的職場貝塔面做好做滿，難保不會遇到疑心病重的老鳥前輩，那也請記得，這世上沒人有教導你的義務，即使是公司配給你的mentor也是如此。遇到肯傾囊相授的前輩要知道感恩，偷藏好幾手不肯教的前輩才是業界常態（不論哪個行業都是），多觀察他們的處事方法，想辦法在一旁偷學。

3. 跟阿法搞好關係

就我的觀察，大多數年輕人在求學時期大多沒有攀附權力的意識，你看每次選班代大家都是能閃則閃就可輕易獲得此結論。有權力意識的多半會去搞系學會之類的職務（而且當系學會會長還能順便撈點阿法光環，拿來把學妹超好用的），而這類人將來有較高機率從政或玩社運。會進到職場的多半保留敬權力而遠之的不良習慣，面對大阿法是能閃則閃，而不是想辦法獲得大阿法認可。大概要跌跌撞撞個三、五年，吃過各種因為缺乏權力相挺的大虧，才領悟到原來逢迎拍馬遠比苦幹實幹要容易升遷的道理。

但我絕不是要大家開始拍馬屁，這畢竟不是正道，不僅走不遠，還會惹來同僚妒忌（拍馬屁上位的不太會有好名聲）。正確作法是學著讓上級阿法知道你的本事，讓他看見你的工作成果。也就是說，你必須學著向上級彙報工作成果。

那些深懂拍馬屁手段的老江湖，更是明白讓上級知道工作成果的重要性。心黑一點的，會直接搶奪下屬或他人的工作成果，收割當作自己的功勞。如果你還秉持著苦幹實幹自然會有人看到的職場藍藥丸想法，絕對是這類人的頭號肥羊。

你必須走正道讓阿法對你信任，跟阿法的關係與業界名聲才是日後爆發力十足的潛在資本。順道一說，用正道方式展現工作成果而信任你的阿法，人品通常比較可靠；但當知道你使出陰損手段還願意重用你的大阿法，你可要有跟魔鬼打交道的心理準備。曹操雖雄才大略，但他豈是易與之輩？

4. 提防競爭對手

當你有點價值，因為價值而獲得阿法信任，那恭喜你已經是個有能力兼之有靠山的人，不論在組織內部或市場都算是個咖了，這時候可以來思索怎麼應對競爭對手。

在我的定義裡，「競爭對手」並不等於「敵人」。比如你跟同業的競爭需要搶同一批客戶與資源，但離開商場或轉行換產業，原本的競爭對手也可以脫下廝殺的外衣，一笑泯恩仇把酒言歡。權謀覺醒的男人多半懂得在商言商的道理，身處某個位置自然要具備該有的立場和角色定位，捍衛理當屬於自己的資源。但離開位置後則可以恢復成私交，不把工作情緒帶入人際互動裡，甚至因為產業的轉換，從原本的競爭對手轉成合作夥伴。也就是說，「競爭對手」通常因應立場而生，也通常是可逆的。

但是，「敵人」就不是這麼回事了。如果雙方必須你死我活，其中一方的出線必須用另一方的毀滅當祭品，這種關係就叫作「敵人」。顯然，搞到變敵人就沒什麼轉圜餘地，如非必要還是別把局面弄成這樣，通常只有政治官場裡勢不兩立的派系才會有敵人出現，大多情況只是競爭對手，沒事可千萬不要隨意讓衝突加劇，讓競爭對手變成敵人。

大體來說，在職場裡的公司組織討生活就是這麼不容易，當所涉及的人愈多，就必須顧及愈多人的立場與利益，在錯綜複雜的關係線中理出一條最適當的脈絡。你會發現幾乎每一個爬得上高位的人都是按照上述規律在玩的，但這一切必須先讓自己有價值開始。有價值才有資格談權謀，可千萬要把基本功打好嘿。

4—3 如何挑選大阿法

既然第四章的標題叫伴君如伴虎，也該跟大家聊聊如何挑選大阿法這個重要主題。前面講過的揣測上意屬於技術類的戰術問題，但在這之前，我們必須先在戰略層面選定值得跟隨的大阿法。只有在跟對人的戰略正確前提下，使用戰術才有意義。不然對個廢柴使用揣測上意的高級技術，你會發現是殺雞用牛刀，甚至不用多加揣測，他腦袋想什麼、是不是個咖、有沒有胸懷大志，瞄個一眼就知道這人廢到有剩，還不想辦法盡早跳槽就只能怪自己蠢了。

對權謀未覺醒的人而言，會單純認為職場不過就是看薪水和職稱辦事的地方，你發我薪水我就替你做事，而你是我老闆就該替我扛下所有責任。是啦，身為大阿法本該替下屬扛點責任，但除了勞基法的白紙黑字，交情還是很重要。你跟大阿法沒交情，那就大家照合約和勞基法走；若有點交情，有些職場經驗的人都知道，此時你會獲得很多不能說，別人問大阿法他也絕不會承認的隱形福利。但這裡的交情並不是指套近乎，甚至不是故意拍馬屁，而是讓大阿法知道你是個值得拉拔的貝塔。能讓他意識到這一點，各種福利自然從他手上不小心掉到你身邊。

但不是每個大阿法都有這種觀念，身為貝塔還需要仰人鼻息的你，必須挑選給得起福利，也願意給福利的大阿法才行。

怎麼選大阿法

當然，他必須是個男子漢。不過這一點你需要點時間觀察，也可能需要共事一段時間，才能從小地方知道他的真實樣貌。但就大方向而言，一個值得跟隨的大阿法可以分成以下三點來討論：

1. 看背後派系

派系是每個人的靠山，也是所能動用的資源。前面也跟大家提過，剛進組織一定要先思考該進哪個派系，此時你選定跟隨的大阿法將是進入派系的最佳窗口。就算你選的大阿法無才無德，只要背後靠山夠穩，大多數權謀覺醒的人要出手攻擊你時，也會不看僧面看佛面，打狗之前看一下主人是誰。哪怕壓根兒瞧不起你跟你的主子，但只要發現你們背後的靠山他惹不起，原本高舉的屠刀也會輕輕放下，算是另類上兵伐謀。

如果這位阿法本身在派系裡的地位是喊水會結凍的舉足輕重，代表你在派系裡也將有足夠發展的空間。這意思是說，他不光是你進入派系的敲門磚，只要你能把握機會，大可跟著他雞犬升天，前途可說一片光明。但是呢，也別高興得太早，事情總有陰暗的另一面。選到一個勢力龐大的派系固然很爽沒錯，但若你不幸遇上派系鬥爭，而且是毀滅性打擊的那種，恭喜啊，跟派系綁太深的你肯定閃不出暴風圈，要抄家滅族絕對有你的份。

2. 看是不是權謀覺醒

請記得，具備權謀覺醒的阿法才有能力守住自己的基業。歷史上很多名將都有開疆闢土的強大能力，但卻是毫無政治權謀的白痴。比如岳飛，戰鬥力超強，若以電玩遊戲《三國志》的標準來看，他的統率和武力都有九十五以上。但不少後人討論過，岳飛被判死罪的主謀不是秦檜，而是當時的皇帝宋高宗。曾有些翻案文章指出，岳飛因為喊出「迎回二聖」的口號，直接威脅到宋高宗的飯碗才被鏟除。後來更進一步的翻案討論，造成岳飛死因的，其實是他私自擅用軍權擴編軍隊，還以征戰為由向駐地百姓徵糧徵稅，根本是把自己當成諸侯。以皇帝角度來看，簡直是唐代藩鎮割據的戲碼重演，宋高宗豈能留他。若你跟到像岳飛這種政治敏感度零蛋的大阿法，你要擔心的是他會不會因為功高震主而被更大的阿法鏟除，接著把你掃進暴風圈，大家死在一塊兒。

再者，權謀覺醒的阿法才有能力確保組織穩固。權謀的本質其實是秩序，是歷代先人在官場存活的智慧結晶，要守住千辛萬苦打下的基業，靠的也是權謀知識裡的御下之道。就算這位阿法人品低劣，但若具備權謀覺醒的優秀手腕，跟在他身旁學個一兩招也足夠受用一輩子了。我並不是要你跟他一樣當個人品低劣的人，而是要向他學習陰招來自保，當你能從中見識到純粹的邪惡，對於職場或官場襲來的暗箭也將有一定的警覺之心。

唯一該注意的是，跟這位大阿法保持一定距離，不需要進入權力核心（以免知道太多骯髒事，被他利用完後找藉口處理掉），但也無須跟他交惡累積仇恨，東西學完就閃。若真覺得跟這種大阿法相處太燒腦太累，那也不用太過勉強，第三點就是你的明燈。

3. 看人品好不好

如果實在找不到有靠山或有權謀能力的大阿法，那最後的底限必須選個人品好的大阿法來跟。人品好的大阿法多半願意容人，在他手底下做事相對來說不用擔心背黑鍋的問題，或許他會因為權謀知識不足而守不住江山，甚至被手底下心懷不軌的部屬架空反噬，但至少他不會主動生事，不幸出包的鍋子也不會沒事甩到自己身上。只要運氣夠好，整個組織都是人品好的阿法與貝塔，還是可以欣欣向榮維持穩固的組織體系。

看到人品好三個字，有些人可能會跟職場藍藥丸連在一起。就像我每次在直播講情場紅藥丸，不少男人還是千方百計想保留藍藥丸的「暖男」身分，在潛意識認為紅藥丸阿法男是人人得而誅之的渣男。事實上，我的確或多或少同意人品好跟職場藍藥丸之間有部分重疊特質，但這裡所指的人品好，有一項特質必須堅守——「敢扛責任」。**只有跟在敢扛責任的老闆身旁做事，你的職涯才不會被莫名其妙的鳥事侵蝕，沒事背一堆不屬於自己的黑鍋。**很多職場藍藥丸的老闆遇到事情出包了會甩鍋給基層，就不能說他人品好。

每次看到這些人品好卻毫無權謀素養的大阿法，總讓我有些感慨，他們明明都是好人，也有自己的基業、據點以及基本價值，但卻缺乏自保能力，只要獲得權謀覺醒這項神兵利器，他們將如虎添翼替世界貢獻更多價值。站在上帝視角來看待這類人品好的大阿法，我會建議大家，如果想讓市場環境變得更好、創造更多價值流動、良幣數量高過劣幣，必須讓人品好且能創造價值的人獲得獎勵，在能力許可下能幫就幫。或許在夜深人靜下偶爾浮現恨鐵不成鋼的惆悵，但若能將人品好的大阿法抬到更高的位置，對市場而言絕對是美事。

人品好還未被現實社會殘酷面擊垮的大阿法，就像是情場上三觀正確、沒有被壞阿法汙染的高分妹。建議大家遇到這類人時，秉持著維護生態環境的公德心，不要隨意破壞或汙染而葬送優質好咖。試想，若你趁著人家品性好的弱點占人便宜甚至吃乾抹淨，難保他不會對社會心灰意冷，絕望得變成另一隻魔頭。多製造一個混蛋（不論男或女），到頭來損失的還是我們自己。

回到正題。如果有幸遇到上面三者兼具的大阿法，請千萬不要隨意放過，這樣的大阿法即使現階段沒沒無聞，基業仍未穩固，但這幾項潛質足以證明他是股價六十塊的台積電股票（我寫這段文字的時候台積電股票在六百塊上下），能慧眼辨識出這類英雄人物，就該逢低買進，這樣的人何愁大事不成？

人是會變的

如果你看到這邊，發現自己現在跟的大阿法正屬於三項全包的人中之龍，那要先恭喜你一下，買到股價六十塊的台積電可是許多人期盼時光倒轉的好事，千金難買早知道嘛。但即使是已經跟到好老闆的當下，我還是要潑你冷水提醒一下：人是會變的。人性裡千古不變的規律，是換個位置就換個腦袋。或許你常在職場聽到同事用這句話在底下嘲笑老闆，但只要你換了立場，牽涉到許多利益，甚至背負許多家庭的責任，說不定你也會做出外人看似愚蠢，實則只能把苦往肚裡吞的決定。

這段上位過程中，能莫忘初衷當然是好事。但更多的是被利益沖昏頭，為了幹最後一票，不惜出賣戰友同胞換取榮華富貴的惡行。一將功成萬骨枯，只可惜你永遠不會知道，那千萬枯骨究竟是甘心替主將奉獻，最後死得其所的烈士，還是主將背信忘義，為了自身榮華富貴將手下獻祭給魔鬼交換而來。成功者永遠有機會「創造」歷史，真相不一定能見諸陽光底下。

另一個變因，人除了會變壞，還會變蠢。許多帝王在年輕時都曾是明主，但年老之後昏著連連，愚蠢程度讓人懷疑是不是被盜了帳號。拜現代醫學所賜，對這類年老變蠢的現象有了合理解釋。原來，除了抱殘守缺的天性作祟，人一旦年老，還必須跟失智症抗衡。看似利令智昏的白痴決策其實是生理問題，腦子結構已經不好使了。

說穿了這是健康議題，解法是控制飲食和調整生活作息。身體健康腦袋正常，可以大幅降低年老變蠢的機會。上了年紀兩眼依舊炯炯有神、頭腦清楚的大有人在。雖說人數不能跟失智症相比，但遇到這樣的長者請記得珍惜，他們比三觀正確的高分妹更加稀有。**如果你家大阿法到老都始終保持雄才大略外加人品高尚的狀態，這絕對比娶到三觀正確的高分妹更加難得。**

但話又說回來，我認為這年頭更加難能可貴的，是真心追隨大阿法到底。在強調「狼性」的現代社會，像司馬懿一樣把別人江山整盤端走變成一件值得稱許的事，竊國者為諸侯嘛。老闆雖然會變，但可別忘了，身為人家下屬的你也是會變的。品質良好的主僕關係，跟優質的男女長期關係一樣稀有。

4—4 選邊站的技術

在一般組織扁平的新創公司，大家或許可以努力聚焦在工作上。畢竟公司還沒賺到錢，在共體時艱一人當多人用的狀況下（薪水當然只有一份），實在沒啥多餘時間搞權力鬥爭。要面對的頂頭上司，最多就創辦人或執行長這麼一位，不用煩惱多頭馬車的問題。但只要公司或組織愈來愈大，管理階層也開始一層層複雜起來，勢必要在不同的頂頭上司之間做選擇。一般職場新人最苦手的問題，常常是直屬上級（小阿法）跟高階主管（中阿法）的命令不一樣，不知該聽誰的。一般人所想到的安全牌，自然是把狀況跟小阿法報告，雖然心裡想的是媽的你們上頭能不能先打一架再告訴我最後決定，但還是恭恭敬敬請上級裁示，之後再聽命辦事。

雖是如此，其中仍有許多討論空間，根據情境也有不同應對方式。要在眾阿法心中有好名聲，身為貝塔勢必要深懂選邊站的藝術。還是那句老話，權謀沒有教條，只有心法與原則，一切都是深思熟慮、權衡利益後所做的決定，因勢利導也。

1. 表態

口頭上選邊站，但還沒有執行命令。最常遇到的情況是，會議上被點名回答對事情的看法，此時可以用嘴巴解決。如果是大阿法（公司創辦人或執行長）直接下令，那沒什麼好說的。但一般小職員很難直接跟大阿法接觸，比較有機會遇到的是中阿法跟小阿法之間的命令衝突，你當然可以選擇前面講過的安全牌，把球丟回去請他們自己討論再說，一般工作協商或溝通不良可以這樣處理。但我要提醒你多一點心眼，萬一是中阿法跟小阿法之間在互鬥，你還「秉公處理」就有點可惜了。

在哲學上，混亂代表有重生的空間。正所謂亂世出英雄，組織裡發生鬥爭，必定有人可以循此規律上位。所以你該做的是，觀察中阿法和小阿法背後的派系哪個較有前途，最後再學尚書大人風往哪吹就往哪倒。你可以選擇裝死打圓場，但心裡要有數。若你認為時機未到態勢不明顯，和稀泥混過去或許是權宜之計，可最終仍要有底限，該表態的時候就要表態。

如果你很有義氣，評估過後發現其中一方是弱勢，但因為有革命情誼選擇相挺到底，當然是好事。只是我希望大家清楚每個決策背後的利益與風險，做出來的決定才對得起自己的腦袋和良心，而不是被拱著戴鋼盔傻傻往前衝的愚勇。

2. 執行

相較之下，直接執行命令的服從意義就比表態強多了，特別是那些在職務上有權責對你直接下令的人。比如你身兼不同專案的工程師，而專案經理的小阿法將是最合情合理用行動宣告服從的對象。如果兩個以上的小阿法交派任務給你，考量過派系問題後，所選擇優先執行的任務將是對背後派系最有力的服從宣告（當然要撇開工程師被正妹ＰＭ亂拗的情況）。大多時候你表態表了老半天，還不如直接執行任務更為有用。很多人嘴巴說一套，行動時卻透露真實想法，權謀覺醒的人絕對深懂行動比言語更誠實的道理。

假設今天有兩個專案經理派工作給你，背後各代表不同派系，如果你兩方都不想得罪，但卻心有所屬想投靠其中一方，那就按先後順序安排工作，優先處理想拉攏的那方所派予的任務，另一方則事後再執行。雖說還是多少有影響，但對方也看得出來你有給他面子。但如果你有意切割其中一方，就想辦法推掉。「稍後再做」跟「完全不做」所代表的政治意義可是不一樣的。

最糟糕的情況是，你完全依照個人喜好和情緒狀況來選擇工作執行的優先順序，甚至跟人大小聲。很多不諳權謀之道的年輕朋友就這麼在無意中得罪他人，實在是沒必要。當然啦，如果你背後靠山很大尾，或者本身能力超強，是各方想拉攏的狠角色，也許有本錢這樣亂搞。但無論如何，我們還是要有清楚的腦袋知道自己在幹麼。

喔對了，直接執行命令以表服從這招，比較不適合越級處理。比如當更高一階的中阿法隨口聊到工作上的難處，你卻自以為貼心先做好這件事，以期日後當作邀功籌碼先行儲值。但權責上你唯一該負責的理當是直屬上級小阿法，妄自越級並揣測上意，幫中阿法完成任務，不僅違反組織體制，斧鑿痕跡也過於明顯，人家絕對知道你在拍他馬屁。他不僅不會感謝你，反而會認為無事獻殷勤必定有詐，會吃這套的大多也不是什麼雄才大略的明主。

不過這話也不能完全說死。雖說我個人不太喜歡這種明顯拍馬屁的行為，但的確有些陰險小人就愛吃這味。所以如果你判斷中阿法就是喜歡底下人逢迎拍馬，身邊同事也一個個群起效尤，在風險考量下我會建議你跟著拍馬屁會比較好。當大家都暗地裡這麼幹，顯然是組織裡的潛規則在運作，這時還自命清高不去蹚渾水，麻煩說不定會因此找上門呢。

3. 示好

與執行和表態相比，示好的適用情境和使用條件就顯得寬鬆許多。執行通常是上頭有命令下來才有機會以示服從；而表態則是上頭點名要求表示看法，才被逼著趕鴨子上架；但示好可沒這些限制，只要有意拉攏就可以做。所謂示好當然是指說好話，但要記得，必須透過第三方嘴巴傳到當事人耳裡才算數。比如你有意拉攏某部門的中階主管，聽聞他最近正在執行大案子，你可以趁著到茶水間或吸菸區閒話家常的時候，跟其他同事力讚這位中階主管的英明神武、領導有方，透過第三方的轉達，你的各種稱讚才能收到示好的效果。甚至我可以告訴你，這種在茶水間看似無意的稱讚，收攏人心的效果甚至超過你公然在會議上抱對方大腿。技術上，示好做得愈隱晦愈好，看似愈不經意就愈像真的。

除此之外，因為現代人的連結方式改變，茶水間的八卦文化也透過網路延伸到手機。群組就是最佳八卦來源，善用群組的威力，把茶水間那套搬過來使用，在小群組裡拐個彎對你的目標示好。原則還是一樣透過第三方間接進行，所以要示好的對象不能在群組裡。愈是幾個人組成用來幹譙老闆的八卦群組，就愈適合拿來向上級示好。一定會有閒雜人等把對話截圖拿給當事人看，你在等的就是這個。順道一說，不是今天在群組講了上頭好話明天就馬上傳到他耳朵裡，示好不是這種立竿見影的爽事，就像是播種，種子丟下去後要等它發芽，還要看天時地利是不是俱備才行。搞不好發揮威力已經是一年半載後的事，誰都說不準。你可要有讓子彈飛的耐性才是。

另外，因為有著社群媒體的存在，我們又多個在人家貼文底下按讚的示好管道。動動手指就能示好，恐怕是那些深懂權謀官場之道的古人作夢也想不到的事，科技的力量真令人不得不服啊。然而，按讚雖是個好方法，但不是要你馬上去人家牆上按一整排的讚，這種變態宅男的追妹蠢方法，拿到跟男人的Game也一樣行不通。你可以在他每次發文時按讚，代表你關注他的動態，透過按讚以表心跡。但要是太多貼文沒按，最後再來個亡羊補牢一次按一整排，你換到對方角度去想，一定覺得這人是不是怪怪的。

說真的，**動動手指就能示好的爽事，就我觀察現今的網路生態已經很多人在做，只是沒幾個肯去深思背後的政治意義。**特別是在臉書，你所按的讚都會留下痕跡。只是我不知道你有沒有想過一件事：如果你看到平常跟你很麻吉的員工跑去按你仇家的讚，那你心裡會作何感想？他不知道你跟這人素來有仇就算了，如果他根本就知道你們是水火不容的仇人，還試著用這招兩邊討好，會不會覺得心裡很不是滋味？

我知道你會想反駁：靠，啊不過就按個讚而已，心眼有必要這麼小嗎？這我完全同意。但權謀這檔事兒，從來就不是你跟我怎麼想的問題，完全是掌權大阿法的主觀認知。只要沒事被他抓到小辮子說你有反意，再怎麼證明也是百口莫辯。自古以來的謀反罪都是權力鬥爭的終極武器，但刀斧加身之際，又有哪幾個人是真的罪有應得？事後平反的人常常不在少數，但頭都掉了，皇上就算有悔意下詔罪己，再追封晉爵也於事無補。

君子不立危牆之下，避開被誤會的險境，讓大阿法釋疑才是明哲保身之道。

總結

大體來說，上述三個選項的政治信號強度各自不同，執行命令最強，用行動宣告你是哪邊的人馬，而表態次之，示好再次之。但除非是非死即生的危急時刻，比如派系鬥爭的最後關頭（輸的一方要抄家滅族），不然一般狀況下選擇不表態，上頭正在互鬥的中阿法或大阿法是可以忍受的。權謀覺醒的大阿法大多可以理解西瓜倚大爿的道理，在態勢未明朗之前即要下屬表態有點不通人情。

當然，權謀跟戰場生存哲學一樣需要隨機應變。如果一開始判斷局勢未明朗，打算選擇裝死到底和稀泥打圓場，但卻發現身邊同事怎麼一個個跳出來選邊站，用表態宣告自己的立場，那很可能是你判斷錯誤，就別硬撐了，該來的還是閃不掉。該表態時不表態，將會是兩邊不討好的窘境，願意表態至少還可以獲得一方支持，遲遲未定只會讓你孤立無援，要根據情勢做決定才是。

4—5 透過執行任務獲得權力

對大多數職場新鮮人而言，接到上頭阿法交辦的各項任務，第一反應大概是悶著頭猛幹，畢竟都領人薪水了，再去質疑阿法的意思說不過去，乖乖貢獻己力就是。不過，同樣是領薪水，有些人在著手進行任務之前能事先揣測上意，知道上級阿法交辦這項任務背後的涵義，「聰明地」把事情辦妥當。

除非你被交辦的任務屬於行政類的日常庶務，或者你做的是加油站、超商店員這類單純勞力性質的工作，只要是坐辦公室的白領階級，都該想一下這份任務該怎麼執行才適當。

接手任務後該思考的事

這裡我們先假設你是剛進公司的小咖，而不是領有兵符的小阿法。領有兵符的小阿法通常有足夠授權能獨立做事，握有的資源也比較多，思維自然大不相同。但今天只要你是菜鳥，哪怕再有雄心壯志、能力超群屌打同期同事，也別當個自以為厲害的出頭鳥盡顯才華。老老實實走一下流程，在按部就班的過程中其實不缺乏展現能力的機會，還能因為懂事守規矩贏得上頭好感。

1. 摸清楚上頭阿法的性格

對交辦任務的阿法摸清楚其個性，將決定你在整個任務執行中到底是該唯唯諾諾，還是像個男子漢一樣展現負責的態度。如果上級屬於怕事的公務員性格，那執行重點在於不出包而不是效益，不求有功但求無過，打安全牌準沒錯。若屬於雄才大略型的阿法，那把重點放在效益可以提升自己在他心中的形象。除此之外，還要提防他是不是沒肩膀又愛出陰招，這種人唯一會的就是邀功和甩鍋。在這種主管手底下做事，永遠要有功勞被端去的心理準備，也永遠要替自己做好防火牆，避免出事後鍋子甩到自己身上。

2. 確定任務性質

任務性質大致分成四種：職務內例行、職務內突發、非職務考核、非職務鳥事。不同性質處理方向各自不同，背後的意義也不一樣。職務內例行大概是最簡單的，正常情況下是能夠勝任的事，意思就是沒有出包的空間，要立功也不太可能。做好是應該，做不好就你該死。除非你是剛到職的新人，可能有點容錯機會，但就算如此，也要記得回報讓阿法放心。

職務內突發跟非職務考核有點類似，共通處在於都是一戰成名的好機會，也會考驗你的能力。比如你的部門接了之前沒辦過的大案子，這案子很剛好（或很衰消）屬於你的職務範圍，若將其辦得妥當，能在上級阿法們裡累積一定名聲。至於不同之處，則在於前者閃不掉而後者閃得掉。閃不掉的沒得談，但閃得掉的若想攬下來一試身手，要先評估自身能力與辦妥這件事所需要的成本。這情況有點類似古代皇帝因為邊境敵國來犯，在廟堂上徵求勇將帶兵出擊，能夠請纓出戰並贏得勝利，凱旋後大多得以加官晉爵。

至於非職務鳥事，我將其定義為阿法個人的事，又分成公事和私事兩種。公務上的較好理解，比如把明明該自己做的簡報交給你做，又或者在你正忙得人仰馬翻之際，要你去客戶那兒跑一趟替他收個發票，總會讓你想說點什麼但想想還是算了。而私事就比較多貓膩了，可能是他不想幹的骯髒活，又或者他只是想找人背鍋，這都需要你對他的性格有足夠了解才得以判斷。

3. 完成任務的指標

要正確無誤執行任務，你要先確定完成任務的標準是什麼。很多人一收到信件就低頭猛幹，最後交件才發現不是上面要的，這就悲劇了。如果主管交辦任務的信件語焉不詳（別以為當到主管國文能力一定很好），那就反覆弄清楚，直到雙方確認完成任務的標準為止。這裡順便幫大家打一下職場預防針：你會發現即使跟主管再三確定好完成任務的標準，照他的要求做好報表，但在交件的那一刻，他要麼突然變卦更改需求，要麼對你的工作成果雞蛋裡挑骨頭，意見一堆。一個是計畫趕不上變化，他也是有苦難言；另一個比較可能的原因，則是透過挑三揀四樹立自己的權威，他很清楚如果隨便放你過關，很可能在你心中養大野心，一定要挑點無關緊要的錯誤藉機打槍個兩三次，挫挫你的銳氣，將來才好駕馭你。這都是職場日常，特別是在公家機關非常常見，請別太過在意，你領的薪水已經把這類精神折騰的補償算進去了。

執行任務之前，也要先知道完成任務所需要的各種資源，包括金錢、時間、人力、部門協調等等，如果發現有執行困難的地方，記得順便要資源，需要尚方寶劍或兵符也請在這個時候提出要求。如果任務本身頗具規模或曠日費時，我會建議你展現一下專業精神，弄個流程表之類的看起來很像專案管理的東西，讓他知道你打算執行的具體方式。有些腦袋古板的主管光看到簡報或流程圖就高潮，任務還沒開始執行便對你印象大好，未來若要追加預算或資源也能少點阻力。再者，你也能透過展現方案，跟主管核對你是否領略其任務背後的精神，減少驗收時被打槍的機會。

主動呈報方案還有另一個好處，藉由這招向交辦任務的阿法釋疑。有點權謀觀念的阿法都忌諱下屬趁工作時偷撈權力。呈報方案等於攤開掌心，讓他知道你打算做的一切，其中若有灰色地帶的手法，也可以趁這時主動交出把柄以展現忠誠（比如你可能需要點錢賄賂走後門，讓阿法知道你會幹這種比較見不得光的事，說不定這筆錢還可以跟他報帳呢）。就算過程中你會因為工作需要私下結黨，但主動事先呈報總比事後被抓到來得好。事後被抓到，哪怕你理由再充分，只要上頭阿法主觀不相信你，你在他心裡已經留下汙點，想再漂白著實難矣。

如何獲得權力

我心目中理想的主僕互動模式，是雙方對待彼此有情有義，又能謹守分際不隨意跨越界線。阿法出包時不隨意甩鍋給底下貝塔，而貝塔在阿法底下工作時能清楚明白身為臣子的本分，不隨便蹭上頭流量狐假虎威，也不會想著歸零自家阿法。其實大阿法也需要底下人幫他分憂解勞，勢必要將權力分下去來減少自己的工作負擔。身為貝塔的你，執行任務過程中可要清楚明白向上級拿權力的正確方法，日後才不會因為功高震主而被處理掉。

當然，還是希望你們雙方都以忠義待人，而不是上下交相賊，各懷鬼胎互相利用。

第一個該注意的是大阿法的資訊管道。執行任務過程中你的種種呈報會替你暫時帶來巨大的權力。也就是說，大阿法會根據你的呈報做出相應決策，等於讓你間接掌控大阿法的行動。平常看誰不爽，這時就是公報私仇的合法時機。當然，你所做的種種呈報、提供給大阿法的每條資訊，其後續效應會一直延燒。說白了，就是替自己講過的話負責。我得提醒你，這年頭要驗證資訊真偽可是不同以往的方便，隨便ＬＩＮＥ一下問人，交叉比對真相馬上水落石出。沒有對資訊逐條驗證只是出自信任，切莫隨意踐踏大阿法對你的信任。大阿法發現你為了自己利益而胡亂呈報，下場應該就不用我多說了。

再來，你要讓大阿法依賴你的能力。解任務是展現能力的最好時刻，特別是那些沒人敢接的燙手山芋，往往是一戰成名天下知的絕佳契機。至於該培養什麼樣的能力，可以從光明與黑暗兩方面去想。光明面指的是大阿法不會的能力，如果這項能力在市場上也屬稀缺，幾乎可以篤定大阿法離不開你；順道一說，這時若要換公司跳槽，大阿法一定會出高價挽留你。至於黑暗面，自然是大阿法不肯做或不願做的骯髒活，比如到媒體上放話抹黑，這種髒事對形象好的人恐怕成本過於巨大，只能由手底下養的瘌痢狗扮演側翼來代勞。這也可以解釋某些政客明明無才無德、一臉猥瑣又只會放話，卻能在政壇中保有一定聲量、屹立不搖的主要原因。

具備前兩項，大概能進入權力核心，但能否長長久久留在核心圈子裡，又或者升級成為大阿法身旁的心腹，你還必須適時展現忠誠。當然，可以用前面講過的立投名狀等交出把柄的方式來展現忠誠，但這類手法通常只見於綠林黑幫或見不得光的事，家世清白的恐怕要另找方法。

一種是公開表態，我們前面講過表態，但這裡的重點是「公開」兩個字。比如在媒體上看到某個政治人物對政治議題公開表示意見，或許是對事，又或許是對人，都屬此類。之所以在媒體上放話能表示忠誠，乃是公開表態會讓人退無可退，這話一講出口，影片也就留下了，威力比白紙黑字更加強大，等於接受所有人公評（包括酸民）。公開挺自家大阿法，或支持大阿法相挺的議題，等同於斷掉被競爭對手拉攏的空間，間接表示忠誠。

另一種則是幫你家大阿法擋子彈。擋子彈只是比喻啦，你可以理解成替大阿法解決重大麻煩困境，在他即將覆滅之際不等指令挺身而出拉他一把，也就是你直接有恩於他。如此一來，你們雙方會瞬間建立高度信任關係（前提當然是兩個人都要活著），變成換帖的兄弟情誼。到這層次，你幾乎能直接代理大阿法的許多重要事務，腦子好使的話，也可以成為左右他決策的另一個大腦。

大家還記不記得紅藥丸原典《The Rational Male》裡的名言：「In any relationship, the person with the most power is the one who needs the other the least.」我常說紅藥丸是最佳的權謀先修課程，在這裡就能印證。原本大家以為只適用於男女關係裡的名句，現在轉到主僕關係，你會發現有如此驚人的相似之處。

被需要的一方，才握有真正的權力。

4—6

官僚體系的升遷智慧

曾經看過不少三國迷討論，孔明之所以不是選擇實力強大、人才濟濟的曹魏陣營，反而選擇當時堪稱弱小、連一塊方寸之地都沒有的劉備陣營，其主要原因，並非什麼劉備仁義治國或三顧茅廬的誠意，而是很單純的職涯考量：曹操陣營的謀士職位基本上已有許多人才，內政有荀彧為其安邦定國，軍事則有郭嘉助其策畫奇謀，去曹操那兒混最多就是不愁吃穿，但真要實現抱負，大學長們已經把位置卡好卡滿，要再往上升實屬不易。而劉備陣營就不是這樣了，雖說有關、張、趙等虎將，但智力八十以上能當軍師用的，自從徐庶被弄走後，恐怕還得找關羽或趙雲兼差軍師。對孔明來說，劉備陣營就是個求才若渴的新創企業，好好跟著混，幫劉備把事業搞大，可以分到創始元老該有的紅利。以結果來看，諸葛村夫這算盤還真是打對了。

以時代發展趨勢來看，壟斷一切的大企業恐怕是日後的職場主流趨勢，最多再加上我這種單兵作戰的自媒體個體戶。職場分布將是往兩極靠攏的M型化，中小企業恐怕愈來愈難生存。會有這體悟，也是因為觀察到蘋果、Google等超大型企業不斷將業務範圍擴大到包山包海，從個資到金流、出生到死亡，都逃不過這些科技巨鱷的掌控。虛擬世界觀賽博龐克（Cyberpunk）裡掌控社會秩序的大財團，看來將離我們不遠。

在這類大公司底下做事，雖說可以領到高薪並享有一定社會地位，但升遷絕非易事。你必須面對官僚體系的僵硬與腐化，升遷之路上又早有許多前輩學長把位置卡滿。就算有著諸葛村夫的經天緯地之才，但即使是孔明本人，也不願到曹魏底下慢慢從基層幹起。有才華，也要有舞臺才得以展現。在官僚體制深入骨髓的組織做事，就是要有這種蹲好幾年（或好幾十年）的心理準備。

升不上去怎麼辦

直接原因就是你的直屬小阿法把位置卡死，讓你升不上去。更尷尬的是，他的能力也很好，跟才華洋溢的你等級相仿，只是很不巧的，他剛好跟你有一樣的問題。這也是沒辦法的事，在官僚體系下做事，人員升遷本就如同死水一樣不容易。甚至可以說大家都面對一樣處境，前面的人就是升不上去，自己只能處於原地暗幹在心裡。的確，戲棚底下待久就是你的，但沒人知道這戲棚要待多久，幾十年都領同樣薪水的在現今社會可是大有人在。

所以與其被動等待，不如主動創造機會：

1. 讓小阿法光榮地離開

這是我最推崇的作法。如果你的直屬上司小阿法本身具有能力，人品又正直，是位值得跟隨的明主，簡而言之就是條潛龍，缺的只是一飛沖天的機會，那你不妨幫他一把。怎麼幫？如果你們是業務團隊講求績效，那就努力幫他做更多業績。上頭看到你努力幫小阿法生出業績，自然會把功勞算在他身上，讓他有機會升遷，一旦他成功「走人」，這位置自然落到你頭上。

再想遠一點，如果這位小阿法本身雄才大略又懂得知恩圖報，一定會因為你的貢獻知道你是可拉攏的人才，在培養嫡系人馬時必定希望你成為他的一員，即使日後短期內跟你的職務扯不上關係，但他若有朝一日飛黃騰達，絕對會想起你當年提供的價值，順手拉你一把。

這就是結善緣，男人之間的價值流動正該如此。

不過嘛，可別以為結善緣有這麼簡單，左膠或身心靈整天掛在嘴邊當口號喊的東西，真的要像個右派一樣執行起來，可是有不少前置條件。最能讓雙方圓滿的解決方案，門檻也是最高。

首先，必須確定你是直屬小阿法備選第一人。也就是說，你必須擺平其他競爭者的侵擾，確定小阿法離開之後的繼承人會是你，整件事才有意義。但是，在你努力貢獻業績，直到他離開，恐怕還需要三、五個月，甚至一年半載，這段期間難保不會出現差錯。說不定再空降一個皇親國戚進來，你的整盤布局又要重新開始。

再來，我認為整個局最麻煩的地方是，一半因素都不屬於你能掌控的。或許結善緣本身立意良善，這標題也高大上到說不定連左膠都起立鼓掌，但你怎麼知道在你努力貢獻價值的過程中，不會引發小阿法功高震主的殺意，他說不定看不出你的用心良苦，反而覺得你試圖搶他風采。技術上，這攸關你把功勞讓出去的氣度；人品上，要確保小阿法本身不是個心胸狹隘的鼠輩。

最後，就算你跟小阿法兩個人都有共識努力促成這個局，也難保上頭最後的調度能盡如人意。就算小阿法真的「升遷」，但這職位若不是他要的，就未免有點遺憾。更慘一點，上頭大阿法雖然表面看起來讓小阿法升遷，實際上卻忌諱你們團隊這陣子的業績，以致產生功高震主的殺意，甚至把你跟小阿法視作相同派系連坐在一起，日後的颱風尾可有你受的了。

正因為有這麼多不確定因素，整個局除了人謀，還要老天給面子才行，所以用「結善緣」來形容還真是不為過，「緣分」占了非常大的因素。

話又說回來，如果嫌上述的緣分實在太麻煩，在獵人頭公司盛行的現代職場，你也可以主動幫直屬小阿法丟履歷給獵人頭公司，讓他被高薪挖角。這招更為乾淨俐落，獵人頭缺業績、小阿法缺高薪好位，而你要的被小阿法占著茅坑不拉屎的缺，也會在他們雙方案子成交後順利讓出，根本是實實在在的三贏。

2. 背地裡捅一刀弄走他

這招說起來比較陰損，也不太符合我前面所強調忠義待人的價值觀。不過，如果你的直屬小阿法是個品德低劣的卑鄙小人，把他拉下來不僅能讓自己升遷，還可以順手收拾垃圾替組織除害，那偶爾化身為黑暗騎士出點陰招倒也無妨。

那麼該怎麼做呢？很簡單。你一樣努力貢獻價值，同時表現忠誠接近他，想辦法成為他的心腹。一旦成為心腹，他一定會跟你分享曾經幹過的骯髒事，或是把急需代勞的骯髒活交給你做。如此一來，你手上就握有讓他倒臺的爆料素材。此時千萬不要自己爆料，不論你做得再隱晦，也等於是對他宣戰，要是無法成功把他扳倒，不僅頭上多了背骨仔罪名，還會惹來巨大仇恨，實在不值。

拜託你回歸一下幹這些事的初衷，說到底只不過圖個升遷把死皮賴臉的廢柴小阿法平安弄走而已，沒必要扛這種仇恨風險。

正確作法，你應該弄清楚他的政敵是誰，再把這些黑料轉交給政敵代勞。既可以禍水東引，又能把位置空出來達成主要升遷目的，兼之替天行道讓他們去狗咬狗，自己在一旁蹺腳看戲就好。這有賴平常的情報蒐集，也要花點腦筋判斷敵我局勢，厲害的陰招可不是你所想的這麼簡單，智力門檻還是有的。從技術角度來看，挑人品低劣的小阿法出這招，也是因為這種人容易被抓到把柄。我前面也說過，愈是在公開場合講一堆仁義道德的，私底下的黑料愈是滿坑滿谷。特別是極端左派，道德訴求只是他們獲取名利的工具，但你若有機會成為他們心腹，一定不愁沒黑料可爆。

再者，黑料的內容也要挑一下。如果這件黑料是你們兩個人在密室裡的雙方協商，沒有第三方在場，爆出去的話內鬼絕對是你。你該找的黑料，應該是有第三方在場，不知道爆料者是誰，這種對你而言相對安全。之前黑道找中職球員簽賭，除了給錢，最愛的就是性招待了。性招待這招說實在真心好用，對男人百發百中，有炮打的誘惑幾乎可以讓所有男人智商變一折（我以前說是對折再對折，但仔細想想還是高估，直接變一折才對）。而性招待本身也符合這裡提到的安全要求，爆料者除了政敵，現場的少爺、小姐，甚至媽咪都可能是嫌疑犯，拿起手機一拍，根本不會知道爆料者是誰。

我敢打包票，這世上並不存在人品低劣但卻不愛女色的男人。甚至人品高尚的都可能因為一時忍不住誘惑，最後被政敵抓住把柄。鬥爭方法裡有一招「被嫖妓」，說的正是如此，用來對付政敵或異議人士實在是好用。

3. 自己離開

如果小阿法人品好又有能力，但自己也跟你面對相同困境，上面的位置卡好卡滿，在骨牌效應影響下導致大家都升不上去，那你就該考慮跟虯髯客做一樣的決定，鼻子摸一摸到別的地方闖天下。

你可以選擇換部門，也可以選擇跳槽換公司。但前提是把目前工作崗位的專業能力學好，換職務才有意義。最理想狀況是在目前職務實打實做出一番成績，有戰績當籌碼，要換工作才能愈換愈好。山不轉路轉，生命總能找到自己的出路，人生沒有非打不可的副本，有的時候換條路反而海闊天空。

以上幾種方案選擇上，第一要考量的是占缺的小阿法人品，再來要考慮的則是你要花多少時間幹這些事。一般來說我會建議抓兩年替自己的升遷布局，公務員或國營事業則抓久一點，五年差不多。在時間內如果無法循正常管道（包括第一種方法）升遷，就是該換地方的時候。

至於第二種陰損方法，或許有人會覺得把這陰招講出來有害天下蒼生，甚至原本沒想到用這招歸零自家老闆的，買書看到這招反而心生毒計。對此我的想法很簡單，與其藏諸於名山讓幾個陰損小人因為運氣好學到這招，不如公諸於世讓各位好阿法們有機會提防。

在做人處世上，我們本就不該將事業與組織的穩定單押在對方人品上，自己還是要對人性陰暗面有所提防才行。

4—7 功高震主必死路一條

整個第四章都在教大家怎麼當個好貝塔，前面大多講如何獲得權力，逐漸取得大小阿法信任進入決策核心，最後成為一人之下萬人之上的老二。然而，**要當個稱職的小阿法，或直指權力核心當個老二，絕對比當老大更難**。既要深受大阿法信任，又要不斷對其釋疑，以防功高震主惹來殺身之禍，其難度之高超乎一般人想像。如果當老二很簡單，就不會有「老二哲學」的問世。歷史上各朝代開國或平亂的功臣下場大多極其淒慘，能夠善終的絕對值得載入史冊。

這裡大家應該會想問一個問題：難道功高震主是必然嗎？不能大家和睦相處，一起替組織盡心盡力，反要這樣互相猜忌，搞得其中一方家破人亡事情才得以落幕？綜觀歷史，其實早就給出答案了。能避免功高震主惹來殺身之禍的聰明人，往往選擇急流勇退，主動退隱交出權力，才得以安享晚年。張良就是最好的例子。

功高震主的必然

對人性理解不夠深刻的年輕朋友們，可能單純認為之所以有功高震主的問題，乃是大阿法器量不夠寬廣，如果度量大一點，這問題就不成立了。如果你依舊這麼認為，建議你再翻到第三章複習一下度量太大的壞處，就知道這其實是不得不的手段之一。當你同樣在這位置，也會採取同樣方式來保護自己的權力。

之所以要殺功臣，除了猜忌這個表面原因，裡頭還有更深層的人性考量：

1. 親則生狎，近則不遜

能當功臣當然不容易，不僅能力要受大阿法信任，還得保持戒慎恐懼的心，時不時向上頭宣誓效忠才行。然而，過程中你會常被叫進辦公室裡商討各種大事。《三國演義》裡有一段，把諸葛村夫初到織蓆販陣營時兩人的君臣互動寫得活靈活現：「玄德待孔明如師，食則同桌，寢則同榻，終日共論天下之事。」反正整天混在一起就對了。

但這麼一來，自然會發生小標題講的事。一旦你跟大阿法過度親密，身為領導者該有的神祕感和權威也會因為距離消失而蕩然無存。你會發現平日高高在上的大阿法，放的屁居然是臭的，吃個飯還會把飯粒灑在桌上，說到底就是個平凡人，何必把他當偉人捧呢。情場紅藥丸要大家不要沒事跟女人同居，道理也在此。

於是，在你心生鄙夷的同時，言行舉止自然出現巧妙變化，比如言談之中忘記使用敬語、過於稱兄道弟而忘記主僕之間該有的尊卑之分。最理想狀況是在目前職務實打實做出一番成績，有戰績當籌碼，要換工作才能愈換愈好。而身居高位的大阿法，其社交直覺又是何其敏銳，自然能觀察到各種隱晦不敬。原先的稱兄道弟，居然替自己埋下日後功高震主的殺機。

2. 權勢過大難以駕馭

你的大阿法不可能沒事把廢柴拉到小阿法的位置。之所以有這職缺，正是希望能藉著你的能力替自己分憂解勞。為了達成此目的，勢必將權力下放，將兵符交到你手上，讓你成為他的代理人。只要權力上手，你將擁有狐假虎威的本錢，做事的同時開始培養自己人馬。

「權勢」這兩個字要分開解釋：「權」指的當然是權力，是你的職務或兵符帶給你的合法傷害權，可以用來指使他人替你做事；而「勢」指的是勢力，你背後的派系、人馬，有多少人願意聽你使喚。這兩者基本上相輔相成，可以在實行權力的同時培養嫡系人馬，以權養勢；也可以挾著背後勢力跟上頭要更多權力，以勢奪權。這兩者都是大阿法非常忌諱的事，只要他發現你這麼幹，一定會評估自身勢力與你的差別，再從你平日的言行舉止判斷是不是要把你幹掉。

我強調過很多次，這一切全是他的主觀判定，你是不是真有動機一點都不重要，只要他這麼想，你就等著被功高震主。即使這章提過一些讓大阿法釋疑的方法，但我說過這都只能降低被懷疑的機率，若他真的疑心病太重、精神有問題，你也怨不得人。既然權謀戰場處理的是人性問題，你就得接受人性的各種不確定性與主觀意識下帶來的種種麻煩。

就實務上而言，權與勢的相生相成將是小阿法在執行任務過程中不可避免的原罪。要知道，男人裡大概有八成都是貝塔，而貝塔有著強烈的跟隨慾望，希望有個救世主阿法來領導自己。一旦你扛起責任跳出來講話，展現出身為阿法該有的氣場與男子氣概，絕對會有一票跟隨者，就算你拿槍指著要趕他們離開，他們還是會死心塌地跟著你跑。這是人類的盲從天性，也是基因賦予我們的詛咒。

只要你的勢力與權力客觀上能帶給大阿法致命一擊，有權謀概念的如同芒刺在背，臥榻之側豈容他人鼾睡。

再補充一點，或許你覺得會搞到功高震主的人可能本身有些性格上的問題，要麼不知低調鋒芒畢露，要麼心生高傲不懂禮數開始忤逆上級，當然是死有餘辜。然而事實上多的是忠心耿耿的名臣武將，只是不諳權術，忘記主動向大阿法釋疑展現忠誠，最後落得家破人亡的下場。甚至，有些已經努力釋疑，但還是不被信任……

簡單說，會不會被功高震主，絕大部分主控權並不在臣子手上，一切還是看大阿法的心情。大阿法也是人，只要是人，就得有面對人性黑暗面的心理準備。

3. 權力穩定考量

陸劇《朱元璋》（胡軍主演）有一幕：明太祖朱元璋立國後開始屠戮功臣，好殺之程度堪稱中國歷史之最，而性格仁厚的太子朱標不忍父親如此好殺，苦心勸他手下留情。朱元璋不發一語，拿了一根布滿刺的荊棘要朱標拿起。朱標一看，跟父親說上面全是刺拿不起來（果真是性格「仁厚」，我真不懂，一點小刺對男子漢而言是有什麼不能拿的），只見朱元璋徒手拔除整根荊棘的刺，用滿是鮮血的雙手告訴朱標：老子我正是在替你拔刺啊。

朱元璋當然不是第一個剷除功臣的帝王。在他之前還有宋太祖趙匡胤的「杯酒釋兵權」，本質上也是同一件事，只是人家宋太祖文明多了，好歹請他們吃吃喝喝給個機會自動請辭，而不是直接把屠刀亮出來取人性命，算是和平轉移權力，足以堪稱典範。

值得注意的是，朱元璋和趙匡胤處理的功臣都不只一個人，而是一群人，一群當年跟自己出生入死、披肝瀝膽的弟兄。跟著朱元璋打天下的，正是自己的老鄉，也就是俗稱的「淮西集團」。我在前面說過，淮西集團幾乎包辦明朝開國的文武力量，裡頭成員放到任何一個朝代都是SSR級人才，朱元璋知道這群人的能耐，也擔心以太子朱標的仁厚性格會鎮不住這群功臣。再加上這群老鄉總覺得自己跟皇帝是當年共患難的換帖兄弟，用常理來看，再怎麼殺也不會殺到自己頭上，常常一不小心在言行之中失去君臣該有的敬意。

再說，權力戰場從來不是用常理判斷的，有的只有利益與算計，兄弟父子都可以相殺了，誰還在跟你老鄉？人性的黑暗面在此表露無遺。

清代史學家趙翼在其著作《二十二史箚記》中，針對歷代開國君王對功臣殺與不殺的權衡，提出一番頗具洞見的看法：

漢光武、唐太宗定天下時，方年少，計身老則諸功臣已皆衰歿；宋太祖年雖長，而恃有弟可以馭諸臣，故皆務保全。至明祖則起事雖早，而天下大定，則年已六十餘，懿

文太子又柔仁，懿文死，孫更孱弱，遂不得不為身後之慮。是以兩興大獄，一網打盡。此可以推見其跡也。

漢光武帝劉秀、唐太宗李世民取得天下時，尚屬年輕氣盛之際，身旁的一票開國功臣則大多是叔叔伯伯的長輩年紀，自己既然鎮得住他們，這群老臣到最後一定會先掛掉，那就留條路給他們善終，還能替自己留下宅心仁厚不殺功臣的美名，不然你看李世民玄武門之變殺李建成之果決，殺功臣是有什麼難的？而宋太祖趙匡胤得天下時年紀已大，但知道弟弟趙光義鎮得住群臣，所以採取杯酒釋兵權的折衷作法，雖然把兵權拿走，好歹留他們性命，也算是美談。至於明太祖朱元璋，雖然坐上龍椅只有三十九歲，但為了徹底趕跑蒙古人，前後八次北伐，到六十歲才高枕無憂在龍椅上安坐。眼看自己時日無多，兒子朱標、孫子朱允炆又屬於仁厚（懦弱）之輩，自己要是不在了，絕對鎮不住那群嗜血的老鄉，只好忍痛用雙手沾滿鮮血替自己的大明江山拔刺。

用西方系統化的角度來看，這是一場開國大阿法、繼承人、功臣的三方賽局。身為功臣的你，必須時常轉換立場，把繼承人的影響考慮進去，去揣測大阿法會做出什麼決定。一旦你知道老闆想要什麼員工，自然會約束自己的言行，不會輕觸逆鱗。

想善終的方法

最實際的問題，也順便提供我的看法，讓大家在職場或官場的最後能安養天年：

- **在聲勢最高的時候辭退一切，把能帶的養老棺材本拿一拿，急流勇退回去養老。不再參與權力戰場，把命留著在家含飴弄孫共享天倫之樂。**
- **常懷感恩的心，尊重當年拉拔你到此地位的大阿法，發自內心展現忠誠。同時認真研讀權謀學問，學習展現忠誠的正確方法，主動釋疑減少殺機。**
- **直接閃人，另立山頭。若決定做這件事，時間上是愈早愈好。接近大阿法權力核心時才選擇離開，不免有竊取資源之嫌，也有極大可能引發大阿法仇恨。**

當然，你也可以選擇歸零大阿法（政變的意思），但這不是正道，風險也最大，我就不列在裡面了。

真要我選，我認為第一種方法才是上策。二和三再怎麼說都如先前所提到的，需要仰賴大阿法的人品，而再好的大阿法也可能因為利慾薰心而變質。利益當前，親兄弟都能兵刃相向，何況還只是老鄉？

權力戰場最大的贏家，從來就不是最高位的大阿法，而是看破一切，在紅塵滾過一輪最後選擇登出的隱士高人。

4—8 山不轉路轉

對大多數人而言，權謀是一門新奇知識，就我寫到現在，還沒看到哪本書直接從官場或職場去談權謀這兩個字。綜觀書市，想學官場智慧的話，歷史相關書籍裡頭還有點東西，只是要從浩如煙海的書中讀出點東西，恐怕需要一定程度的歷練，或是有人帶著讀才能從中萃取出精華。

至於職場的書，他媽的就更不用提了，滿滿的職場藍藥丸，幾乎是從人資角度去看待組織架構，偶爾穿插一點高中康輔社之類的團康活動概念，但對人性黑暗面卻隻字不提。甚至有些還要老闆展示自己的脆弱面，用滿滿的愛與赤誠去領導員工，希望員工理解老闆的痛苦，真是誤人子弟。

我曾經看過一些老闆在自己的臉書說不想再當老闆，只想聽命於指揮而不是跳出來指揮。我看到這些話真是白眼加鄙視到無極限。這些話不是不能說，但最多只能跟其他同樣創業的老闆朋友一起在酒吧吐吐苦水，大家互相療癒一下，回過頭再打起精神繼續板起面孔奮鬥，男子漢當如是也。寫在臉書上吐苦水，有沒有想過要是被員工看到怎麼辦。就算鎖好友，難保截圖不會四處流傳。如果我是員工，看到老闆講出這種沒出息的話，絕對不會同情老闆的痛苦與軟弱，只會擔心幹公司是不是快倒了，趕緊投履歷以備不時之需。

切勿走火入魔

事實上，沒學過權謀的人，有很高機率會像自我揭露的老闆一樣，覺得全天下都是好人，大家都該掏心掏肺把內心一切攤在陽光底下，好好「溝通」替公司賺錢。如同藍藥丸的男人，總希望女人可以明瞭身為男人的痛苦與脆弱，之後全盤接受並愛上滿是弱點的自己。不論職場或情場，我已經在前面的章節與上一本書《壞男人的紅藥丸法則》中，將這種愚蠢心態的壞處告訴大家了，把所有人當好人，壞處絕對遠高過好處。唯一的生路是你剛好遇到好人，但這跟擲骰子一樣等同於運氣（而且是擲非常不公平的骰子，十面只有一面是好結果），不叫智慧。

但初學權謀的人，卻會走向另一種極端，反倒有走火入魔的可能：

1. 認為世人皆壞心眼

雖然我們學權謀的確要拔除把每個人都當成好人的天真，可並不代表要矯枉過正，反過來認為每個人都是壞人，以致失去社會化最重要的基礎——信任。「信任」這東西可以大幅度降低人際互動成本，如果每次喬事情都要重新考核對方人品，光搞這就忙不完了。正好華人文化基因中的家庭與宗族也符合信任的內涵。理論上，家人或同一宗族的族人都稱作「自己人」，而自己人應該是最可以信任的。雖然歷史一再推翻這條大多數華人自以為的鐵律，可所謂的嫡系人馬，說穿了也是遞補家人或族人的功能，姑且不論連結彼此的是利益還是忠義，依舊是以信任為基礎。

2. 什麼都用權謀解決

學到一門新學問，初步的練習方式當然是什麼都拿來練一下，事事皆用權謀視角出發，的確可以精進這門功夫的本事，但不見得要一輩子都這樣玩下去。正所謂一旦你手上是鎚子，看什麼都是釘子。況且，權謀這玩意兒並不是萬能鑰匙啊。雖說你可以從權謀知識中領略人性的黑暗面，並從中提煉智慧，但不見得什麼事都要用權謀角度去看。跟幾個好朋友一起開心吃喝，還要去算計對方是不是另有所圖，未免也太累了（除非是政治飯局，那是另外一回事）。

當你把權謀內化後，自然可以掌握使用時機，平常備而不用，可只要出現訊號，你的權謀功底會跳出來提醒你：「該注意了。」

3. 堅持在組織裡混

整個權謀知識體系中，大致可以分成對上、御下、外交三個部分。其中對上是最難的，畢竟待在人家組織底下，資源都在別人手上，做什麼事都要仰人鼻息，一不小心還會犯個功高震主的殺頭大罪。其次是外交，大多情況屬於平級之間的互動，你跟對方的資源籌碼在伯仲之間，要煩惱的大概就合縱連橫之類的關係選擇問題。而御下是最簡單的，資源都在你手上，薪水也是你在發，只要不是太過暴虐搞到眾叛親離，或是太溫良恭儉讓搞到被架空，大多數的組織管理者其實都有足夠的退場機制，只要能放下戀棧權位的心魔，隨時可以退休養老或換個戰場東山再起。

就實務上，在組織裡混的難度是最高的。往上爬的同時，必須一併用到對上、御下、外交三種知識。比如你身為部門小主管，一方面要搞定底下員工，讓他們甘心替你賣命加班；另一方面要隨時準備對上級報告，在會議上被洗臉時還要準備說詞替自己解套；而當需要支援時，說不定要向其他部門小主管調動資源協助，這時就仰賴平時做人所累積的信用。

這也是我選擇做自媒體走孤狼路線的原因。孤家寡人不用請員工，老闆就我自己。最多管管群組需要用到粗淺的御下知識，但更多的是和其他自媒體朋友的聯盟，真的要說，大部分的技能都點到外交了。

如果在組織混不下去，夾在上級與下屬之間當夾心餅乾徒耗心神，又或者覺得權謀知識太過高深無法參透，選擇走孤狼路線倒是個不錯辦法。只要你具備專業技能的價值，剩下就是人情義理與提防小人之類的人際關係常識，是所有權謀知識中門檻最低的。

避其鋒也是智慧

除了要避免走火入魔，大家也要知道權謀不光只有陰謀與陽謀，在適當時機選擇低調不作聲，避開對方氣勢正旺的鋒芒或情勢對自己不利的逆境，再藉由韜光養晦默默發展實力，時機成熟再出手，也是權謀覺醒後該具備的基本常識。

以下幾種狀況，我會建議你先閃遠一點再說，或者直接換個戰場：

1. 在大阿法眼中很黑的時候

以前玩線上遊戲《魔獸世界》有所謂「仇恨值」的概念，負責把怪吸住的坦克必須努力做仇恨讓怪「恨」他，如此一來坦克才能牢牢把怪吸住，否則怪要是轉頭去打皮薄的補師，整個陣形就會崩潰。當你很黑的時候，儼然化身成善盡職責的坦克，怪根本從頭到尾盯著你看。在仇恨滿檔的情況下，大阿法無暇顧及他人，就是看你什麼時候出包，再找藉口送你上斷頭臺。

當你很黑的時候，不論是把事情搞砸還是力求表現，大阿法都有理由恨你。做壞不用說，剛好找到藉口給你死；但若是力求表現，或是在會議上暗示自己很厲害只是沒機會，大阿法都會解讀成「所以你是在怪我錯過你這人才嗎」，下場只會更慘。

唯一解法就是什麼都不要幹，低調做好自己的例行工作，先別求什麼表現，等大阿法的仇恨值隨著時間降下來再說。待仇恨降下來後，你才有機會透過工作成果翻紅。記得，就算仇恨降下來了，你也不能主動向大阿法請纓或試圖邀功，只能透過大阿法以外的人指派任務，用亮眼的工作成果讓大阿法注意到你，如此一來才有可能翻紅。

但話說回來，這又有點運氣成分，大阿法能否再重新注意到你也是個問題。沒辦法啊，由黑翻紅就是這麼麻煩，所以沒事千萬不要讓自己黑掉。

2. 對方人脈與資源過於強勢時

權謀不是萬靈丹，也有不能解的狀況。但至少你有了權謀知識，可以判斷現在狀況適不適合出手，該進攻還是該防守，獲取利益優先還是先求保命再說。在對方人脈或勢力過於強大時，就先別想著進攻，活下來要緊。

對方背後派系勢力強大這件事，前面已經提過很多次，能不得罪就不得罪，不再贅言。需要提醒的是人脈勢力。最典型的一種，屬於大阿法安插進來準備搞裙帶關係的嫡系人馬，用來整合上下一條龍的重要位置。比如他把自己的叔叔伯伯放到經手公文的重要職位，顯然是要讓這人當自己的橡皮圖章，迅速讓事情過關謀取各種利益。即使安插進來的人選是個毫無專業能力的門外漢，但此時的人資部門也會忘掉各種篩選標準，大阿法親自授意的人選誰敢嘴，早就私下安排好了。

這種時候你也別想什麼據理力爭了。哪怕考績再優秀、工作能力再好，但人家有關係就沒關係，大阿法要布的局，不可能被你一個毫無關係的小咖打亂，還去擊鼓申冤控訴不公不義簡直是螳臂當車，下場只會淒慘無比。

3. 競爭對手是病態人格正妹

正妹本身的外貌優勢已經可以替自己在職場上爭取到巨大優勢。自古英雄難過美人關，別說一般男人，就連深諳權謀之道的老狐狸也常抵不住美色而在陰溝裡翻船。一輩子形象良好，最後一刻卻被人用外遇或性招待證據毀掉前途的男人大有人在。管不住小頭的男人比比皆是，為了美色而不顧大局的達官顯貴也從來沒有少過。不然為什麼很多國家要特別派美女間諜去親近敵國政要呢？

回到正題。一般正妹知道自己外貌的價值，但最多也是拿外貌當籌碼去獲得阿法們的關注，拿到關注或成為王的女人，自然功成身退，開心當個每天快樂喝下午茶的少奶奶。可是病態人格正妹的野心不止於此，她清楚知道美色是誘迫男人買單的超強武器，所以會用這項工具在職場或官場掠奪各種資源。

她可以開心地跟掌控資源的男人上床，不帶感情服務到讓他欲仙欲死，但只要拿到想要的資源，便轉頭不帶一絲憐憫將其一腳踢開。甚至要她一槍斃了他，只要這筆交易夠划算，她一樣幹得出來。你可別以為我在講諜報電影的劇情，你去觀察前英國皇室哈利王子與梅根的互動，再細究梅根是怎麼一步步爬到現今地位，你會知道我所言非虛。在西方紅藥丸圈子裡，早就一堆人等著看梅根歸零哈利了。

遇到梅根這種病態人格正妹，別說初學權謀道行尚淺的普羅大眾，連全世界媒體都被她躲在左派大旗後面耍得團團轉。如果你的競爭對手也屬於這類，聽我的，早點閃人為上策。

事實上，你在任何地方遇到病態人格，理當能閃則閃。只是病態人格正妹因為性價值的強大，更具備蠱惑人心的能力，出包了會聲淚俱下化身為受害者，自然有媒體和一狗票白騎士相挺。她們是天生權謀覺醒的好手，你惹不起的。

第五章

自我修練：心理素質才是硬道理

Chapter 5

5—1 權謀覺醒的思維訓練

要當個權謀覺醒的「真．權謀家」，從來不是件容易的事。既要手段狠絕、臉厚心黑，在自我提升的道路上掃除各種障礙和挑戰（但遇到解決不了的麻煩要記得先求自保），又要體恤蒼生，在趕盡殺絕的前一刻網開一面，避免累積過多仇恨。腦袋必須同時存在黑與白的不同思維，才能在這條路上走得長久。

只有黑，勢必被仇恨反噬。我知道有些人會說遭天譴，但我認為這太過遙遠也不切實際，就近一點看，人際關係所累積的仇恨才是讓人不得善終的根源。但若只有白，那也不行。許多無腦身心靈團體會跟你說，只要心存善念整個宇宙都會來幫你，但真相卻是，若只心存善念，對人世間的罪惡與心機權謀懵懂無知，在宇宙終於有空理你之前，你早就變成惡徒眼中的肥料被吃乾抹淨。

有句話說「不施霹靂手段，難顯菩薩心腸」，我認為是每位權謀覺醒的朋友該放在案頭上時時警醒自己的最高指導原則。包龍星他爸也說，貪官奸，清官要更奸。對我來說，選擇當個好人，一方面是善終機率遠高過當個混蛋，另一方面嘛，當個能活下來的好人難度較高，比起翻翻《刑法》就能當的壞人，實在是更值得征服的挑戰。

那麼，身為權謀覺醒的權謀家，該具備什麼樣的思維與心理素質呢？

核心：內聖

我常在想，如果佛家所說的輪迴存在，人生這檔事兒，說穿就是個不斷登出登入的線上遊戲。這輩子掛掉了，雖說知識和智慧一併清空歸零重新開始，但依舊帶著上輩子累積的習氣，下輩子從等級一重新練起（如果是女人開局等級直接六十，紅藥丸的人應該懂這事）。過往曾經歷的生老病死、悲歡離合、對功名利祿的種種追求又要再重跑一遍。

人生是個無法移植存檔的線上遊戲，也是個只要不小心被其他玩家在路邊偷殺，就得重新開始的苦差事。這一切還得是在一開始創角色能選到「人」這個種族才有幸經歷的待遇。如果選到豬啊狗的，又是另一套遊戲規則了。

就算六道輪迴這類投胎轉世的說法不存在，人生的本質還是要歷經無數場小輪迴。慾望不滿足，尋求名利或聲色犬馬刺激，拉高滿足門檻，需要更強大的刺激來源。如此無止境循環，許多在權力場上明明早就可以退休的達官顯貴，硬要在刀尖浪頭跟人攪和，最後搞到家破人亡，仔細想想實在沒必要。

這些人無法明白，**人生的終極成就是「平靜」，而不是無止境的權力與名利。**追求權力的過程中，勢必歷經勾心鬥角、斬草除根，種下與人結仇的惡因。也因此，填滿權力慾望空洞將是永無寧日的虛無。我在課堂上常跟學員朋友說，我並不是什麼人品清高的聖人，只是想得遠一點而已。一想到為了滿足慾望，必須變成在無敵風火輪不斷努力的老鼠，還是覺得盡早打斷追求名利的輪迴，離開人群，變成孤狼隱遁山林比較實在，樂得清閒也圖個善終。

想善終，這份深處內在核心的思維，將是你該看懂，也該銘記在心的自我要求。

入世思維：外王

內聖是出世，讓人處在塵世之中仍保有出淤泥而不染的樸拙心靈，但空有善良卻不懂世俗之險惡終究成不了大事，所以才需要「外王」來平衡。而所謂外王，指的是參透人世間運轉的規律，遵照上位的遊戲規則行事。甚至不光是遵守規則，對規則還帶有一點敬畏之意。

這個偉大的規則，正是**「價值體系的弱肉強食」**。

曾有學員朋友在課堂上問我：要怎麼活得灑脫，不被他人議論或認同與否所干擾？我的答案正是這條規則的體現，理解價值體系的弱肉強食，完全不用擔心各種議論，只要意識到自己的價值是他人想要的，那總有一天，這些嘴你的人，還是會向你身上所擁有的價值低頭。舉個例子來說，那些整天鼓吹厭男言論、把男性視為壓迫者，又把自己視為被害者的激進女性主義者，就算整天指著男人鼻子罵，把各種羞辱標籤貼在男人身上，但看到肌肉精實的鮮肉帥哥，也會浮現源自女性本能的真實慾望。一隻被洗腦跑去吃素的獅子，聞到血肉還是會興奮的。

更何況據不少朋友向我反映，許多在交友軟體上約炮約得比一般女人兇的，往往是這些極端女性主義者。畢竟壓抑太久，這份情慾不緩解一下實在沒辦法。

也因此，只要你確定手上握有對方要的價值，就完全不用擔心他所釋放出來的各種煙幕彈。像台積電有著獨步全球的晶圓技術，全球各大公司都搶著排隊下訂單，就算是各國政府單位跳出來喊話也沒屁用，啊老子跟你又不熟，你平常也沒對我特別好，為什麼我要為你破例把產能分給你？乖乖到後面去排隊吧。

有了價值體系弱肉強食的認知，你將不受各種道德規範與社會制約的束縛，反而能拿它當工具，驅使他人照你想要的方向去做事。中國歷史上許多外儒內法的政客，你以為他們相信自己嘴巴講的那套儒家的仁義嗎？他們只把這套理論當作統治人民的工具，嘴巴講得口沫橫飛，心裡根本不當一回事。

外顯手段：說一套做一套

看過我上一本書《壞男人的紅藥丸法則》的朋友，應該知道我在書中提過「紫藥丸」（Purple Pill）這東西。我左思右想，實在是沒有比紫藥丸更適合說明這概念的。我也在書中跟大家提過，要賺大錢，千萬別學我一樣傻傻講紅藥丸，讓男人紅藥丸覺醒後他的對外需求降低，也就愈來愈不會花錢。應該要學習那些說一套做一套的紫藥丸，用藍藥丸降低其他男人智商，自己再用紅藥丸削錢或把妹，名利兼收之餘還有打不完的炮，實在令人好生羨慕。

這也是歷史定律之一：用意識型態教出一票順民，以遂行自己的統治意志。如果人人都覺醒，統治者要去哪割韭菜來供養自己？所以，對藍藥丸或紫藥丸產業鏈來說，應該要脫單、婚姻諮商、法律、殯葬業一條龍全包，把男人身上的血肉割得點滴不剩，還可以規模化經營，有點商業思維的千萬別放過這機會。

等等，怎麼會有殯葬業？第一次接觸我作品的朋友，可能以為我是不是筆誤才把殯葬業寫進去，但如果你長年接觸紅藥丸相關知識或常看我的直播，一定可以秒懂為什麼男人的兩性動態會跟殯葬業扯上關係……

順道幫大家補充一下歷史常識。現今主流推崇的儒家，並不是最早期孔子領銜的先秦儒家，而是漢武帝為了統治需要，授意董仲舒搞出來的「儒教」。儒教引入陰陽家「天人合一」的概念，將皇帝的合法性跟宇宙萬物連在一起，換言之，儒教更進一步引入君權神授的概念，再用宗教外衣包裝去洗腦人民。不光是東方，西方更是如此，自古以來宗教都是為政治目的服務，這也是被稱為「儒教」的理由。但你說這些人（包括董仲舒本人）信不信這套，答案應該不言自明了。

要判斷權謀家心中所想，道理跟判斷女人的真實意圖一樣，別聽他們怎麼說，要看他們怎麼做。權謀家再會講，終究是替己利服務，甚少幹出損己利人的蠢事（除非是先予後取的長遠布局），從行為本身的利益去想，通常能發現主事者的最終動機。

再回到陸劇《三國》，曹操因為神童曹沖之死悲痛不已。性情寬厚又機智聰敏的曹沖，原本可能是曹操傳位的首要人選（雖然我覺得以曹操的雄才大略，不太可能真的傳位給曹沖，否則嫡長子曹丕一定不服，魏國內部絕對烽煙四起），但卻在某次外出「不小心」被毒蛇咬死。曹操立馬順藤摸瓜想到最終得利者是誰，對曹丕暗示自己知道事情真相。

有了這層認知，今後你也能看懂許多時事新聞背後在搞什麼鬼了。

公關包裝：仁義道德正能量

一個深具權謀覺醒的大阿法，心中再怎麼暴虐無道，也一定是理智先行，懂得隱藏內心、控制情緒，他們知道公眾喜歡的樣子，深懂輿論底限在哪，也明白形象包裝的重要。所以他們會在各種陰險算計上，用公平正義、善良友愛包裝，甚至拿公益當大旗去極大化自己的利益。

像我在第一本書《壞男人的孫子兵法》提到的那位南部講師，光是用公益為名，這幾年下來透過基金會善款的名義也騙了不少學費。人性終究是愚蠢的，大多數人不會質疑這些套路手法，只覺得老師很正能量好棒棒，上繳的學費也真如老師所自稱拿去當善款救濟貧苦，好滿心歡喜覺得自己做了好事。我常覺得，這社會過度鼓吹正能量已經形成一種病態風氣，好像什麼事只要跟正能量掛勾，本身的政治正確會使人們有責任和義務雙手奉上錢包，去供養被社會過度宣揚的正能量。

莊子曾提出個著名觀點：「聖人不死，大盜不止」，也能提醒人對這類正能量假象的反思。一則，只要能以聖人形象出現，在被踢爆之前，一般人只會因為光暈效應把目光放在他正能量的一面（當然是刻意包裝），極少人能注意到他的真實德行，或暗地裡偷幹的骯髒事。二則，當正能量形成主流意識型態，成就正能量本身就是種至高無上的「美德」，甚至為了這項「美德」應該不計一切代價，哪怕有人因此犧牲或痛苦，都是成就大業必須承受的損失，為了世界大同死個千萬人也死不足惜啊。

有沒有覺得既視感很強？是的，這就是部分左派在幹的事。某些左派高層壓根兒不信自己所提倡那套世界大同的狗屁理想，各種道德或理想大旗只是募款的絕佳名目，是吸取價值的藉口，也是煽動無知左膠學生的好用信仰。他們知道這只是凝聚人心與掠奪利益的工具，可偏偏底下就是有一票死士替自己賣命。

自古以來出兵打仗一定要有道德名目，什麼維護社會正義、替皇帝清理身邊小人之類的，一切都跟正能量扯上關係。千萬記得，這年頭要出來混，可要懂包裝，別傻傻像我一樣，用真小人的形象走跳江湖啊。

5—2 跟極端左派學鬥爭

遊走在灰色地帶是權謀覺醒後必然出現的特質，用非黑即白的二分法活在世間，注定成為被人收割的韭菜。比如這裡要講的左派和右派，看過我的直播或認同紅藥丸理念的朋友應該都知道我是個徹徹底底的右派，可怎麼會筆鋒一轉，要大家跟極端左派學鬥爭呢？

答案很簡單：因為極端左派本身就是個為了鬥爭而誕生的意識型態團體。

當然，我知道很多討論左派和右派歷史典故的書籍，在不同領域對左派和右派各自有著不同定義。這裡我們先把追本溯源的工作放一旁，僅從價值的創造與否來定義左派和右派。總之，**創造價值的是右派，而本身不事生產、只會索取價值的則是極端左派**。大家身處在進步價值滿表的臺灣，連路上招牌掉下來都會砸到覺醒青年，是不是覺得很有既視感呢？

照這思路順藤摸瓜下去，大家應該可以輕易理解這個道理。說直接一點，極端左派根本是專業鬥爭，他們不事生產，整天想的是如何從別人身上榨取價值；而右派因為還要工作賺錢，需要努力創造價值以換得自己想要的價值，根本沒空像極端左派一樣，整天想些五四三貼標籤搞分化，很容易在分神狀態下疏於自保而中招。一個整天煩惱如何替自己公司賺錢的企業家，除非意識到這項危機，有專業團隊幫忙打理，否則絕對鬥不過這群虎視眈眈的極端左派。

那如何辨識這群極端左派呢？

1. 有著崇高的道德大旗

極端左派有著各種冠冕堂皇，聽起來非常高大上的道德名目。包括各種平權、氣候變遷等環保議題。這裡要先聲明一下我的立場：我認知的平權，是人生而平等，能追求身為人類的基本權利，包括就業與求學，而非抹煞掉天性所賦予的優勢和特質，摧毀人類的傳統價值。

美國的一些州已經有變性人因為政治正確而能參加生理女性的運動比賽，不知摧毀掉多少女生的夢想，有些女孩就得靠這筆獎學金翻身。這就是極端左派在幹的事。

再說到環保議題。你知道有多少組織打著環保之名募款，實則拿善款中飽私囊，甚至拿環保議題當作政治操作的工具？更何況，這些人雖打著環保之名，但問到他們該怎麼做、要付出多少代價，則是避重就輕兩手一攤，只回答自己想回答的問題。代價？那是貴單位該煩惱的事好嗎。

無奈，道德標籤實在太好用了，往自己身上一貼就是金光護體，一堆傻妹還會自己貼上來（看看那精美的紫藥丸），但臺灣人就吃這套。

2. 底下有群不事生產的信徒

有時候我還真不得不佩服極端左派的遠見，他們早就滲透各大學術圈，知道學生才是首要掌控的對象。

通常對極端左派思想最具有防禦力的，是已經在社會占有一席之地，知道「價值」重要的人。或許是企業家、商人，又或許是有著專業手藝能解決各種問題、打造各種產品的職人，他們知道自己想要的一切必須親手爭取，創造價值去換得想要的價值，對於極端左派這套不事生產卻又愛無止境勒索的意識型態當然嗤之以鼻。

不過，學生卻是個尷尬角色。直接地說，大多數學生在求學階段無法替社會創造任何價值，自然無法享受價值帶來的好處（無法創造價值換得自己想要的其他價值）。就算進了職場，也得努力個三、五年充實專業能力，才能有基本的社會地位，享受到價值所帶來的各種好處。除非是正妹，或是在校期間已經是風雲人物，享受過自身價值的美好，否則享受價值紅利之前，必須歷經一段累積自身實力的孤獨痛苦期。而這段期間，也是心靈最脆弱的時刻，不知要熬多久才能熬出頭。

極端左派會告訴你，這一切都是右派的壓迫，你不需要創造任何價值，只要上街頭搞搞社運，逼其他人把福利吐出來，你也能跟著一起爽。

很誘人吧。所以不光是學生，很多在職場混不下去的社會新鮮人會選擇極端左派，成為「左膠」。極端左派承諾的「理想」，成為他們人生唯一的明燈與救贖。不管你是叔叔還是阿姨，反正我就是不想努力了，只要性別、種族、膚色對了，就可以用政治正確的名號打家劫舍，在美國某些州還規定搶劫只要不超過某個金額，直接免除刑責。這樣誰還要努力工作？

再者，只要在學生時期替這些孩子灌輸這類思想，打從畢業那一刻起，他們會化身成社會正義戰士（Social Justice Warrior, SJW），替各種「進步」思想發聲，實則成為極端左派高層的棋子，奉獻自己生命替他人作嫁。

3. 對右派進行各種道德勒索

最近臺灣很流行一種勒索手法，只要到各類店家、企業消費或面試，遭受到不公平待遇（當然是自己說了算），動輒可以因為自己政治正確沒人敢嘴的特殊身分，上網公審該企業「歧視」，搞得人家明明沒事也被弄出一場莫名其妙的公關危機，只能道歉或賠錢了事。

對岸把這手法稱為「碰瓷」。意思是，人家只是路過時，衣角不小心掃到正在販賣的瓷器，但就他媽的剛好破掉，藉此威脅對方要賠個幾萬兩來花花。拿來形容這狀況，還真是有夠傳神。

右派要對極端左派的道德勒索有清楚認知，他們並沒有想解決任何問題，圖的只是透過各種議題撈盡好處，甚至會主動製造問題，無端生事。沒議題？那就自己製造嘛。

右派該如何反擊

但無論如何，極端左派的作法還是有可以學習之處。想當個權謀覺醒的大阿法，總要有跟敵人學習的度量，既然人家的鬥爭手法是職業級的，我們就該認真分析他們的手法，以彼之道還施彼身：

1. 反守為攻

話語權是所有派系鬥爭中非常重要的一環，能拿到麥克風奪得話語權，在這場意識型態的文化統戰上便能取得先機。只可惜右派人士大多忙於自己的事業，沒空像這群掠奪他人價值的傢伙一樣鑽研統戰之道，導致從頭到尾處於挨打的防守劣勢，從沒想過主動攻擊。

接觸過右派學說的朋友，一定知道西方世界捍衛右派的思想家喬登．彼得森（Jordan Peterson），他所寫的《生存的12條法則》（*12 Rules for Life: An Antidote to Chaos*）一直是我反覆閱讀用來淨化心靈的讀物（但建議對西方宗教有一定認識再來讀，不然容易看得霧煞煞）。他最為人所稱道的事蹟，是受邀到談話節目中，把來勢洶洶的左派打臉打到七葷八素。

即使這件事蹟足以成為右派的典範，我認為他還是處於守勢思維。極端左派怎麼攻，他頂多見招拆招打臉。極端左派很喜歡的手法是，把人邀請到自家節目，再透過主持人的引導式提問藉機羞辱。所以我常在想，怎麼右派就不幹點類似的事反守為攻？平常也可以搞搞談話節目，把左派人士找來「交流」，多一點主動出擊讓極端左派忙於應付，自然可以減緩他們的攻勢，攻擊才是最好的防禦。

2. 改變稱謂

語言的力量非常強大，用了帶有貶義的稱謂會在潛意識埋下負面形象的暗示，喊久了人們自然打從心裡認為這東西不好。極端左派一開始便自稱「自由派」或「進步派」，暗示自己即將帶來新思維；但對於右派，則用「保守派」這類帶有貶義的標籤，暗示對方食古不化又迂腐。這背後明明有這麼多貓膩，我看很多右派人士或粉專卻對這類稱謂照單全收，也傻乎乎以保守派自居。

極端左派幹的事情是顛覆人類行之有年的優良美德，跟進步自由沒什麼關係，只是以進步自由為名去遂行自己的利益。我們別再稱他們為自由派了，應該改以「激進派」稱之。這些人貼了右派這麼多年的貶義標籤，也該嚐嚐這滋味了。

而右派人士，我認為不妨稱為「穩健派」。大家依循著人類文化的傳統美德穩紮穩打，或許有些想法的確不合時宜，但也該是穩健前進徐而圖之，絕不是像極端左派這樣，搶劫金額沒達標還不用負責。

3. 招募青年才俊

思想才是行動的指引。極端左派懂得在學術界埋藏暗樁，右派也大可如法炮製。無奈的是，這件事已經被極端左派取得先機。據我跟幾位朋友聊過，某幾個學術領域已早早是極端左派的溫床，根本沒有右派的生存空間。想講點右派的東西，會被貼上「不符國際潮流」的標籤趕盡殺絕，在學界推廣右派思想的計畫恐怕要再暫緩。

但是，你還是可以向現在的青年學子推廣我的書與直播，替右派沙漠多埋下一點種子，替未來多添增幾分助力。或許有生之年看不到，但幾代之後，我們也能看到右派思想發光發熱的一天。思想的進化，布局要以數十年為單位來計算。

4. 拿更高的道德指控扣極端左派帽子

極端左派最終極的一千零一招就是這回事了。只要用道德指控引發右派人士的羞愧感，就能逼他吐出手上握有的價值。右派面對這類道德指控，首先要做的是保護手上的一切，絕對不要拱手讓給這群不事生產的極端左派。只要他們拿不到右派手上辛苦打拚出來的一切，也就一無是處了。

再來就是反擊了，喬登．彼得森早在各大節目清楚示範過，既然極端左派老愛扣人道德指控的帽子，那就回敬他更高大上的道德指控。他說你出於恐懼才整天上健身房鍛鍊身材，你就扣他不知羞恥不懂自愛才放任自己變馬鈴薯的帽子；他說你種族歧視，你就說他反人類的同時還破壞宇宙和平。反正不管他怎麼講，你一定要找到比他更高層次的道德指控回擊。

等等，這樣會不會太不講武德了？道德指控很多時候根本沒有邏輯啊。沒錯，你說到重點了。既然你也發現到右派回擊的道德指控沒有邏輯，那再細想一下，極端左派一開始的道德指控又何曾有過邏輯？既然是極端左派先不講武德，那右派也不用跟他客氣，大家來比誰比較不講武德。

過去右派最大的弱點，是秉持著人類傳統誠信、體恤他人的美德，再加上忙著賺錢實在沒時間管其他鳥事，導致處處受制於這群以進步為名，實則顛覆人類的極端左派。要對付這群流氓，只有比他們更流氓才行。把極端左派的方法學起來吧。

5—3 培養接班人的智慧

培養接班人是每個大阿法即將功成身退後勢必考量的事。再雄才大略、英明神武的明君，人類壽命還是有生物規格的天花板限制。就算閣下再怎麼養生有道，人際關係的仇恨管理也恰到好處，能安安穩穩等著養老善終，了不起給你活到一百二十歲就算是超級人瑞了，你還是得替自己打下來的江山做打算，終究要面對選擇接班人的問題。

自古帝王皆然。每個開國君主坐上龍椅的那一刻起，想的絕對是怎麼讓自己的帝國基業千秋萬世流傳下去，聰明一點的會趁早開始培養接班人，以免遇到阿斗這樣的昏君而斷送整個江山。

窮養兒的智慧

我觀察過很多企業家有錢人培養下一代的方式，通常是砸大錢。這方法不能說錯，畢竟再怎麼說，這世界絕對能靠金錢獲得更多資源來教育自家下一代。但就錯在讓孩子從小意識到家裡有錢，要什麼有什麼，無法明白男人必須親手打造出價值這項真理。

孩子，特別是男孩，千萬要窮著養，你再有錢也不能讓他無限開掛亂花錢。很多白手起家的有錢人因為以前窮怕了，擔心孩子步上自己童年時的苦日子，出自補償心態拚命用金錢去對孩子好，不僅無法培養孩子的能力，還養成動不動找靠山的壞習慣，根本是葬送他的一生。閣下必須有把小獅子推下懸崖的勇氣，才能讓他在往上爬求生存的過程中淬鍊進化成真正的男子漢。不過，很多人會著眼於學校教育，或送出國喝喝洋墨水洗學歷，卻忘了真正重點在於自身是不是能成為孩子的典範，成為孩子努力追尋的背影。

選擇接班人這件事，大體來說跟階級複製差不多。老爸到哪個階級，所擁有的價值觀與思維將傳承給下一代，也因為這樣，除非兒子天賦異稟，或有著金庸小說各大男主角掉入山谷撿到祕笈的奇遇，否則最多只是維持平盤，穩穩守住上一代的基業，不敗光家產就要謝天謝地了。不得不說，「富不過三代」還真他媽的是至理名言。

所以啊，對男人來說，想培養出優秀的下一代，必須在孩子出生之前就意識到這問題，努力把自己鍛鍊成心理素質強大的男子漢，言教不如身教，男人是什麼樣子，孩子就會是什麼樣子。如果你軟爛又廢，沒事還身兼白騎士發廢文嘴一下有毒的男子氣概，你的孩子也將難成大器，甚至會在你的「薰陶」下以身為男人為恥。不過還好，我相信這種人不會看我的書就是了。

如果你自認已足以成為典範，明白身教重於言教的重要性，也能避免成為上述只會砸錢教育兒子的老爸，再來就要培養孩子學習歷史。自古以來歷史都是帝王之學，只是被現今華人的填鴨教育給搞爛了。我常說歷史就是人生的考古題，基本上只要不涉及科技議題，人類在決策上所犯下的錯誤，前人早就犯過無數次，讀歷史根本可以替未來鋪路。再說，這本書你讀到現在，應該也發現我用了不少歷史案例，足見史觀的培養對人的視野有多大的幫助。你不用親身經歷刀光劍影的權力戰場，就能透過史家躍然於紙上的文字功底學習各種權謀知識，天底下哪有這麼划算的事。

當然啦，上面這段是寫給有讀書的人看的，如果閣下平常沒有大量閱讀的習慣，至少買了這本書也讀到這裡已經踏出成功的第一步。我也不認為這本書足以成為讓人一翻再翻的經典之作，但若能因為拙作引發大家的閱讀興趣，把《資治通鑑》、《明史》這類大部頭硬啃一遍，從中領悟出更多智慧，我也會因此感到欣慰。至少以後下地獄，我還可以跟閻羅王拗說我曾經幹過這件好事，處罰可以輕一點。

這些都解決了，那我們可以開始討論企業或組織接班人的培養了。

如何培養組織接班人

大家可能會覺得很奇怪，啊培養組織接班人，不是應該在手下裡嚴選人才嗎？怎麼前面會拉拉雜雜講一堆育兒經？你可別忘了，人類永遠是自私的，選擇接班人絕對是秉持帝制時代「家天下」的原則，把自家江山留給自己的孩子。你看到那些會從手下遴選接班人的，絕對是沒有生兒育女，又或是兒女無心繼承家業的無奈之舉。像郭董培育郭守正才是家天下的正常之舉，張忠謀交棒給魏哲家，除非他有著堯舜的禪讓情操，否則如果有更好的選擇，斷不會將權力分給外姓。

因此，或多或少討論到教育，也是必須從根源做起。否則要是兒子長歪了，哪怕你砸大錢給他洗了多漂亮的學歷，將來也必定是敗壞基業的元兇。別說富不過三代，能不能在兒子這一代保住就是個問題。而且大家別忘了，「富不過三代」是當年傳統價值仍在的社會所衍生出的格言，在傳統價值幾近崩壞的現代社會，大家利用紅藥丸知識去觀察現今富二代，說不定會跟我一樣，覺得能在第二代守住基業就要謝天謝地。

那麼，該如何有意識地在組織裡培養自己的（兒子）接班人呢？

1. 放至各部門歷練

這幾乎是每個接班人必備的基本功，甚至我可以告訴大家，如果大阿法直接讓海外學成歸國的兒子空降高階主管，而沒有到基層累積實力，聽我的，趕快放空這家公司的股票，五年內一定可以大賺一筆。這代表大阿法連基本的權力意識都沒有，天真以為只要把位置交棒給接班人，所有人會登高一呼對其效忠，卻沒意識到接班人能否鎮住底下的人。

的確，表面上看來讓接班人到底層歷練是在培養基本專業能力，我也認為專業素養是未來即將上任的大阿法必須擁有的本事，否則什麼都不懂的蠢蛋，一來好糊弄，二來無法服眾，讓這種人接班對組織是找死。但更重要的是，讓接班人在底層歷練，能培養他在基層的威信，順便修一下老臣（深受大阿法信任的小阿法）的個人聲望。現今職場常用「信用」（外商多愛摺英文用「credit」）形容這件事，我覺得也挺到位的。

專業能力隨時可練，雖有必要但過門檻即可。在組織裡是不是受部屬或老臣愛戴，端看處世手腕、人格特質、魅力，而近距離接觸是累積聲望的最快方法。也因此，在基層歷練最重要的任務是收攏人心，將來上任後能不能服眾，就看這時的工夫下得深不深。

能夠服眾，只要專業能力不是太誇張的爛，底下小阿法都會挺身相助。不然你看劉邦或劉備哪有什麼傑出專長，不也是領導一票人才替自己賣命，這就是將將之才（領導將軍的人才）的玩法。

2. 讓他靠自己擺平老臣

當然啦，事情不會如你所想的那麼順利，屬意的接班人在努力奮鬥過程中勢必遭遇許多瓶頸，這些都要放手讓他自己克服。你必須像獅王一樣，放手讓小獅子自己想辦法，甚至在必要時把小獅子推下懸崖鍛鍊其心智與能力。

既然讓接班人在底層磨練是為了拉攏人心，顯然會遇到的問題也會出在跟這幫老臣的相處上，他必須自己想辦法。再說，就算你出手幫他，老臣也僅是看在你的面子上表面相挺，實際上很可能陽奉陰違，在底下嘲笑接班人的軟弱，甚至因為你的幫忙，讓接班人落個狐假虎威的臭名，明明沒那麼爛也被你搞爛了。這種情況繼續下去，身為大阿法的你一卸下權力，底下老臣將蠢蠢欲動甚至傾巢而出，為了奪權開始內鬥。曹魏最後被司馬家竊國，也是因為這件事沒做好。

或許你可以透過給兵符之類的政治表態，暫時賦予接班人調動兵馬的權力，但來自底下部屬的真實景仰則必須靠他自己親手打造。我前面也提過，孔明如果沒有實力，不可能靠劉備的兵符混一輩子，三兩下就被關張這兩位超級老臣鬥下來了。

既然他終究要靠自己累積政治資本，何不從一開始就放手讓他培養自己的嫡系人馬。

3. 給他立功機會

或許你不能明目張膽幫助屬意的接班人，但可以暗助他一把，給他立功機會將是身為大阿法的你所能給予的最佳幫助。你還可以把沒人敢挑戰的超級屎缺交給他，只要他能解決……對，只要他能搞定自古沒人敢接手的屎缺，再桀驁不馴的老臣也會因此對他服服貼貼。**「戰績」是最強大的政治資本與籌碼，也是用來整合派系和鞏固領導中心的最好工具。**你也可以因為這次成功大膽用人，取得更多權力籌碼。當然，你要確定他罩得住才行，不然要是失敗了，恐怕會讓他損及自身威望，連你也受到影響，底下很可能會出現你用人不慎的聲音，派屎缺給他可以說是一翻兩瞪眼的雙面刃。

你也可以選擇更保險的作法，把猴子也能搞定的爽缺交給他，明擺就是要給他立功機會。孔明派馬謖守街亭就是最好的例子。照理說孔明隨便派一個人，只要按照自己的戰略據守大道，街亭就能萬無一失安穩守住，為什麼不派王平、魏延，卻要力排眾議派馬謖去？或許你會說孔明和魏延有嫌隙，那王平總沒問題了吧？《三國演義》裡孔明還讓王平擔任馬謖副將，要他輔佐馬謖避免失誤，足見孔明對王平的信任，何必派馬謖守街亭呢？

讀到這裡的你應該能輕鬆想到答案了：因為孔明有意培養馬謖當接班人，刻意讓他守街亭立功以培養日後的服眾資本。不然一直以來馬謖只能在孔明身旁出嘴，手無寸功將來頂多幹個軍師參謀，無法帶兵遣將。殊不知不成材的馬謖不僅毀掉孔明的精心安排，孔明為了保存自己的政治資本，也必須斬掉馬謖止血，大家雙輸。

能懂上述道理，大家之後跟富二代相處，也能從過往歷練判斷他是人才還是二世祖。當然，我知道有些富二代會不屑接老爸的位置而到外面另立山頭創業，那就不能用接班人的狀況去看，比較像開國君主的模式。但大家要知道，能在眾多重臣虎視眈眈下殺出血路的富二代，其難度不亞於另立山頭的創業家，其政治手腕絕對高人一等。

5—4 再論競爭對手

在市場上打滾這些年，雖算不上是老江湖，我也或多或少觀察到不少人對競爭對手的理解存在很大誤區。正好第四章聊到競爭對手的概念，趁此機會再花點篇幅跟大家深聊一下。大多數人對競爭對手的理解很容易落入非黑即白的二分法。前面提到不少人會把競爭對手當成殺父仇人，明明只是商場上搶資源的競爭，卻非要搞到你死我活甚至玉石俱焚，多半也是這誤區的延伸。

大體來說，面對競爭對手的心態還是要回到《孫子兵法》裡的名言：「合於利則動，不合於利則止。」要殺要放，該殺多少或該放多少，還是先在廟堂裡權衡利益後再做定奪。

對競爭對手該有的認知

先不談職場，來舉大家最喜歡談的情場當例子。顯然，在情場裡大家所能想到的競爭對手，自然是非「情敵」莫屬。在藍藥丸貝塔男眼中，對於情敵這角色更是深惡痛絕，為了努力追求公司女同事，已經辛苦當了好幾年的工具人，而好不容易女神終於答應跟自己看場電影，卻他媽的被一個剛到職三天的男同事搶走，兩人在一起沒多久就出去旅遊開了房間把該打的炮打一打，真教人情何以堪。要細究原因，藍藥丸貝塔男至死也無法參透競爭對手之所以存在並威脅到自身地位，本質上是個系統問題，他很膚淺地認為，只要把所有競爭對手都鏟除，自然能獲得女神青睞，總有一天（沒人知道是哪一天）她會愛上自己。

你想，可能嗎？

把這狀況延伸，你會發現不光是追求階段有一票男人對競爭對手有錯誤認知，連已經進到婚姻關係的男男女女也單純認為，只要沒競爭對手在一旁礙事，這段婚姻就能永保安康。而自己的老公或老婆之所以外遇，也全是競爭對手的錯，只要能讓競爭對手消失，事情就解決了。所以你會看到一個發現自己老婆外遇的男人，氣呼呼地要求老婆跟小王斷絕聯絡，只要願意讓這男的在生活圈裡徹底消失，他都可以發揮大愛，對發生過的一切既往不咎。

同樣的情境你也可以在女人身上看到。女人發現老公外遇，沉不住氣的通常會一哭二鬧三上吊，像個小女孩一樣以為會吵就有糖吃，卻不知如此會消只會把老公更往溫柔婉約的小三懷裡推。當然，男女外遇的變數有很多，也基於男女大腦的不同，造成外遇的機制不太一樣，這屬於情場紅藥丸的範疇，這裡就不詳細討論。無論如何，只把問題聚焦在解決競爭對手是治標不治本的錯誤解法。就很像發燒吃退燒藥，看似解決了問題，其實只解決了症狀，造成問題的病因依舊存在，沒有從病毒、免疫系統的角度去處理發燒病因，藥效退了之後，問題絕對故態復萌。

再強調一次，競爭對手是系統問題。沒有從系統角度處理，競爭對手正如同周星馳電影《功夫》裡醬爆的經典臺詞：「就算殺了一個我，還有千千萬萬個我。」要從系統角度去理解情場或婚姻的競爭對手，請回去翻我的第二本書《壞男人的紅藥丸法則》複習一下。你手上這本書畢竟是在講職場權謀，當然要跟大家說明在職場或官場裡的競爭對手是怎麼出現的。

如何預判職場競爭對手

在組織或公司裡，競爭對手通常是你的同僚或同事，有的時候還可能是你的師父或學長（他們也會提防你變成競爭對手），而如果你有強大的專業能力，已經嶄露頭角獲得高層賞識，那你的直屬上級也會把你視作競爭對手，一場小一號的功高震主戲碼將就此上演。大體來說，要判斷競爭對手會從哪冒出來，緊扣著利益準沒錯。你完全可以先行沙盤推演，去思考下一步該提防哪些人，看是要先行鏟除，還是伸出橄欖枝及早拉攏：

1. 用利益衝突篩選對手

想像一下，如果你今天剛進公司，加入一個五人小團隊，裡面你資歷最淺但能力最強，而上頭的四個學長裡，三個胸無大志整天混吃等死準備退休養老，另一個已經幹了十年的資深前輩，正摩拳擦掌汲汲營營打算升遷組長。在你加入公司前，這位資深前輩是組長候選人，而在你出現後，憑藉強大的專業能力，屢屢獲得上級表揚，甚至開會時，上級高層也在字裡行間暗示未來很可能升你為組長。於是，你跟資深前輩的利益衝突就此展開，你們必須去競爭僅一位的組長位置。

但這情況等同於擋人財路啊！你想想看，人家死拚活拚幹了十年覬覦的組長位置，居然被你這個剛到部的小毛頭半路殺出攔胡，誰忍得住。如果你抱著職場藍藥丸的天真思想，認為這位置本該有能者居之，絲毫沒想到其他競爭對手會出手搞你，等同於無意間樹立敵人。

要是資深前輩是個心胸狹窄兼之手段狠辣的傢伙，他完全可以表面跟你客客氣氣，實則在背地裡把你搞下臺。你等於是在對付隱形敵人。

在你剛到職的那一刻，如果有心升遷，要先把潛在競爭對手給弄清楚。說過很多次，茶水間等同於RPG遊戲裡的酒館，是絕佳的情報集散地，沒事多去走走吧。

2. 先想好自己的弱點

九成以上的人會死在這條！人一定有弱點，而你的競爭對手也一定會針對你的弱點出手打擊。但會有這麼高的陣亡率，乃是因為正視自身弱點本是件違反人性的事。每個人都認為成功是自己有本事，不是因為剛好路過風口，有幸成為那條被吹起來飛的豬；若不幸失敗，那也是政府有問題、大環境不好，反正怪天怪地就是不會怪到自己。正是因為這種「成功是自己好棒棒，但失敗絕對是他人的錯」的迷思，導致人類很難學會反省，包括正視自己的弱點。性格決定命運啊，能承認自己弱點的人，至少已經贏過大部分的競爭對手了。

然而，就算你能正視自身弱點，還要面對另一項難關，就是動手解決或根本不讓它發生，絕不能心存僥倖覺得沒人知道。比如你性好漁色（我敢說絕大部分男人都有這項弱點），沒事就喜歡撩妹、睡同事，搞得在業界臭名遠播，你的競爭對手不用特別打聽，全世界在你剛到職那天就知道你有這弱點。於是他大可設局搞你，透過第三方的白手套找你去酒店吃喝，想當然耳順理成章來個性招待，你想說幹哪有這麼衰，二一添作五先幹了再說。結果被弄到影片或錄音傳到高層手上，再加油添醋說你始亂終棄，隨便找個女人上媒體爆料栽你個不公不義。原本只是想打個炮而已，竟然被扣上莫名其妙的罪，升遷之路就此斷送，搞不好在業界都不用混了。

有沒有覺得這套路很熟悉？下次看新聞時眼睛可要放亮一點，裡面都是殺招啊。前人已經用他們的血淚告訴我們，人家若真要搞你，絕對是無孔不入，想方設法從你身上找出弱點打擊。沒弱點？那也沒關係，弄個框讓你自己跳進去就解決了。

3. 思及背後的派系

前面那條考驗的是人性的深度，而這一條所考驗的則是思維的廣度，一樣是個難關。如果是人數不多的小公司，競爭對手或許是以個人為基本單位，大家不過混口飯吃，所想的就是個人職涯規畫而已。但若是組織繁雜的官僚體系，事情就沒這麼簡單了，看似以個人為主體的競爭對手，背後通常代表一股派系勢力，要是你的出線會擋到某個派系的巨大利益，那麼這派系必定傾盡全力把你搞下臺。

一樣用前面你跟資深前輩的競爭當例子。如果資深前輩背後的派系，打算透過他升上組長後對部門的掌控遂行派系的利益，比如對派系成員的公文睜一隻眼閉一隻眼，或者對派系成員的專案特別認真執行，更陰狠一點的，利用職位打擊派系的敵人。那麼這組長權位之爭，將不再是你跟組長兩個人的事，你必須跟整個派系鬥法。走到這一步，你會發現敵人突然變多了。在會議上怎麼別的部門的人開始找你麻煩，想方設法在專案上挖洞給你跳。原因無他，這些人都是派系成員之一，大家正準備聯手把你搞掉。

所以你必須在事情發生之前預想到這一步，判斷哪些人會因為派系利益出手打擊，及早防範。最重要的是，面對整個利益集團之前，趁早加入能與之抗衡的派系，不然就算知道箭會從哪射來，孤家寡人還是螳臂當車，有靠山幫忙才擋得住各種鋪天蓋地的打擊。

面對競爭對手最好的心態

前面說過，一般而言是不需要把競爭對手當成殺父仇人，就算要殺也是殺不完的。所以最好的心態是把重點聚焦在自己身上，提高競爭優勢與門檻。人是一種很有趣的動物，你若走在他的前頭不遠，他覺得有機會超越你，那各種妒忌、酸言酸語都會伴隨著「我能打敗你」

的想法出現。可如果今天他看不到你的車尾燈，九五％的人會放棄掙扎，不再視你為敵，轉去找另一個走在自己前方不遠的人，再重跑一次上面的酸民流程。

是的，要減少現階段競爭對手的作法，就是把他狠狠拋在腦後。

聽起來很正向對吧？雖然這話是真的，可我還是要繼續點醒你，有沒有注意到上一句我加了「現階段」三個字？是的，或許你因為努力攀升，把現階段的競爭對手徹底甩開，但你會發現，媽的爬上新的階級後要面對另一票嶄新的競爭對手，等級更勝以往那群已經被你拋在腦後的鳥人，又要重跑一次練功打怪的流程。這就是人生啊，除非你退隱山林，否則只要繼續在職場官場市場裡打滾，終究要面對競爭對手。

既然殺之不盡，那就跟他們共存吧。換個角度想，有競爭對手的存在，才能提醒你力求上進，優化自己的能力和產品，倒也不是壞事。

5—5 殺與不殺的抉擇

既然都聊到競爭對手，那就要提一下所有競爭當中最為兇險的一種：「奪嫡」。初次聽到這詞的朋友不妨自行Google一下，應該會跳出「九子奪嫡」的相關網頁。所謂「嫡」指的是皇帝正宮所生的嫡長子。以宗法制來說，嫡長子向來是繼承皇位的人選，也就是儲君，現代術語叫接班人。而九子奪嫡可是真實發生的歷史事件。清朝年間康熙帝的九個兒子為了爭奪太子儲君的位置，在底下鬥得你死我活，最後由四阿哥胤禛在腥風血雨的權謀戰場勝出，成為後來的雍正帝。好幾部陸劇都在講這段故事，非常精采，有興趣的朋友不妨找來看看。

順道一說，康熙可是有二十四個兒子，只有九個皇子參與奪嫡，已經讓局勢沒那麼複雜了（你可以想想如果二十四個全加入奪嫡根本是場大混戰）。但就算「只」有九個，奪嫡可不是大家打一架最後勝者為王，冠軍直接晉升為太子，而是必須背後培養派系，透過各種設局、計謀、政治事件去打擊對手在皇帝老子心中的地位，同時拉抬自己的地位，最後才能讓老爸心甘情願地把太子大位交到自己手上，完全是在鬥智博心機。

你可能會想：媽的哪要這麼麻煩，直接發兵把對手打掉不就好了？不好意思嘿，如果你動用到軍隊，對皇帝來說可是不折不扣的謀反大罪。繼承人理當由皇帝主觀意識說了算，即使貴為皇子，也輪不到你用軍隊來獲得政權。再說，今天你用軍隊解決競爭對手，哪天你會不會用軍隊解決皇帝老子？這謀反罪絕對是吃定了。所以到頭來，參與奪嫡的每位玩家都必須用盡各種方法去影響皇帝的主觀意識，讓他認為自己是最佳接班人選，進而把帝位傳給自己，再不講武德也要合法才行。用流程來看的話，歷史上的奪嫡通常會走以下步驟：

皇子↓參與奪嫡↓立為太子↓繼承帝位。

當你還是皇子，要想盡辦法爭奪太子的位置；如果太子已經有人占缺了，別擔心，搞點政治事件把太子拉下來，自古以來把太子廢掉換人上任也不是什麼新鮮事。若你有幸在奪嫡中暫時勝出成為太子，一樣不能高興太早。前面也說了，太子只是法定繼承人，你必須在皇帝掛掉的那一刻還安穩坐在太子的位置上，帝位才能真正落袋為安。皇帝掛掉之前，太子的位置根本是箭靶之所在，底下有一群狼子野心的人等著把你弄下來，你要活到真正登上帝位才算奪嫡成功。

照這流程去想，應該不難想像九子奪嫡會有多複雜了。推薦大家去讀《瑯琊榜》這部小說，陸劇也有演，裡頭的賽局形勢相對來說不會太複雜，可以把重點放在裡頭的權術與心機，提升自己的權謀思維。

現代版奪嫡

前面講了這麼多奪嫡相關知識，大家可能會覺得疑惑：這年頭誰還要爭太子啊，都文明社會了，哪有皇帝這種封建時代才有的產物？事實上，只要涉及接班人的存在，都可以把奪嫡公式拿來參照，甚至預測事情走向。我說一個現代人比較容易遇到的情境：「分遺產」，大家會更加理解這跟奪嫡有多像。

假設你父母留了一百萬，要分給你、二哥、大哥一共三兄弟。大哥因為是嫡長子，加上平常孝順深得父母喜愛，遺囑上早早寫好金額大小，將來可以拿走八十萬。至於你和二哥，即使平常努力盡孝，但畢竟不如嫡長子的地位，所以一人分得十萬。你和二哥兩人心地仁厚就算了，但如果自認才華遠超過大哥，平常對家裡的貢獻也不亞於大哥，此時此刻你們心裡一定千百個不爽，憑什麼大哥只是嘴巴甜一點，什麼也不用幹卻幾乎拿走全部遺產？所以下一步，勢必想方設法說大哥壞話，或故意生事貶低大哥在父母心中的形象，讓父母討厭大哥，最後更改遺囑裡的金額。

看到這裡應該有人會想：靠，有這麼嚴重嗎？才一百萬耶，為了區區一百萬搞成這樣兄弟鬩牆，有毛病嗎？那好，我們再加個零變一千萬，感覺如何？幹不幹？那再多一個零，變一億？或是乾脆變成一家資本破億的公司股份，甚至像奪嫡戲碼一樣，所謂的遺產根本是整個江山，你會不會選擇把大哥搞下來讓自己上位？就算你人品高尚不打算這麼幹，你怎能保證二哥跟你一樣正派抵擋得住誘惑？要是二哥打算連你也搞下來，又該如何守住原先屬於自己的那一份？

事實上，我是故意先從一百萬這數字跟大家討論，讓大家見證一下人性的脆弱。數目小當然沒感覺，一百萬對一般上班族來說打拚個幾年也不是多麼遙不可及。但若是間資本額以億為單位的公司，參與的每一方必定各懷鬼胎。再拿九子奪嫡來說，每個參與競爭大清江山接班人的皇子可不是什麼同事或同學，而是血脈同出一源的親兄弟。歷史早就證明，相同血脈的親兄弟可以為了巨大利益互相殺伐。「忠誠是因為背叛的代價不夠高」這句名言，拿來形容奪嫡真是再適合不過。

像康熙一樣身居皇位外加坐擁後宮，恐怕是絕大多數男人的夢想。但如果把奪嫡的血腥戰場考慮進去，我想大家看到這裡，恐怕不會想跟康熙一樣生二十四個孩子，必定乖乖做好避孕措施。光三個孩子分遺產就是個大麻煩，不如生一兩個集中資源教育好才是，將來要分遺產也不會太頭痛，再怎樣都可以選擇一人一半公平處理。

奪嫡的善後

權謀要玩得漂亮，必須永遠站在對手的角度思考，如此才能想到他的下一步，提早擬出劇本預先布局。段數更高的話，甚至可以預先想到對手會如何算計你的行為，再將計就計早兩步布局。《三國演義》裡曹操被孔明設計改走小路華容道，正是這思維的妙用之處。把這思維套用到奪嫡情境裡，你會明白為什麼歷史上的奪嫡大多是拿性命當籌碼下去賭。試想，如果你今天奪嫡勝出，成功坐穩帝位，面對那群先前為了搶奪儲君大動干戈，甚至差點把性命賠給他們的哥哥弟弟們，你接下來會怎麼辦？

如果你熟讀歷史懂點人性規律，一定不難推想出來，為了避免讓這群兄弟日後有機會反撲把帝位奪走，斬草除根是唯一解，只有死人才能真的放下仇恨。就算弄不死他們，找條罪名關個幾十年，再使點小手段在牢裡把他弄殘廢也是個不錯辦法（臺灣政壇不就已經發生了）。總之，任何有機會死灰復燃的火苗，都必須想盡辦法將其撲滅。當然啦，你不會拖到坐穩帝位才想到這一層。會參與奪嫡的皇子們，在選擇踏進這條不歸路的那一刻起，早已有了斬草除根的覺悟。大家都知道，今後任何一個人坐穩帝位，勢必會對其他競爭對手斬草除根。唯一的解法，只有讓自己坐穩帝位。整個奪嫡是場非死即生的零和賽局，贏家只有一個，失敗的代價將是自己的生命。

即使你不想殺，你也必須殺，否則死的會是你自己，慘一點的還會被抄家滅族禍延子孫。以前年輕時看那些政壇上各種誣陷入獄的權鬥，心裡都覺得這群人幹麼要下手這麼重，達到目的不就好了。後來歷史讀多了，對人性的殘酷與貪婪有了點底，才明白這些都是不得已的必要之惡。當所有人都認為對方會在成功奪權後弄死自己，整個賽局的張力也會緊繃到非死即生，大家一起拿命來玩。

另一個值得引以為戒的奪嫡，就是唐太宗李世民一手發動的玄武門之變，甚至完全不照前面講過的流程去走。李世民可沒跟哥哥李建成（當時太子）、弟弟李元吉講什麼武德，先殺這兩人於玄武門之變，再帶著大軍「奏請」李淵讓自己當太子（李淵這皇帝當得真是窩囊）。

不僅如此，李世民斬草除根之狠辣更令人心寒，除了殺掉競爭對手的哥哥和弟弟，連他們的兒子（也就是李世民的姪子們）也不放過，全部殺光，從宗室名冊上刪除殆盡，大筆一劃直接否定他們的存在。

但李世民是壞人嗎？說真的沒人知道他的真實性格。但至少就歷史事蹟來看，他的確是個雄才大略的君王，就武功而言更是我心目中排名第一的軍神帝王（第二名是朱元璋），文治上也有貞觀之治傳世，手底下能聽任其駕御的名臣武將更是不計其數，房玄齡、李靖、魏徵、秦瓊、尉遲恭，這幾個隨便放到哪個朝代都是S級的人才，也被他鎮得服服貼貼。武功、文治、領導統御這幾項帝王必備素質，李世民簡直都是滿分。可是他奪嫡之狠辣，遍觀中國歷史數千年，鮮少人能出其右。

你或許會覺得沒必要想到這種殺與不殺的問題，一般升斗小民哪可能搞到這樣你死我活。但是，若你試著把奪嫡情境中揣測對手思路的模式延伸下去，應該可以得到一個出人意料的結論：**決定該不該徹底殲滅競爭對手的，其實不是你，而是你的競爭對手。**

我得說大多數人都是好人，能秉持商場的事就在商場解決的原則，大家充其量也是在搶市占率，沒必要禍及對方家人。可你怎麼知道對方也同樣守住這底限？萬一他出陰招，打算搞你家人來逼你退出，或為了剷除你而無所不用其極毀滅你的一切，你又該如何處置？

簡單說，萬一對方有著就算打不垮你也要玉石俱焚的心態，抱著炸彈向你衝過來，你又該如何是好？早就對準他的槍口，因為堅持守住的善良底限而遲遲未扣下扳機，但現在對方選擇不是你死就是我亡，你該不該送他去見上帝？

這就是我覺得好人難做的地方。因為我們有道德底限，做起事來常有莫名其妙的糾結，反倒無法下正確但殘忍冷血的決定。或許我該把這個道德議題留給各位去想。但你若真要問我的想法，我得說你必須比你的對手更了解他自己，判斷他是一時利令智昏，還是被情緒掌控的病態人格患者。如果是前者，或許可以處處留手找機會教化；但若是後者，還是盡早除之而後快，以免禍及蒼生。

5—6 背骨仔與降將

如果你有點男兒血性，應該會像我一樣，把「義氣」兩字當作與男人互動的最高準則。雖然對上對下或多或少要講點權謀，但我說過，使用權術御下大多是為了讓自己好做事，對上也要懂點權謀才能明哲保身。男人之間的真實景仰，除了一肩擔盡萬古愁的男子氣概，也因為漂亮的政治手腕而得以服眾。當你因此獲得一票跟隨者，主僕雙方自然有各自需要承擔的責任，這就是義氣的來源之一。

既然說到義氣，就要跟大家聊聊領導統御的千古大哉問：該如何看待叛將？我的立場很簡單，只要有過背骨前科的，絕不重用！甚至我的標準更嚴格，如果你曾經拉拔過手底下的部屬或晚輩，他上位後卻沒把你當初的提攜放在心上，壓根認為自己好棒棒、本來就是個咖，只是缺乏舞臺而已，這種人也屬於隱性背骨仔。不知感恩的人有著不可預測的麻煩，日後如果要合作，會因為你沒有底限的善意讓野心愈來愈大，甚至想取而代之，覺得自己比你更有資格領導這一切。跟這種人相處簡直跟養條蛇沒兩樣。

我的建議是別跟背骨仔合作。如果你因為利益龐大選擇暫時合作，也請務必小心被反咬一口。事實上，如果你眼光夠長遠，一定可以想到跟這種人合作的下場，十之八九會因為利益衝突而崩盤，甚至被反噬。除非你也打算黑吃黑，在合作過程中順便將他吃掉，那或許可以一試……

如何提防背骨仔

懂不懂感恩是這人是否背骨的見微知著。很多職場藍藥丸的主管或領導者常常無止境善待下屬，但卻不長眼兼之不長腦，最後被背骨仔狠狠在背後捅一刀，再到社群媒體上抱怨員工恩將仇報。要避免發生這種憾事，其實可以預先防範：

1. 恩不能亂給

正所謂無功不受祿，巨大的獎賞只有立了大功才配得上。如果貿然給予不相稱的獎勵，不僅獎懲機制亂了套，讓其他部屬心生怨懟，受賞的一方也會因為過度獎勵而使野心膨脹，藉此養出將來會咬布袋的老鼠，替日後的組織埋下隱憂。

2. 觀察受賞的反應

通常要給獎勵，我會建議除了白紙黑字布達之外，也要事先口頭告知。一者，前面說過獎賞是大阿法的二柄之一，要給予獎勵切莫經手代理人，由自己主動告知可以將正向情緒跟自身連結。二者，藉由當面承諾趁機觀察他受賞的反應，看是真心滿懷感激，還是出現稍縱即逝的不屑神色，覺得你早該把賞賜丟下來。通常要判讀後者狀況需要一點歷練，記得平常跟女人約會時多練習一下解讀氛圍和眼神的能力。

3. 閒聊探聽情報

給予賞賜後，沒事多跟他身邊的朋友聊聊，把話題帶到獎賞這件事情上。現代人在社群媒體的推波助瀾下，十個有八個是沉不住氣的。如果他對此事有想法，一定會對身邊朋友吐露心聲，藉由旁敲側擊閒聊出來的蛛絲馬跡可以知道他是真心感恩，還是覺得是自己應得的。除此之外，你也可以觀察他在社群媒體的發言，如果他生活裡每件好事都自認為理當享有這一切，那絕不可能對你給的賞賜滿懷感激。

我說白一點，對有能力的人給予獎賞，不外乎是為了拉攏交好來壯大自己的勢力，如果這人拉攏不了，又或者放到身邊會有開自己後門的危險，那我們幹麼找自己麻煩？

最典型的背骨叛將，三國時代大家熟悉的呂布足以稱為史上第一。被張飛戲稱三姓家奴的呂布，實際上在殺掉丁原、董卓，到他自成勢力之前，還曾投靠過袁術、袁紹、劉備等有名的主君。張飛已經很給面子，真要說的話，呂布應該是六姓家奴才是。特別的是，呂布背叛的理由其實各不相同，對丁原和董卓是殺主求榮，而對袁術、袁紹、劉備等人則是自認武功蓋世、驕縱自矜，根本不把這三位看在眼裡。呂布當過丁原、董卓走狗後已經變成一顆未爆彈，在袁術、袁紹、劉備手底下流轉，只是劉備運氣比較不好，炸彈傳到手上剛好爆炸，還把徐州賠了出去。

呂布最後兵敗徐州被曹操擒住時，還大聲替自己開脫：「明公所患不過於布，今已服矣，天下不足憂。明公將步，令布將騎，則天下不足定也。」意思是說，曹操你擔心的不過就是我呂布，今天我既然已經降服於你，將來由你率領步兵，由我統領騎兵，要奪得天下更是指日可待。連一向老謀深算的曹操也差點被呂布糊弄過去，還要劉備在一旁趁機補尾刀……我是說提醒：「明公不見布之事丁建陽及董太師乎」，透過丁原和董卓的案例提醒此人不可留，才得以報當初呂布奪徐州之仇。

呂布最後的辯解，足見其死性不改，短短「明公將步，令布將騎，則天下不足定也」幾個字，將其自恃武功而不肯屈於人下的背骨心理表露無遺。但聰明如曹操，也差點因為呂布的武勇而一時失察。曹操只要願意想遠一點，其實不難推測，若跟呂布合作，將來掃平天下的最後一刻，也將是自己的步兵跟呂布的騎兵對決之際，自古步兵打騎兵向來只有送死而已。但這畢竟需要點遠見，有專業能力的背骨仔就是有這種如同魔鬼呢喃的誘惑力。

背骨仔與降將的不同

對我來說，背骨仔跟降將不一樣。背骨仔大多是指像呂布這類背叛成性的，對這種人而言，賣主求榮如同吃飯喝水一樣簡單。但我敢說，呂布第一次背叛丁原之前，心裡一定承受巨大壓力。可只要一跨過這道德良心門檻，後面要做就簡單了。別說三姓家奴，給他足夠好處，他連百姓家奴都願意當。而降將就不太一樣了，降將大多基於情勢所逼的各種無奈而跳槽易主。我們就拿漢高祖劉邦的用人之術跟大家解釋一下。

眾所皆知，劉邦手底下的陳平與韓信是漢朝開國一文一武的重要功臣。陳平善使奇謀，韓信帶兵則是多多益善，是當時的軍神。而這兩人卻都是降將出身，原本在項羽底下做事，發現在他手底下混實在沒什麼前途，最後才跳槽到劉邦陣營。但跳槽到劉邦陣營之前，陳平和韓信兩人也不是沒在項羽陣營貢獻價值：陳平初期很受重用，曾經領兵替項羽打下土地，後來土地又反被劉邦奪走，雖說陳平當時並沒有直接責任，但還是害怕被項羽懲處，才跳槽到劉邦陣營；至於韓信，最早任職於項梁，後來項梁戰死，他帶著手下小弟投奔項羽，而在項羽陣營任職期間也曾多方獻策，但都不受重用，覺得升遷無望才無奈跳槽。

這兩人可說是典型現代職場跳槽的範例：

■ **履歷上都寫得出功績**

陳平替項羽打下土地，韓信則帶著小弟歸屬項羽，兩人任職期間都直接與間接提升項羽的戰力。

■ **跳槽時沒有賣主求榮**

至少就行為來看，陳平和韓信兩人還算講義氣，沒有在背後捅項羽一刀換得榮華富貴

（日後戰場相見各為其主是另一回事），而是知道項羽不是可共患難之輩才悄然離去。

■老闆本身性格的問題

以陳平來說，土地得而復失跟自己實在沒有關係，那為什麼還會害怕項羽懲處？足見項羽平時待人早已不得人心，手底下人人自危。甚至陳平離開時特意派人送還當初項羽獎賞他的黃金，可說是一點便宜都沒占（陳平倒是很知道跳槽的學問，要留個好名聲讓後來的老闆打聽）。至於韓信獻策不受重用就更不用說了，老油條劉邦也知道這點，反正項羽留不住的人才統統來我這邊吧。

於是劉邦重用這兩人。雖說兩人後來下場各異，但這是政治智慧造就的結果，單就跳槽來看算是做得不錯。

後來劉邦在彭城之戰被項羽打得七葷八素之際，被項羽部屬丁公追擊，千鈞一髮之際，劉邦開啟素來擅長的無賴技能，對丁公大喊：「兩賢豈相戹（ㄜˋ）哉。」意思是說，兩個英雄好漢有需要這樣相殘嗎？把落水狗狀態說成英雄好漢，也只有無賴劉邦才做得到。然而，大概是劉邦廣納項羽人才的聲名遠播，丁公想說不如放他一馬，萬一項羽不幸被劉邦打敗了，自己說不定日後還有飯吃。於是乾脆兩邊押寶，在緊要關頭裝死放了劉邦一馬，間接導致日後項羽的覆滅。

劉邦後來滅了項羽，丁公當然想上前邀當年饒劉邦一命之功，但劉邦卻回他：「丁公為項王臣不忠，使項王失天下者，乃丁公也」，遂斬丁公。之後還補上一句：「使後世為人臣者無效丁公」，要所有大臣千萬別學丁公。你也許會想：同樣是跳槽投降，為什麼丁公跟陳平韓信的下場卻是如此天差地遠？

答案很簡單，因為丁公賣主求榮，領項羽薪水卻幹出損及老闆利益之事。劉邦那句「兩賢豈相戹哉」只是為了活命才喊出來糊弄對方的，丁公真順劉邦的意那問題才大。如果丁公身邊有賈詡之類深懂人性的謀士，一定會建議丁公，真要兩邊押寶，就在聽到劉邦那句幹話後，大義凜然回他：「食項王之祿當盡其力，各為其主也，閣下怨不得我」，之後再偷偷裝作馬跑不動追不上，一句「哎呀我大意了」放劉邦一馬結束這回合。演技好的話，這番漂亮話在草根性格深重的劉邦心中也會留下好印象，將來要投靠還有得談。

丁公作夢也料想不到，此刻順了劉邦的意反而替日後埋下殺機。劉邦雖然因此活命，但一定會想：今天跟你非親非故，連錢啊爵位什麼的都不用許諾賄賂，隨便一句話就讓你放了我，日後用你為將，你會不會也因為對方一句話就放了他，甚至因為對方許以重利而窩裡反來搞我？
賣主求榮者，殺無赦。曹操當時如果多把《史記》讀熟一點，自然也不會在處置呂布時如此糾結了。
這也是我給很多抱持著投降主義者的建議，你覺得替敵人做事、搞窩裡反，日後可以在對方成功統治後謀得一官半職，讓自己家族得以活命，其實大錯特錯。雄才大略的明主都知道，會賣主求榮的，一輩子都會賣主求榮，這種人絕不可留。現在留你只是為了辦事方便兼之統戰需要，還有留著當投降典範拐他人入坑的用處，一旦目的達到，第一個兔死狗烹的絕對是當年出賣老闆的背骨仔。做人還是要講義氣啊。

5—7 英雄是種奢侈品

自從漫威電影向世界展開文化侵略，「英雄」這角色，又更進一步加深每個人心中根植已久崇拜偶像的天性。要麼指望另一個英雄來拯救自己離開水深火熱（其實明明很爽）的生活，要麼希望自己成為另一個能維護世界和平的英雄。然而，並不是每個人都承擔得起英雄這項奢侈品，甚至就組織角度而言，英雄也不是必要的。

英雄的門檻

當英雄很爽沒錯，既可飛天遁地，又可左擁右抱坐懷美女後宮。像鋼鐵人、蝙蝠俠這種富可敵國的英雄形象，應該比較符合普羅大眾對英雄的期待。至於蜘蛛人彼得・帕克這種行俠仗義之餘還得打工維持家計的生活型態，恐怕就不是一般人想要的。話說回來，我倒覺得湯姆．霍蘭德的蜘蛛人系列把英雄的成長之路詮釋得比較到位，從一個小屁孩到獲得超能力後飛天遁地，隨之而來的雀躍，又伴隨著無法完全承擔能力和責任的惶恐與糾結，以致始終需要導師鋼鐵人在一旁循循善誘，在成長過程中漸漸體會他叔叔那句「能力愈強，責任愈重」名言。

但一般人想成為英雄，恐怕沒那麼容易：

1. 能力

要當英雄最基本的正是能力，或者你也可以說是超能力，舉凡飛天遁地、力大無窮、操控時間這些凡人所不能及的都在此類。不過嘛，這畢竟是漫畫或電影情節，在現實生活裡想當個英雄，我們得向另一個凡人英雄蝙蝠俠看齊——當個有錢人。雖然蝙蝠俠嚴格自律與刻苦訓練讓他有著超出常人的智慧和體能，但他的強大，很大一部分來自科技實力（aka有錢），鋼鐵人也是一樣。

綜觀人類歷史，你會發現我們人類將成為英雄的慾望投射到各種神話故事裡。而現實生活中，足以代表英雄超能力替代品的，大概就金錢與權力。有了這兩樣，你才能做比一般人更多的事。

2. 活下來

多數人對英雄的理解，大概僅止於他們無所不能實在有夠爽，但卻不知道，一旦能力提升到一個檔次，敵人的強度也會呈指數型態上升，想留在新手村繼續打野豬虐菜？不好意思門兒都沒有。只要你開始憑藉強大能力嶄露頭角，勢必會吸引到以往生活圈不曾出現的人靠攏，有些會成為你的盟友，有些會成為你的敵人。唯一的共通點，他們的強度都是當年還是菜逼的你所無法想像。你需要更優雅的社交智慧才能將盟友留在身邊，也需要更強悍的心理素質與力量才能抵禦外侮。

雖然能力變強，日子可沒有比較輕鬆。在藍藥丸的世界裡，就算你有幸從貝塔拿到錢與權一躍變成阿法（我指的是藍藥丸阿法），可以想像的是將會吸引到虎視眈眈打算歸零你的女人，要防患未然或自保可要費點工夫才行。

3. 黑暗面的反噬

如果有幸在艱難無比的外部試練活了下來，第三關將是個人的內心煎熬。當你坐擁千軍萬馬，克服一次次來自職場、官場、市場的殘酷鬥爭，野心會就此養大，開始覺得自己無所不能，甚至有資格成為神。人類的弱點之一，是永遠無法將此時此刻的順風順水，謙卑地歸因到環境、運氣之類的天時要素。正如我之前所說，只要事情不順永遠是怪天怪地怪政府，但成功就是自己很厲害好棒棒。只要沒有管好這頭來自內心暗處的兇獸，放任其馳騁肆虐，下一刻將是被黑暗面反噬。

國學大師南懷瑾曾說，英雄能征服天下，卻征服不了自己，指的正是這件事。多少名臣武將在功成名就後因為功高震主而枉送性命，甚至遭受抄家滅族之禍。在順風順水時，又有多少人想得到居安思危，替未來的安穩日子鋪路；千百年來一人之下萬人之上的名臣將相，又有多少人想得到主動釋疑，以求後世一帆風順。正因為自身黑暗面會使野心膨脹，急流勇退從不在英雄們的生涯規畫中，大多在順風順水時加碼再加碼，賭身家不夠還大開槓桿，可以想像下場是樹敵無數賠掉所有，欠一屁股債乃至家破人亡。

對個人而言，英雄之所以是奢侈品，乃是因為不僅要在入世取得一定的功名成就，還要有真正理智清明的內心，擁有把自身心理狀態當成棋局在下的上帝視角才行。你所看到飛天遁地正在過爽日子的英雄們，只是因為他們的生命週期還沒走完。只有到英雄的生命週期末尾，待潮水退了，才知道誰是得以善終的真英雄。

制衡底下的英雄

然而，如果一個組織底下有所謂的英雄人物，能不能駕馭這些英雄就看組織大阿法的智慧了。假如你是一間公司的老闆，手底下有個超級業務，一人扛了整間公司約八〇%的營業額，甚至可以說他一個人像棵參天大樹似的撐起這間公司，身為大阿法的你，該怎麼應對這位英雄等級的虎將呢？

方案一：加碼給他更多獎金，讓所有人知道跟著我混絕對吃香喝辣。
方案二：拉攏讓其入股，將他的利益跟公司存亡綁在一起。
方案三：扶植另一個業務成為與之抗衡的英雄，讓他們互鬥。

這裡我想先請你闔上書本，掩卷靜思一下你會選哪個方案，你的方案將代表目前的權謀根柢有多深厚，或者，也暗示著你的職場藍藥丸餘毒有多深。

我猜十之八九的老闆會選擇方案一，畢竟有功就賞是非常直覺的管理策略，人在調教狗的時候，不也是在牠做出我們要的行為時給予獎勵，希望牠能夠再接再厲。然而，人並不是狗，人有心機、算計，不像狗這麼傻，誰給牠飯吃就喊誰主人，狗的天性不外乎有奶便是娘，但狗始終都是狗，而人嘛，有時候卻不是人。既然有本事當上超級業務員，心裡的盤算絕對高過一般人，他一定會思考要怎麼樣才能賺更多。如果此時你再加碼獎勵，他的野心很可能因為你的賞賜而更加膨脹，認為既然我現在都能賺這麼多，幹麼還要給公司抽？下一步就是把客戶挖走，把公司資源一併帶走，能撈就撈，在外面另起爐灶。

最常遇到上述困境的產業，我認為是美髮業和健身業。美髮師和健身教練其實非常看重個人特質，死忠客戶絕對認人不認公司。美髮師和健身教練只要一離職，客戶也會跟著跑，管你公司名氣多大，人家就是跟定這位教練（或髮型師）。

如果你願意回溯上述過程，試著找出這些超級業務員另外創業的離職原因，一定會發現大多數公司或老闆並沒有虧待他們，公司高層秉持著大家互相的善念，希望超級業務員感念公司的苦心，心懷感激繼續留下來打拚。最後的底限，要離職可以，每個人都有自己的生涯規畫，但總要有點江湖道義，原本累積的客戶就瀟脫一點留給公司，不要整盤端走嘛。即使一路成長都是靠著公司提攜，用的也是公司的資源，能累積到現在的客群，打的也是公司的招牌，但利字當頭還是說走就走。更何況，到外頭創業的水可是非常深，絕對不是「可以自己賺幹麼給公司抽」一句話能打發。水電、房租、人事管銷都是學問，超級業務員最多是能征善戰的武將，但自行創業可是連後勤都要煩惱。我敢說有一堆人到外頭開了工作室錢燒光才後悔，早知道就乖乖留在那給人請。

但沒辦法，人在野心膨脹時從來不會想這麼多。平常沒有的高瞻遠矚，利令智昏的時候更不會有。至於人情留一線日後好相見的江湖道義，不好意思耶，人家現在急著開店，恐怕想不了這麼多。於是頭洗了、錢燒了（能賺得比以前多的絕對是鳳毛麟角）、人也得罪光了。老闆丟了人才，超級業務員也失去貴人，根本是無奈的雙輸。

顯然方案一不行，那麼方案二呢？讓員工入股跟公司在同一條船上總行了吧？事實上，這雖然比方案一好些，但還是無法徹底解決人性的問題。

是的，將超級業務員的利益跟公司綁在一起，的確可以避免他挖公司的資源，這種養老鼠咬布袋的倒楣鳥事，可以在將老鼠升格為布袋主人後避免。咬了布袋會讓自己的飼料變少，就算是真正的老鼠也不會幹這等蠢事。不過，這雖然可以避免員工侵蝕自家公司資源，但無法避免他另開副業，以致將心力分散。你原本冀望他能因為和公司利益綁定而更加努力工作，但卻沒料想到他若有空有閒一定會另謀他圖將利益最大化，而這一點不見得要透過已經入股的這間公司達成。若發現公司營運並不如想像中順利，這種被你半拉攏半利誘而入股的股東，絕對沒有創始人的使命感與革命情誼，甚至無法對你心悅誠服，在這情況下要他替公司賣命，難矣。他大可輕鬆坐領股利，同時在外開創其他事業體，用最少的努力讓利益最大化。

再說，萬一他是個只會衝鋒陷陣拚業績的猛張飛，卻對管理一竅不通，你讓他插手股東涉及權力核心，豈不找自己麻煩。再想壞一點，如果他人品有問題，升為股東之後起了整盤端走的野心，打算伺機掏空公司，你又要從何防起？

所以正解其實是方案三。對多數職場藍藥丸的老闆而言，扶植另一個英雄與之互鬥是傷害皇城和氣的作法。一間公司就該和樂融融啊，這樣鬥來鬥去的，像話嗎？明眼人應該看得出來，這招正是扶植派系的縮小版。

人都是犯賤的，自古皆然。有外侮自然全力對敵，一旦外侮消失，必定人人圈地為王，想辦法內鬥搶更多資源。扶植另一個英雄的好處，正是讓原本的英雄有危機意識，專心把心力用在競爭上。而這所謂的兩雄相爭，當然會替公司帶來更多利潤，讓業績蒸蒸日上，最終得利者是身為公司領導人的大阿法。除此之外，他會因為王位受到威脅，原本坐享其成的好處開始有失去的可能，而人對於損失的恐懼可是遠大於得利的好處。所以與其加碼利誘，還不如製造危機感讓他拚命，他會想盡辦法打敗這個被你扶植出來的競爭對手，壓根兒沒空去想創業這檔事。爭第一都來不及了，創業？那是什麼？能吃嗎？甚至更高段一點，你也可以用方案三為主，混合方案一和方案二加碼拉攏，以高額獎金或股東權益當作互鬥勝出的獎賞，用「二桃殺三士」的手段一步步辨識、過濾、拉攏，甚至剔除難搞的英雄下屬。

下次記得，如果遇到組織內桀驁不馴，但卻能力卓越而擁兵自重的「英雄」，就用這招對付他。能收服他是最好，若無法收服，就一直拉其他人過來鬥他，趁他鬥得筋疲力竭之際，再將他的權力與資源整個端走。找到人品忠義又值得信賴的真正英雄下屬之前，組織內唯一的英雄，只能是身為大阿法的你而已。

5—8 高EQ的鄉愿

「高ＥＱ」一詞在近幾年身心靈產業的荼毒下，已經成為一種用來精神自慰的高大上藉口。就算被人打了一巴掌，只要繼續把右臉湊過去讓他補打第二下，一定會有一票鄉愿群眾躲在後面鼓譟，說這是好棒棒的高ＥＱ表現。曾幾何時，被打不還手的懦弱展現竟然成為一種值得頌揚的文化，真他媽的令人不勝唏噓。

身心靈不是萬用解

ＥＱ原指情緒商數，指的是情緒控管能力。但曾幾何時被多數人誤用拿來稱讚各種該反擊卻不反擊的懦弱行為。之所以有這種現象，很大程度是暖男等各種害怕衝突的文化毒素逐漸滲入骨髓，以致怯於衝突被扭曲成美德，而勇於面對衝突卻被反扣暴力的帽子。再加上身心靈產業整天弱化人類心智，這份毒害更讓人避無可避。

順道說，我並不認為身心靈產業不好，我也有好幾個朋友是身心靈產業的講師，但身為消費者要能完整獲得身心靈產業的效益，有以下兩個前提：

1. 講師本人要正派

受限於人類五感，身心靈領域很多東西大多是不可證偽，也就是無法定義「做不到」這件事。比如你要跟宇宙許願，結果發現宇宙不鳥你，大多數身心靈講師不會跟你說許願方法不對，或是誠實告訴你腦子有問題才相信這種鬼話。他們會說這是你不夠誠懇，所以才得不到正確的回應。像這樣無法清楚定義何謂「做不到」，就叫不可證偽。一門知識如果不可證偽，就很仰賴講師的良心了。

2. 消費者心態要對

身心靈最派得上用場的時刻，絕對是當你在世俗取得一定功名成就時，給自己機會用來反思人生意義的第二座山，是另一條通往使命感的道路（紅藥丸也要我們男人對自己的人生有使命感，但紅藥丸可務實多了）。但多數消費者之所以投往身心靈產業，往往是因為在世間混不下去，沒錢沒事業沒女人，好吧那換個地方許願好了。既然身心靈說可以不用工作拚事業，只要跟宇宙許願就會有妹，那就快點換地方混。就我觀察，因為世俗混不下去而跑去身心靈鬼混的，不論男女，長久下來談吐和樣貌都會怪怪的，請務必小心。

當然，如果你本身想在身心靈產業大撈一票，大可將上面的警語反過來解讀成發大財的權謀指引。這行業大概是僅次於股市割韭菜獲利的地方。善用不可證偽的優勢，再加上消費者本身心靈脆弱狀態下的低鑑別力，絕對可以大撈特撈，堪稱《刑法》這本創業聖經以外的最佳選擇。我看不少兩性課程講師也開始加進身心靈元素，只能用聰明來形容。

但如果你只是個消費者，那務必遠離跟身心靈毒害有關的一切，包括標題講的高ＥＱ一詞。這年頭被人說高ＥＱ大多是貶義，真正的高ＥＱ指的是情緒掌控能力強，但這項能力只會在權謀覺醒的人身上看到，身心靈產業反倒很多一戳就爆卻自稱高ＥＱ的玻璃心。

既然高ＥＱ一詞已經無法顯現一個人的情緒智商，那就回歸其本質，用情緒掌控能力來看。情緒掌控能力是權謀覺醒必備條件。駕馭不了自身情緒，被人挑撥動輒大怒的，不用到權謀戰場，一般人際關係就足以窒礙難行。如果你也曾在我的直播頻道問過「太過阿法怎麼辦」之類的（蠢）問題，希望你有買這本書，接著把下面三點認真讀一讀，你才會知道真正的掌控自身情緒是怎麼回事：

1. 因為情勢關係而不能發飆

要掌控情緒只有一個原則，就是理智先行。發怒之前，先稍停想一下發飆的後果會如何，大多情況下都能避免讓局勢惡化。所以如果你評估對方比你大尾、背後山頭比你有力，或是這人根本得罪不起，那再怎樣的羞辱都必須展現強大的隱忍功夫，餵你吃屎也要硬吞。要知道，發飆即是開戰，不是不能發飆，而是要有利可圖再發飆。發飆不完全是為了爽，只不過如果你是因為控制不住情緒而無腦發飆，然後堅持自己是太過阿法，那我也只能默默把８＋９稱號送給你了。

2. 因為槍比人家大支而不需要發飆

我觀察很多因為衝突打架的社會新聞，會先出手的往往是沒練過的技擊麻瓜，反倒是有在練拳能上擂臺打的，大多知道拳腳無眼的可怕（以及上法院之後的麻煩），即使被人挑釁，也不隨意出手揍人。我曾經看過一支影片，訪問對岸曾拿過世界拳王的頂級拳擊運動員徐燦，問他可以打幾個普通人，只見他伸出指頭比個「一」，才悠悠吐出「一直打」這個讓普通人驚訝的答案。事實上，若你具備一定程度的技擊實力，不用到職業拳手的等級，只要固定打練習賽，而能體察危機氛圍的人會從你鎮定自信的眼神判斷這人不好惹，算是另一種「不戰而屈人之兵」。

但要知道，這種單靠眼神就讓對方放棄戰鬥意識的，平常可要累積一定實力才行。你的槍要比對方大支，才有底氣用眼神殺人，讓對方不得不選擇彼此損傷較小的方案。物理戰場是如此，智力戰場也同此道理。實力堅強就是可以把人鎮住。

3. 因為缺乏立場而輪不到你發飆

不知道大家有沒有類似經驗，開開心心到餐廳準備享受大餐，卻發現隔壁桌的父母竟然放任自家小孩哭鬧，整個打亂你的用餐心情。這情況下，你當然不會對哭鬧的孩子發飆，最多就對這夫妻怒目而視，希望他們管管自家孩子。類似情況還有很多，比如社交聚會裡朋友的女友甩態哭鬧，破壞大家興致，即使每個人心裡有千百個不爽，但再怎樣也輪不到外人發飆。唯一有立場做這件事的，只有她男友。反之，此時如果男友鎮不住女友，不僅讓她繼續破壞每個人興致，還變本加厲摔男友手機發神經吵鬧（我直播舉過這例子），我相信在場的人除了驚恐，更多的情緒會是對這男人的鄙視，滿滿的鄙視。

你女友怎麼教的？竟然放任她在朋友面前發神經？此時每個人的心裡都會有這樣的疑問，但絕不會有人主動告訴你。這就是非常典型的最佳範例：跟女人的互動不ＯＫ導致失去朋友尊重，甚至被鄙視。順道一說，我相信每個紅藥丸覺醒的朋友絕對無法對馬子狗男人心懷敬意。

但就算是這樣，除非她摔的是你的手機（千萬別低估公主病的威力），否則其他人還是沒有立場跳出來說話。再一次強調，唯一有資格做這件事的，只有當事人的男友。如果你還願意跟這男人當朋友，最多私下跟他講，否則就是心懷鄙視平淡處之，之後慢慢遠離。會放任女人作亂而毀掉自己社交名聲的男人，絕對成不了大器。

但對我們這些外人而言，能夠認知到立場差異而控制住自己的情緒，就算是合格了。

就實際狀況來說，身為市井小民的我們倒不需要高ＥＱ的虛名，反正又不用上媒體說話，更不需要假清高，誰惹我們不爽，隨時可以有「匹夫見辱，拔劍而起」的痛快。但政治人物可就不能這樣了，並不是每個人都有「我這人說話就是這樣」的厚臉皮，絕大多數會在意自己的形象，有著高ＥＱ的面具還是非常重要。

然而，展現高ＥＱ的氣度，不代表要輕輕放下各種抹黑攻擊。你的政敵沒在管這些的，他們不講武德，更不講道理。只要立場相左、意識型態衝突，更重要的是從你的倒臺獲得極大利益，對方必往死裡打，不在意你的政治生命，就算家破人亡也不干他的事。這也是我之前一直強調君子跟小人的差異，也是君子難以跟小人抗衡的根本原因。小人沒有世間道德的枷鎖，出手毫無顧忌兼之沒有下限，讓人防不勝防。而君子往往要顧及面子，時不時還得展現清高樣貌，但這一切看似高ＥＱ的面具，卻在跟小人互鬥時成為最綁手綁腳的束縛。

更悲劇的是，你會因為媒體和群眾稱讚「高ＥＱ」而自爽，認為自己做了正確的事，卻忘記政敵不會跟你客氣，這次失敗了絕對還有下次，唯一的根本解法只有扳倒他讓事情落幕。

展現幽默又不失風範的高ＥＱ回應當然值得稱許，但這畢竟只能算是防守，要打敗敵人還是得靠進攻。

剛好最近臺灣政壇有許多紛擾，可作為權謀教材的借鏡。我常看到很多指著對方鼻子罵網軍側翼的，心裡覺得奇怪，因為科技進步，戰場已從機槍大砲轉成輿論風向的民眾認知，養網軍本是天經地義，今天卻變成十惡不赦的帽子扣到自己頭上？啊不就是個全新軍種，跟老美的太空軍是一樣道理。後來才知道，**那些指著對方鼻子大罵養網軍側翼的，本身就是接受龐大金援供養的網軍**。之所以貼人家網軍標籤，正是希望透過各種道德指控去減少對方成立網軍的意願，標籤這東西本來就是先貼先贏。如此便能遂行自身目的，將戰場轉成只有自己有網軍的絕對輿論優勢。這是非常標準的左派鬥爭手法，千萬不要跳他們的坑。

再說，如果你真的必須嚴守自身高ＥＱ的形象，那就把反擊對方的骯髒活交給底下網軍來做吧，養養側翼沒事發射炮火掩護自己。我前面就說過，左派是非常有系統地在顛覆現存人類的價值體系，網軍在認知戰層級的各種洗腦僅是其中一部分而已。要對付這種對手，只有養網軍，用戰爭動員的規格，以其人之道還治其人之身。人家把你當成戰場上的對手，已經磨刀霍霍準備好飛機大砲要伺候你，當然也要用相同手段回敬他，別跟他客氣。

笑著用高ＥＱ的幽默話語回應對方的抹黑，轉過身去再冷靜下令網軍傾巢而出下手回擊，右派需要這種心狠手辣的大阿法，才治得住現今左派的各種陰狠。

第六章

縱橫捭闔：人際關係的拿捏

Chapter 6

6—1 派系智慧與政治力低下的悲劇——藍玉

政治力低下的名將何其多，翻遍中國歷史，隨手一抓都是不諳權謀的傻蛋，能留全屍已經不容易，深懂「狡兔死，走狗烹」是罕見少數，能善終的更是鳳毛麟角。之所以選擇藍玉，實在是因為藍玉的狀況更加複雜，他不僅本身有巨大的性格缺陷，該犯的錯沒有少過，當時政治背景的複雜程度還涉及朱元璋對整個大明帝國的布局。也就是說，拿藍玉當題材，比較具有教育意義與啟發價值。

藍玉，明初神將。以軍事才能來說，我認為他跟常遇春、徐達屬於同個等級，放到任何朝代都是國家棟梁。《明史》稱他「臨敵勇敢，所向皆捷」，又說他「饒勇略，有大將才」。藍玉主要負責掃清北元，也就是元朝蒙古人被朱元璋趕到北方後的殘餘勢力，其戰績與成長過程大致如下：

練兵時期：一三七一年，跟隨傅友德進攻四川。一三七二年跟隨大將軍徐達征討北元。

見習時期：一三八一年以征南左將軍身分跟隨傅友德進攻雲南。

成　熟　期：一三八七年，以右副將軍身分，與左副將軍傅友德跟隨大將軍馮勝北征遼東。北元名臣哈納出（這個名字記一下）投降。

獨當一面期：一三八八年，官拜大將軍，領十五萬兵馬征討北元。朱元璋稱其為漢之衛青、唐之李靖。

建功立業期：一三九二年，掃平北元餘孽，因此達到官場生涯頂峰，被封為太子太傅，也就是太子的老師之一。

這就是藍玉的成長過程，簡直是漫畫主角的軌跡，從小咖到大咖，從將軍身邊跑腿的見習生到統領千軍萬馬的大將軍。或許藍玉有著軍事天賦，但可不是什麼開外掛的超強天才，而是一步步從基層幹起，慢慢爬上人生頂峰，這才是一般人該有的成長過程。

細心的讀者朋友應該會注意到，或許藍玉不是直接空降軍事要職，但憑什麼獲得這麼多跟名將學習的機會？徐達耶，跟在徐達身邊近距離觀摩學習，很像你直接跟在郭董旁邊貼身學習一樣。藍玉何德何能有這待遇？答案是，藍玉的姊姊是名將常遇春（徐達的好同事）的老婆，而常遇春的女兒則嫁給太子朱標，變成朱元璋的兒媳婦。也就是說，藍玉的外甥女是東宮太子朱標的老婆，藍玉根本是朱標的嫡系人馬，再一次印證「有關係就沒關係」這句名言。

當然，藍玉本身也夠爭氣，階級和裙帶關係給了他學習機會，他也能抓住每一次機會，一點一滴靠實力往上爬，用雙手而不是靠裙帶關係，打出屬於自己的政治籌碼與戰績。這一切朱元璋都看在眼裡，放手讓他成長，作為將來輔助太子朱標的一大重臣。這也可以解釋為什麼朱元璋最後封他為太子太傅，正是要他好好輔佐太子。

然而，藍玉雖然軍事能力超強，戰場上的判斷無人能及，有著海賊王魯夫般的戰鬥直覺，但人際關係的敏銳度卻幾近於零（這也很魯夫）：

1. 跟哈納出吵架

前面提到，藍玉有場仗把蒙古人打得哭爸叫母，讓他們的將領哈納出直接投降。但在歸降過程中卻發生了一段插曲：

本來哈納出滿懷誠意向藍玉投降，雙方坐下來喝酒，準備接收對方的兵馬物資。酒席之間，藍玉不知是故意還是無知，脫下身上戰袍要哈納出穿上，這對蒙古人來說是件極盡侮辱的舉動。哈納出心裡有百般不快，但礙於情面沒有爆發，只給藍玉軟釘子碰，拒絕他的袍子。這麼一來換藍玉不爽了，我他媽給你面子要你穿上我的衣服，你居然敢不接受？於是雙方為了這點小事大打出手，最後歸降破局，明軍又花了一番工夫才重新收服蒙古人。

說到底，這只是文化不同的問題。藍玉只要長眼一點，忍一忍把歸降流程走完，功勞也就到手。但他畢竟是個粗人，看見對方來降，不免心生跋扈，鄙視之情溢於言表。身為主將接受對方歸降，已經是大功一件，更該好好保護戰果，把戲演完就是了，何必給人難看。

事後朱元璋得知此事，或許是盼著藍玉能自己領略大局的重要，並沒有追究，但如此一來卻助長藍玉的氣燄，讓他更加跋扈。

2. 逼姦元朝妃子

一三八八年藍玉初領大將軍兵符的一仗打趴北元主力部隊，在凱旋過程中，他做了勝利者不該做的事：逼姦元朝妃子。不是啊藍玉，你要麼就阿法一點，讓女人自己撲上來，相信外人就算知道了也會睜一隻眼閉一隻眼，搞到用權勢炮逼姦根本大家難看。對征服者來說，首要任務是收服民心，對俘虜、百姓秋毫無犯才能增加對手的投降誘因，要是北元百姓看到自家女人被如此對待，日後不跟你拚命才怪。

同樣是造反出身的朱元璋，起兵以來也是舉著秋毫無犯的大義，才能在推翻元朝過程中迅速籠絡民心。他當然知道藍玉此舉會造成什麼後果，也因此，原本打算封給藍玉的「梁國公」，在最後一刻改成「涼國公」，用政治舉動明升暗貶。

前提是藍玉能懂。

3. 公然對朱元璋叫板，只是他自己完全不知道

有次藍玉遠征歸國，路經喜峰關，而守門將領還在跑入關流程。藍玉心想：老子明明凱旋而歸，你這守門將領沒有出來跪拜迎接也就算了，還跑什麼入關流程？一個心裡不爽，直接縱兵攻打入關。對，帶兵攻打自己明朝的關口。這種事放到現代文明社會，正常人都會覺

得藍玉你腦子有洞嗎？別說權力執迷的朱元璋了，沒有一個智力正常的上級領導可以忍耐這種事。

再者，藍玉後來被受封為太子太傅，理該叩謝皇恩，對個土炮將軍來說，能當到太子老師已是位極人臣，掌握文武半邊天了。但想不到藍玉依舊不滿，覬覦比太傅更高一等的太師職位（太師、太傅、太保，合稱太子三師，太師是最高級），脫口喊出「我不堪太師耶」（難道我沒資格當太師）這種任何一個上級聽了都會極度不爽的鳥話。

除了這些以外，藍玉多次在軍中安插自己親信，甚至霸占地方土地，還搞私鹽販賣，一副劃地為王的軍閥模樣，在大阿法朱元璋面前都是謀反前奏。上述的斑斑劣跡也在錦衣衛監控中，成為落人口實的把柄。

藍玉的生死抉擇

即使藍玉幹過這麼多蠢事，但我並不認為他有心謀反，他自始至終都是站在太子朱標這邊。這當然跟他們的姻親關係有關（別忘了藍玉外甥女可是朱標的老婆），再加上藍玉長年跟朱標混在一起，兩人感情深厚。藍玉還曾提醒朱標要提防弟弟燕王朱棣：「臣觀燕王在國，舉動行止，與皇帝無異。又聞望氣者言，燕有天子氣，願殿下先事預防，審慎一二。」這話一出口，無疑得罪燕王朱棣。但反正藍玉腦袋也想不到這層，就心機程度大概只有曹操身邊的許褚能與之相比，忠心誠度也差不多，可說是太子朱標的心腹、鐵桿好兄弟。要說藍玉謀反，就這狀況來看絕無可能。

這麼看來，藍玉之所以還縱兵毀喜封關、在軍中安插自己親信、販賣私鹽，幹這些會讓人以為謀反的蠢事，都只是因為他蠢而已。沒錯，就是這麼瞎的理由。藍玉的武人性格，配上其軍事才華，只會讓他更加不可一世：連皇帝老子都要靠我打天下，我賺點小錢又如何，這是我應得的嘛，皇上會挺我的。

再說，從朱元璋封他為太傅這官職來看，也可以推測朱元璋有意將藍玉跟朱標送作堆。換言之，藍玉是朱元璋有意安插在朱標身邊的棟梁之臣，是用來輔佐朱標的。而朱標的才華、性格、親戚關係也足以鎮住藍玉，這一切都是朱元璋為了接班人的布局。

「為了自己的大明江山著想，你就忍一忍藍玉那白目吧！」朱元璋在深夜靜思時一定常告訴自己這番話。朱元璋對待功臣的態度有一定模式，只要發現接班人朱標駕馭得了功臣，這功臣暫能保住性命，甚至睜一隻眼閉一隻眼，對藍玉的種種劣行全部吞下去。

但即使朱元璋如此看似深謀遠慮的布局，我還是認為他把人性想簡單了。就算此時藍玉沒有謀反之心，朱標的能力也足以鎮住藍玉，但難保藍玉在囂張跋扈的過程中不會出現想取而代之的狼子野心，又有誰能保證朱標能永遠鎮住藍玉。再者，朱元璋對親戚關係過於信任，他可以殺功臣，但卻一廂情願認為只要有血緣或親屬關係，這人會一輩子對自己忠誠。他絕對料想不到四子朱棣會起兵「清君側」，把孫子朱允炆的王位篡掉。

不過，反正藍玉也沒活到這時候，這些想法無從驗證，整個政局都在朱標因病早逝之後發生劇烈變化。當然啦，以藍玉的人際關係敏銳度，絕對聞不出政治氛圍的變化。他自始至終無法明白，自己能活到現在全是因為太子朱標罩著。太子一死，整個嫡系人馬跟著土崩瓦解，聰明一點的都知道要跳船逃生了。

在一般的奪嫡情境裡，派系頭子掛掉，底下人馬第一個要防的是敵對派系的清算。當時朱標雖沒有明顯政敵，可藍玉要面對的卻是比朱標政敵更可怕的大魔王——朱元璋。事實上，朱標的早逝完全打亂朱元璋的布局，朱元璋的悲痛有部分是來自父子情感與對朱標才華的惋惜，但也有一部分是來自帝國江山布局被打亂的不爽。原本留給朱標的一群功臣，現在統統變成麻煩人物了。而首當其衝的就是藍玉。瞄一眼接下來的儲君朱允炆，前面也說過朱允炆的性格比較柔弱，絕對拿藍玉這種虎將沒轍。為了日後大明江山的穩定，沒辦法，只好殺吧。

朱標在一三九二年過世，隔年的一三九三年，朱元璋馬上大興「藍玉案」，說他在府裡私藏近萬把倭刀（日本武士刀），多年來掌握的情報於此時變成點燃謀反大罪的火藥，誅藍玉三族，牽連一萬五千多人。

讀到這段歷史，其實我常在想，藍玉如果有個謀士給他建議，下場或許不致如此。你看韓信至少有個蒯通建議他擁兵自立，雖說是韓信無法下決定導致自己滅亡，但還有點機會可以靠人和逆轉。而藍玉完全沒這類角色幫他。但話又說回來，以藍玉這種個性，注定無法吸引到有識之士投靠陣營，就算有謀士給建議，說不定還會被藍玉痛揍一頓。

朱標的死讓藍玉失天時，政治敏銳度零蛋讓他失地利，而跋扈性格讓他失人和。藍玉之死實在怨不得人。

6-2 忘記搞派系的寵臣——吳起與商鞅

吳起，春秋戰國時期衛國人，履歷上待過魯國、魏國、楚國。在魯國幫助他們打敗齊國。在魏國幫助他們國力翻倍打敗秦國，著名的特種部隊「魏武卒」也是由吳起創立的。最後來到楚國，打算如法炮製前兩國的經驗來個「吳起變法」，無奈損及楚國貴族利益，最後被亂箭射死，死後不得全屍，被處車裂之刑（一般人的理解是五馬分屍，但後世考證應該是用兵器肢解屍體）。我猜大家第一次聽到吳起這名號，應該是國中課文白居易〈慈烏夜啼〉裡那句「昔有吳起者，母歿喪不臨」，在儒家教條下，吳起被扣上不孝大帽。但不可否認的，他不僅是軍神等級的軍事家，同時精通儒家、法家、兵家，是具備改革之能的政治家，堪稱文武全才的神人。

商鞅，戰國時期衛國人，履歷上待過魏國和秦國。在魏國不受重用，輾轉來到秦孝公頒布求賢令的秦國，大興著名的「商鞅變法」，讓秦國實力翻倍再翻倍，定下日後滅六國的堅實基礎。商鞅在軍事上也有不錯成就，帶領變法後的秦國軍隊打敗世仇魏國（你不重用我就打趴你）。但也因為變法得罪太多秦國貴族，最後為求生存而起兵，卻失敗被殺，同樣不被留全屍，死後被處以車裂之刑。大家第一次聽到商鞅大名，應該同樣是國中課本裡「徙木立信」的故事，商鞅用重金懸賞百姓搬木頭，以此證明法令是玩真的，變法才得以成功。

春秋戰國時期的貴族有個特色，不像後代官員分什麼文官武將搞得涇渭分明，大多數都像大谷翔平這類二刀流，平時讀書舞文弄墨，敵國來犯時還得披上盔甲帶兵出戰，只要國家需要，要他們幹麼都能勝任，真的很大谷翔平。

吳起和商鞅，這兩人大約相差一個世代，但成長、發跡過程卻高度相似，連死因和死法都差不多，這也是我將這兩人放在一起的原因。事實上，根據商鞅變法的種種軌跡來看，商鞅本人應該是吳起的粉絲，不僅繼承其變法精神，連死因死法都一併繼承。吳起九泉之下若知道自己有傳人如此，應該足感欣慰。

能力強但權謀不行的天才

毋庸置疑，這兩個人都有經天緯地之才。吳起當年在魏國變法成功打敗強敵秦國，國內聲勢達到頂峰，卻也因為不擅權謀被政敵搞倒，老闆魏武侯聽信讒言打算鏟除功高震主的吳起，無奈之下只好離開魏國，臨去時似有深意哭著說：「君知我而使我畢能，西河可以王。今君聽讒人之議而不知我，西河之為秦取不久矣，魏從此削矣。」意思是說，只要老闆能信任我讓我奉獻心力，那麼我可以幫助魏國成就霸業，但今天卻聽信小人之言而不再重用我，離被秦國打敗的日子也不遠了，魏國將從此削弱。由此可知，吳起對自己的實力非常有信心。事實上綜觀吳起的軍旅生涯，沒贏的戰役在史書上也以和局作收，基本上沒輸過，堪稱不敗軍神。

而他的預言也在多年後成真，實現這預言的，正是他的傳人商鞅。

至於商鞅，連他死後秦國也沒有因此廢除他所實行的變法，一切照舊讓國力繼續成長。而吳起和商鞅之所以被人捅刀，並不是才華問題，單純只是太顧人怨。

很多年輕人常覺得，只要自己有才華、老闆願意挺我，自然可以為所欲為，不屌其他同事，也不參與派系鬥爭爭奪權力，只要緊抱大阿法大腿，天塌下來也有大阿法罩著，誰奈我何。吳起和商鞅的故事足以打臉這種天真想法。他們自始至終也是抱持如此思維，下場卻是非常淒慘。

他們兩個為了抱大阿法大腿做到什麼程度呢？吳起的第一份工作是在魯國當將軍，為了取得當時國君魯穆公的信任，必須先爭取到指標性工作——迎戰來犯的齊國，同時取得勝利，才能坐穩在魯國的官位。然而，吳起的老婆是齊國人，魯穆公對此放不下心，認為吳起可能因此心軟，甚至通敵，所以遲遲不肯把兵符交給他。吳起為表心跡（你也可以說為求功名利祿），立刻殺掉老婆以示忠誠，順利獲得這份工作。這事發生在「母歿喪不臨」之後，只是不知為啥後人不太提起就是了。

表面上看起來吳起很忠心，他卻沒有想到這種以表心跡的行為會引起禍患。日後他的政敵只要緊抓這點，對魯穆公說「你看吳起為了求官連妻子都殺，還有什麼幹不出來的」，我敢說魯穆公十之八九會動搖而心生殺意。後來的政局發展也的確如上所說。短視的吳起為了抱大阿法大腿，肯定沒把齊桓公和易牙的故事記在心裡。

至於商鞅，在求官時期則無所不用其極跟未來主子秦孝公打好關係。透過秦孝公寵臣宦官景監的引見，秦孝公三次面試商鞅，商鞅則不斷調整說詞，從最高大上的帝道被打槍，慢慢調整成王道，最後在效果迅速但持續力不強的霸道終於獲得秦孝公首肯，順利入主秦國，開啟秦國變法的盛世。

真正的昏著

就權謀操作技術來看，吳起和商鞅緊抱大阿法大腿是沒錯的。我前面也多次強調，當你有專業能力之類的種種價值，下一步該做的正是想盡辦法獲得大阿法的社交認證。有了兵符，才有資格當個經世濟民的好官。一開始，吳起和商鞅緊抱大阿法大腿，而秦孝公和楚悼王（吳起第三份工作是在楚國變法，楚悼王是他的大阿法）也的確賞識他們，該給的福利與權柄從沒少過。我也不認為商鞅和吳起有謀反之心，他們在職期間，就行為表現來看的確忠心耿耿為國為民，所定國策長期來看對國家與大阿法都是好的，這也是大阿法如此挺他們的原因。

然而，長期來看對國家好，但短期內勢必影響到國內貴族的利益。其變法內容也有幾條是針對這群既得利益者，逼他們把扣在手上的好處吐出來交還給國家，擋人財路如殺人父母，這群貴族一定無所不用其極想殺掉商鞅和吳起。當然，只要大阿法還在，這些貴族基本上拿兩人沒辦法，只能憤憤地任憑宰割，無力地把利益交出去以成全「富國強兵」之道，順便爽到大阿法。但他們並沒有放棄，也絕不會放棄。他們在等最後反撲機會，待時機成熟，再出手宰掉討人厭的商鞅吳起洩憤。

這個機會很快就到來——只要罩著他們的大阿法一死，也就沒人鎮得住這群貴族。吳起商鞅原本呼風喚雨的二把手職位，也隨著大阿法秦孝公與楚悼王的駕崩，瞬間急轉直下，危如累卵。他們最大的昏著，是沒有好好利用大阿法給予的社交認證，努力拉攏派系，培育嫡系人馬。自古長命百歲的奸臣（別懷疑，奸臣往往活得比忠臣久）全都深諳此道，利用權位拉黨結派、剷除異己，不斷壯大嫡系人馬勢力。即使大阿法掛掉，朝中勢力已然根深柢固，反對勢力大多不構成威脅。要鏟除這種具有深厚派系背景的重臣，往往需要更大的嫡系力量，以及更漂亮的權謀手腕。

但我猜大家應該會問：媽的奧客你這樣很矛盾欸，不結黨活不下去，但你之前又說結黨會功高震主引來殺機，到底是要我們怎麼辦？

你現在知道權謀戰場的麻煩了吧，很多事不是一翻兩瞪眼，而是必須在鋼索上拿捏「剛剛好」的界線。這又取決於大阿法的能力、他需要你的程度、拉攏派系的手法（是不是做得太過分太明顯），變數很多。事實上，能善終的忠臣大多在這灰色地帶遊走，即使本身不結黨，也不斷主動向大阿法釋疑，但因為人品好有魅力，在朝中人緣好而有一票同事相挺，照這定義也是在結黨啊，只是結得比較漂亮罷了。

一個人打不過反對勢力，但一群人的話，機率總是高上許多。所以啦，吳起和商鞅拿到大阿法所授予的權柄後，該做的事如下：

1. 拉攏人才

在變法過程中，如果發現能力好的官員，要想盡辦法收入旗下成為嫡系人馬，同時根據他們的人格特質，先行思考未來要放到哪個職位。廉潔好人當然可以放到高大上的位置；陰損小人也不見得一無是處，有些骯髒活總得有人做，養養側翼或網軍還是必要的。

2. 破壞利益平衡

這些既得利益者已經在朝中形成一股穩固勢力，怎麼撈錢、蒙蔽上級等勾當，照理說變成一套上下游產業鏈，正面挑戰會遭到強大反撲，實屬不智。所以要從小地方做起，用利益當誘餌一步步挖其牆腳，製造內部矛盾。大的不行抓小的，小的不行就抓打雜的。無論如何，一定要在對手派系內部的重要職位安插自己人馬，錢將是最好的武器。待時機成熟，便可藉機生事，將對手棋子一點一滴拔掉。

3. 獲得情報

一旦自家派系勢力增長，不需要養錦衣衛這類特務組織，也會有自告奮勇的線民主動提供反對勢力情報，作為洞燭機先的籌碼。要戰要逃還是派人暗殺，都可以事先沙盤推演。

「及悼王死，宗室大臣作亂而攻吳起，吳起走之王屍而伏之。擊起之徒因射刺吳起，並中悼王。悼王既葬，太子立，乃使令尹盡誅射吳起而並中王屍者。坐射起而夷宗死者七十餘家。」

《史記》這段記載足以見得吳起之倉促，面對楚國貴族起兵政變完全無法應對。最後只能選擇玉石俱焚，跑到楚悼王下葬處讓箭也射在遺體上，死後反將貴族一軍，栽他們個「毀損先王遺體」大罪。雖然夠聰明陰毒，代價卻是自己的生命。

至於商鞅的情況則好一點。有位叫趙良的主動暗示商鞅目前的困境：

「君之出也，後車十數，從車載甲，多力而駢脅者為驂乘，持矛而操闟戟者旁車而趨。此一物不具，君固不出。書曰：『恃德者昌，恃力者亡。』君之危若朝露，尚將欲

延年益壽乎？」

這段話意思是，閣下你出門必定重兵持刀攜甲戒護，否則不敢出門。處境正如早上的露水一樣危在旦夕，實在難以安享天年。然而商鞅並不把這唯一轉機當一回事。照理說，如果想善終，商鞅只能選擇辭官回鄉種田，避開政治風暴。但戀棧權力的結果，最後下場跟吳起差不多。

大體來說，吳起商鞅的狀況是每個空降CEO都會面對的問題。被董事會高薪聘請直接掌權，但是孤家寡人一個，沒有任何政治資本，改革也勢必動到既有派系的奶酪，要安穩改革並從零開始打造自己的嫡系人馬，難度實在是非常高。

6—3 漂亮的跳槽——張遼

張遼，字文遠，曹操手下五子良將之首，在歷代三國遊戲裡武力和統率都在九十以上，香港漫畫家陳某的《火鳳燎原》也給予極高評價。歷史上張遼鎮守合肥，以寡擊眾擋住孫權率領的大軍，還差點生擒孫權。《三國演義》裡張遼威震逍遙津的情節便是以此為藍本所寫，連小孩半夜哭鬧都可以拿張遼名號叫他閉嘴。在曹操陣營中，張遼算是可以跟劉備的關羽張飛擺在一起爭鋒的名將。

然而，張遼職業生涯卻徹徹底底是個降將，任職單位總數甚至比呂布更誇張。呂布最多就被稱作三姓家奴，但張遼可是歷任丁原、何進、董卓、呂布，最後定調在曹操陣營，一共五個老闆，在曹丕時期病死。不知道你有沒有注意到，我是用「降將」而不是「背骨仔」形容張遼，雖然曹操是張遼第五個老闆，但張遼跳槽的意義可是跟呂布的賣主求榮大為不同。

張遼祖上本姓聶，家族為了避禍而改姓張。最早因為武力過人在丁原底下做事，被丁原派去赴京協助大將軍何進。後來被何進派去募兵，回來時發現何進被人幹掉，京師被董卓掌控，無奈之下只好帶著剛募好的兵投靠董卓。之後董卓被呂布宰掉，於是投靠呂布。呂布後來又被曹操宰掉，最後才在曹操身邊屢建功勳，成為五子良將之首。發現了嗎？張遼的每一次跳槽都有著不得不的無奈。你也可以說他挺倒楣的，投靠的主子都以失敗作收。換到現代，大概是不少年輕朋友到新創公司任職的心聲，還來不及做點大案子替自己在業界樹立名聲，不到三年公司就抵不住市場衝擊而收了起來，空有一身才華也沒屁用。

即使衰運至此，張遼始終沒有幹出賣主求榮的事，歷任老闆都敗於自身決策失誤，跟他沒有關係。再說，大小戰役都看得到他的身影，其武勇也在戰場上表露無遺，依舊盡心盡力向老闆貢獻價值。也因為這樣，董卓敢用他，呂布敢用他，乃至多疑如曹操也敢用他。曹操的知人善任已是歷史聞名，自不在話下。但董卓和呂布願意用他，意義可是跟曹操不太一樣。

我認為，董卓和呂布在張遼身上看到了跟自己截然不同的武將類型。眾所皆知，這對義父子是當時有名的背骨仔，都是靠出賣主子上位。我敢打賭，就算要他們出賣親生父母換取榮華富貴，他們也幹得出來。然而，雖然張遼跟的每個主子都倒臺，他身上卻看不到背叛主子的鷹眼狼顧（面相裡形容城府極深的人，相傳司馬懿便擁有此相貌），有的是對命運的無奈與在職涯屢戰屢敗的心酸。

「媽的，怎麼我跟的主子都這麼廢啊！」遇到曹操之前，張遼一定常這樣暗地裡問自己。

在儒教的價值體系下，歷經五位老闆的張遼實在很難變成忠義的代名詞，最多就是在合肥大殺孫權「威震逍遙津」的武勇為後人所稱道。沒辦法，同時期有個過五關斬六將又千里尋兄的關羽擋著，要說忠義張遼還真排不上榜。再者，忠不忠義也只有自己知道，說不定他另懷鬼胎，只是很會演又剛好演一輩子罷了。

但無論如何，我們都必須承認張遼很聰明。在他眼中，自己就是大阿法的工具，為成就主公霸業而任憑其使喚。我以前玩《真・三國無雙》時，印象中張遼的勝利臺詞好像是要成為替曹操劈開一切障礙的兵刃。可能是張遼的作為很符合日本人在職場的表現，所以才能從《三國演義》或正史《三國志》讀出箇中滋味。

至於張遼為什麼會一直跟在曹操身邊，答案很簡單：因為曹操夠強大，夠爭氣啊。張遼這種性格的武將，倒是很一反常態沒有武人性格的囂張跋扈，也因為這點內斂，他多了一般武將最缺乏的武器「腦袋」。張遼的職業生涯都在打安全牌。在未得主公信任之前，他會先花點時間觀察老闆的用人模式，盡量配合成為團隊裡不可或缺的一員，而不是想辦法異軍突起，成為另一個山大王。光這一點，不論誰是老闆，都會很讚許這類行為。

同時，張遼從沒想過歸零自己的老闆。但我認為這並不是像典韋許褚這樣的愚忠，而是張遼始終在替下一份工作做準備。縱使勇武過人，也有著一定程度的謀略，但他深知自己資源籌碼的極限，要自立門戶不容易，最好的選擇還是乖乖替人打工，有薪水領、有官做、餓不死比較實在。而要成為一條深受主人信任的狗，好名聲可是非常重要。聰明的狗都知道不能亂咬主人，如果有過亂咬主人的紀錄，被棄養後可很難再次被人認養。剛好曹操夠強大，放眼當世還真沒哪個人的謀略與勢力比得上他。不論主觀還客觀，曹操都鎮得住張遼。就算張遼有著下一份工作的盤算，這想法也只能永藏心底。

但即使如此，我認為曹操還是沒有完全信任張遼。理由？因為他是降將，降將要成為接近權力核心的嫡系人馬不是不行，但難度大概只比登天要簡單一點。真的只有一點。

曹操的盤算

呂布兵敗後，曹操受其武勇迷惑差點引狼入室，還好劉備在一旁趁機捅呂布一刀才讓曹操免除後續麻煩。而張遼也因為呂布的兵敗投入曹操陣營，成為五子良將中最強的一員，許多場大戰役處處看得到其身影。然而你會發現，曹操始終沒有重用過張遼。

我對「重用」的定義很簡單：讓其獨當大任，看是統領大軍或是守著重要命脈都算。劉備讓關羽守荊州，曹操讓夏侯淵守漢中，都是將戰略要地給最信任的大將去守。要知道，這些戰略要地的將領一旦反叛，不是直接帶著兵馬自立為王，就是帶著土地歸順敵方陣營，土地、兵馬、人才，三個願望一次幫敵人達成，直接從你身上割一塊肉，所以非心腹大將不足以擔其重任。

張遼至曹操陣營後從未擔當此類角色。就其勇略來看，領兵才華甚至高過日後兵敗定軍山被黃忠斬掉的夏侯淵，但自始至終都不是嫡系人馬，而是跳槽過來的降將。所以張遼在曹操陣營的生涯大多是隨軍作戰。要麼當別人副將，要麼曹操另外派一人跟他分權力互相制衡，絕不讓他單獨統領兵馬。駕御軍師跟武將的方法可不一樣，軍師參謀這類職位再高，最多也是薪水變多、頭銜變屌，只要不給他們執行任務，讓其在大阿法身旁只出張嘴不幹事，也就沒有獲得實權的機會，倒不用擔心被軍師歸零。但武將可不同，兵符扣在手上，將在外君命有所不受，實實在在握有權力，要叛變窩裡反基本上拿他沒轍，不能不防。

另一位降將也有著跟張遼一樣的待遇，就是大名鼎鼎、同樣列位五子良將的張郃。張郃在官渡之戰中被誣陷，出於無奈只好從袁紹陣營投靠曹操陣營，符合之前所講的降將定義，並非賣主求榮，所以曹操願意用他。但張郃也從未獨當一面，大多在夏侯淵、曹真、司馬懿手下擔任聽候差遣的棋子。曹操可是詳細閱讀過降將使用說明書，非常清楚底限在哪。

補充一點：曹操之所以大方接受張郃投降，一方面當然是張郃並非賣主求榮的鼠輩，能力也堪當大任（但忠誠就不敢放心了）；另一方面，也是要做給袁紹陣營的其他將領看，讓他們知道：凡是投靠過來的降將，我曹孟德都會給他良好的待遇，放心過來投靠就是。一言以蔽之乃是為了統戰需要。

再說回張遼。張遼軍旅生涯初期代表作，是西元二〇九年掃平天柱山叛軍一役。當時天柱山地勢險要、道路狹窄，眾將皆認為不可強攻，只能兩軍對峙靜待時機。但張遼力排眾議，率奇兵突擊成功。這套路很可能是魏延進軍子午谷的現實版。有趣的是，張遼跟魏延雖有著一樣的待遇，但真實狀況可不同。按照我這本書的定義，跟張遼相比，魏延可是歸零前老闆長沙太守韓玄的背骨仔。所以，張遼有曹操看著，魏延也被諸葛村夫盯著看。曹操在這場戰役中雖沒有像孔明一樣直接坐鎮，但派兵時已將張郃跟張遼編成一組，讓兩個降將彼此制衡，非常漂亮的御下之計。

制衡並善用，但絕不讓其掌權，是曹操駕馭張遼的基本策略。再說到張遼成就不世功勳的合肥之戰，當時孫權率領大軍來犯，曹操派出李典、樂進、張遼三人共同禦敵。你會以為曹操精銳盡出，五子良將就派了張遼和樂進兩人，但在史書已明確記載，張遼跟李典、樂進兩人相處其實不甚愉快。再者，李典、樂進都是曹操草創時期便跟著打天下的嫡系人馬，地位堪比劉備手下關張二人（地位而已啦，素質差很遠我知道），雖然張遼的武勇與謀略高過兩人一個檔次以上，但又再一次印證「有關係就沒關係」這句名言。曹操派這三人守合肥，很明顯是要藉由樂進和李典的嫡系力量，一方面制衡張遼，一方面又藉其武勇禦敵。

我猜，聰明的張遼接到這份人事命令，早就看出曹操的想法，除了嘆一口氣，更多的是鼻子摸摸、苦笑個兩聲，繼續當他一直以來擅長扮演的好員工。即使曹操下令立即出擊，樂進和李典卻對此有意見。但在張遼的堅持下，大家放下歧見共同禦敵，他因此身先士卒，創下以少勝多的逍遙津神話。即使明知曹操對自己放心不下，依舊盡本分為大阿法效忠。

只要曹操還活著，張遼的成就大概就是這樣了。但說不定他本人在不斷換老闆的過程中早已明白自己職涯的極限。再怎麼說，曹操雖然提防張遼，沒有讓他進到參與決策的權力核心，更沒有將命脈交到他手上，但該給的好處沒有少過，官位、對家族的照顧、公開讚許，無論張遼的政治敏感度如何，又或者明白一切但實在沒什麼奪權野心，我相信他都會很滿足的。

6—4 超越孔明的奇才——荀彧

受《三國演義》影響，大家往往把孔明視為天下第一謀士。而說到曹操陣營，拜漫畫《火鳳燎原》之賜，一般人想到的也是鬼謀奇才郭嘉。至於我們要談到的主角荀彧（ㄩˋ），恐怕不少年輕朋友對其名號感到陌生，就連討論三國的網路論壇裡也常有人將名字唸成「荀或」，足見大家對他有多不熟悉。

然而，正如標題所說，在我看來，荀彧才是超越孔明的三國第一奇才。他在曹操陣營初期的出謀劃策，日後來看處處可收安邦定國之效。孔明的《隆中對》雖然堪稱整個三國戰略裡的一絕，但就贏在有著「隆中對」這高大上的名字，以致荀彧的戰略規畫常被後人淡忘，真可謂善戰者無智名無勇功也。就戰略思維、局勢洞察，我認為荀彧跟孔明相比可說有過之而無不及，甚至就人性的深刻理解來說更是超越孔明，可與三國第一毒士賈詡比擬。

而荀彧與曹操這對主僕的互動，也值得我們細細品味其中智慧。

偉哉荀彧

荀彧，字文若。曹操稱其為「吾之子房」，因為兼任尚書令，後人也尊稱他為「荀令君」。歷代凡是被君王賜予「吾之子房」稱號的，絕對稱得上超一流頂級謀士。但即使如此，在大多數熟悉《三國演義》的朋友眼中，荀彧只被當作替曹操搞搞後勤、讓前線兵馬不缺糧草的行政人員。連電玩《真・三國無雙》系列也一直到第七代才讓荀彧登場，在這之前都是大眾臉的雜兵武將。別忘了，他可是有「王佐之才」稱號的男人。

荀彧的經天緯地之才，或許跟其家學淵源有關。祖父荀淑在東漢時期已是學術名家，叔父荀爽更是名震一時的學術宗師，在易學上獨樹一格，被後人稱為「荀氏易學」。在這樣的成長背景下，荀彧的博學多才自不在話下，連姪兒荀攸在三國遊戲裡也是智力動輒九十以上的猛角色，而且同樣是曹操陣營的重要謀士。

事實上，整個荀家在當時可是非常有威望。東漢末年乃至三國時期，世家是聯繫民間與貴族之間非常有力的單位，一般平民百姓都以世家動向馬首是瞻，也因此上層貴族大多不敢得罪地方世家，能結交絕對想辦法結交，其地位堪比現在的網路意見領袖（俗稱ＫＯＬ）。只要有名望的世家願意相挺，對諸侯而言除了收割名聲，也有源源不絕的錢糧，可說是名利兼備的提款機。

所以當初荀彧投靠曹操，曹操大喜過望。一來荀彧之才華聲名遠播，二來重用荀彧等於結交荀家，平白無故得到張良等級的謀士，還附送一臺名利提款機，根本就是中樂透才有的爽事。

說到曹操這招用人之道，值得給每個大阿法參考。荀彧之才眾所皆知，縱使他只是個升斗小民，背後沒有龐大的荀家勢力，曹操也會用他。但如果換個情境，今天有個才華平庸的人來求官，此人一無是處，唯一可取的只有背後勢力龐大，那麼你該思考的是，該不該給高薪讓他謀得一官半職，實際上卻是透過此舉結交背後派系勢力。

要這麼做不是不行。但若決定這麼做，你該思考的另一個問題是，如果把這廢柴放到重要職位，會不會因此敗壞組織風氣、降低行政效率（不要小看廢柴的破壞力啊）。再者，或許你因此結交到勢力龐大的派系，但天下哪有白吃的午餐，講好聽是結交，但想也知道另有所圖。如果派系反過來獅子大開口，一步步要脅更多利益，又該如何是好？

這些問題都沒有標準答案，一切都是權衡。你站的格局愈高，看到的利益牽扯也愈多，自然能做出更周全的決策。

這讓我想到，有些國家政府用了一堆咖啡廳文青左膠擔任高層職務。按照上面的思路，可以合理推測是為了拉攏左派選票（或者內部已經被左派滲透），或是圖謀左派團體的利益。但是，他們卻沒想到，文青左膠基本上是群沒有戰鬥力的人，更不用說實務經驗。文青左膠只會跟你講理念，但若討論到執行成本，只會往兩旁甩鍋變成責單位的事，把這種人放到要職根本是搬石頭砸自己的腳。我還是建議有志之士別跟左派有所牽扯，若真非結交不可，請記得把文青左膠放到無關緊要的閒差，既可以向背後勢力交代，又不會讓他跳出來壞事。

扯遠了，我們再說回荀彧。曹操得到王佐之才荀彧的輔佐，內政、外交、軍事實力皆提升好幾個檔次，劉備得到諸葛村夫都沒這樣爆發性成長。荀彧出謀劃策所立的功績實在太多，我們就舉決定曹操勢力消長最重要的官渡之戰來說：

1. 分析曹操四勝，增強曹操信心

最初曹操面對袁紹是手腳發軟的。沒辦法，袁紹居地甚廣、兵精糧足，外加本身四世三公出身，名望又好，連相貌都比曹操帥上許多，曹操跟其相比居於絕對劣勢。但此時荀彧卻跳了出來，分別就「度、謀、武、德」四方面分析曹操優勢，用「四勝四敗」增強對抗袁紹

的信心。熟悉三國的朋友可能會覺得有點眼熟，這不正是郭嘉著名的「十勝十敗」，怎麼這時變成荀彧了？

以史籍來看，荀彧的四勝四敗見於正史《三國志》，而郭嘉的十勝十敗雖同樣在《三國志》出現，但卻是裴松之引用《傅子》對郭嘉的注解。也就是說，荀彧的四勝四敗是《三國志》作者陳壽所寫，而郭嘉十勝十敗比較像是後人補充讀書筆記。當然，郭嘉粉絲可能會因此不爽，但我想歷史的真偽就留給後人來辨明。你只需要知道，荀彧很可能才是曹操跟袁紹爭雄的重要推手。

2. 訂立先滅呂布，後滅袁紹的方針

曹操決定跟袁紹開戰後，又擔心呂布在一旁伺機作亂，於是問荀彧對策。荀彧建議先處理呂布，再正式向袁紹宣戰。全天下的謀士似乎都知道袁紹優柔寡斷，而呂布則是有虎狼之心。袁紹雖強，但不是隨即要面對的危機，屬於「重要但不緊急」的事。呂布則不然，這種背主忘義的小人，雖然兵馬人才不及袁紹，但時不時在背後捅你一刀，把「趁你病要你命」的精神發揮到極致，當然要先處理。

千百年後，朱元璋在面對陳友諒跟張士誠的夾擊時，也做出相同的決策。他判斷張士誠

樂於偏安一角，勢力雖強，但短期內不會構成威脅，認為虎狼之心的陳友諒才是需要優先處理的麻煩人物。力排眾議拍板，大軍矛頭指向陳友諒。

3. 精準預測袁紹陣營人才的滅亡方式

後來荀彧跟三國第一白目孔融（讓梨的那位）爭辯袁紹陣營的人才優劣，像死亡筆記本一樣精準命中每個人的下場：

紹兵雖多而法不整。田豐剛而犯上，許攸貪而不治。審配專而無謀，逢紀果而自用，此二人留知後事，若攸家犯其法，必不能縱也，不縱，攸必為變。顏良、文醜，一夫之勇耳，可一戰而禽也。

簡單說，荀彧認為田豐必定會忤逆犯上；而許攸會因為跟同事處不來最後反叛；顏良、文醜只是單純勇夫，要打敗不難。這段預言日後全部應驗。這並不是荀彧會巫術卜卦之類的神奇技藝。投靠曹操之前，他曾在袁紹陣營待過一陣子，斷定袁紹是廢柴的同時，也早就把身邊同事的性格和能力一一摸透，判定袁紹陣營自上到下一整個沒出息，才轉而投靠曹操。

就荀彧這種等級的謀士，跟人相處正是發揮洞察力的時刻，一舉一動都逃不出其法眼。

荀彧的下場

荀彧之所以盡力幫曹操，乃是因為他本身是最忠實的匡復漢室理想派，比劉備還迂腐的那種。劉備把匡復漢室當口號在喊，但荀彧可是真心想匡復漢室。他認為曹操能達成這項理想，所以挺身幫助曹操。他對自己的定位也始終是「漢臣」，而不是曹操底下的首席謀士。

荀彧當時的正職是侍中，負責皇帝身旁的文案工作，凡是奏章什麼的都由他先行過目再呈交皇帝。曹操打敗袁紹後整個意氣風發，知道荀彧厥功甚偉，打算好好表彰一番，於是寫了奏摺呈上去，希望漢獻帝能加封荀彧為萬歲亭侯。一般人看到這狀況一定喜出望外，但荀彧卻在奏摺中看到一段話而大感不安：

「天下之定，彧之功也。宜享高爵，以彰元勳。」

這段話表面上是說，天下大定，荀彧當居首功，請陛下賜予爵位，以感謝其功勞，但背後潛臺詞可就意味深遠了。要知道，帶兵打仗的是曹操，不是荀彧，荀彧充其量就只出張嘴而已，如果這樣能居首功，那真正帶兵打仗平定「叛賊」的曹操，又該當何功勞？如果皇帝准了荀彧的爵位，日後要拿什麼獎賞曹操，是不是乾脆把皇位給曹操比較實在？荀彧當然知道曹操想藉此試探漢獻帝，透過加封自己得寸進尺，順便戳一下看皇帝的框架穩不穩固。於是利用侍中的職務之便扣住奏摺，不讓其野心繼續蔓延。但曹操和荀彧都是人精極致，怎麼可能不知道對方在玩什麼把戲，來回拉扯後，最後定調在兩人都是共同匡復漢室的同事基礎上，讓荀彧接受這份表彰。但這對主僕的嫌隙也就此展開。

荀彧無法接受曹操變成惡魔的事實，至少在他眼中，不跟他一起匡復漢室的都是惡魔。為了打敗惡魔而變成惡魔，對忠於漢室的荀彧來說是不能接受的。即使漢獻帝再廢，還是名義上的共主，身為人臣就是要盡忠，荀彧真他媽的沒有白讀儒家經典。

這裡又引出一個問題：曹操到底算不算歸零漢獻帝？我認為不是。東漢末年打從宦官亂政到黃巾之亂，整個朝政荒廢許久，沒有任何事業基礎，漢獻帝不論兵馬或政治力量一直都是零，既然如此又何來歸零之說。而曹操本人的實力一點一滴慢慢累積，除了借用漢獻帝名號當大旗，沒有從他身上拿到半點實質好處。至於方才提到最為人所詬病的挾天子以令諸侯，這招一開始乃是荀彧所教。事實上荀彧要他「奉主上以從民望」，先站穩政治正確的制高點，一步步收攏人心匡復漢室，比較像當年管仲給齊桓公定的「尊王攘夷」之策，屬於企業願景的範疇。而曹操日後野心膨脹跨越奉迎天子的底限，就超出荀彧的意料了。

也因此，荀彧必須對自己當初的選擇負責，替漢室鏟除惡賊。雖然曹操羽翼已豐，但至少要減緩漢室滅亡的腳步。曹操最後一次跟荀彧有正面互動，是他決定南下對劉表出兵，問計於荀彧該怎麼打。荀彧給了他滿意的答案，曹操照做，並開啟赤壁之戰的序幕。接著兵敗如山倒，實力由強轉衰，原本可以早早一統天下，硬是撐到三國鼎立，最後被司馬家把大好江山端走。

曹操一生中的決定性戰役有兩場，一場是官渡之戰，另一場則是赤壁之戰。前者處處可見荀彧下棋的身影，讓曹操由弱變強；後者完全不見荀彧的蹤跡，曹操兵敗後便由強轉弱。在正史《三國志．荀彧傳》，自曹操討伐劉表問計於荀彧後，史書直接跳到曹操打算稱王，荀彧為此事徹底槓上曹操，最後抑鬱而終（也有人說是曹操逼死他）。

荀彧的布局

讀歷史不僅要讀史書說了什麼，還要去思考什麼沒說與為什麼不說。荀彧後來的銷聲匿跡，在我看來是一場格局宏大的策略。

時間拉回曹操出兵打劉表前，有點遠見的謀士都看得出來，這場仗是用來南下掃平孫權的熱身賽，其真正目的是劍指江南。所以真正的問題是，曹操當時是否具備掃平江南直接一統天下的實力？這個問題的答案，在孫權問周瑜該不該打赤壁之戰時已有答案：

今北土既未平安，加馬超、韓遂尚在關西，為操後患。且捨鞍馬，仗舟揖，與吳越爭衡，本非中國所長。又今盛寒，馬無藁草。驅中國士眾遠涉江湖之間不習水土，必生疾病。此數四者，用兵之患也，而操皆冒行之。將軍擒操，宜在今日。

周瑜告訴孫權，曹操內有馬超韓遂在側虎視眈眈，捨棄北方人擅長的戰馬而選擇舟船，又在冬天出兵缺乏草料，而北方士兵到南方容易水土不服，有這四大劣勢，曹操必敗。這段話並不是什麼深刻洞見，全是地理氣候等客觀知識。所以當時二十九歲的年輕黃毛周瑜看得出來，四十六歲的老江湖荀彧也絕對看得出來。

荀彧若變回官渡之戰前的荀彧，應該會分析上述劣勢，勸阻曹操出兵，先解決馬超韓遂（如同官渡之戰前先掃平呂布），待勢力更加壯大再對江南徐而圖之。但他沒有糾正曹操的戰略錯誤，反而給了正確戰術去加速戰略失敗的滅亡。也就是說，荀彧是故意的。他故意幫曹操拿下劉表的荊州取得熱身賽勝利，助長其自取滅亡的野心，但在最重要的主賽赤壁之戰選擇一言不發，在一旁靜靜看著曹操往死裡走，用閉嘴去實行他的匡復漢室之道。

試想，如果今天給了錯誤建議，曹操日後還可以興師問罪，但人家荀彧只是沒說話，說不定只是正職工作忙碌才沒空出謀劃策，要怎麼怪他？再退一步說，至少人家荀彧有遂你曹操掃平劉表之意，順著毛摸讓你打贏了熱身賽，不也幫你達到目的了？這兩招合在一起用，不僅毫無政治風險，還可收打擊曹操之效。精通官場自保哲學的荀彧，冷眼旁觀看著曹操犯錯卻不發一語。高招，真的高招。

能用這種不僅看不到槍頭，連槍桿都摸不著的回馬槍捅曹操一個窟窿，恐怕只有才華蓋世的荀令君做得到了。

6—5 性格缺陷的愚忠代表——田豐

既然上一節提到袁紹陣營裡的田豐，我也趁這機會跟大家聊聊這位在荀彧口中「剛而犯上」的謀士。身為謀士，田豐的素質並不差，以戰略眼光來看，他所給予的建議跟荀彧其實很像，可收安邦定國之效。在官渡之戰也一眼看出曹操的弱點，袁紹只要願意採納其中一條，官渡之戰絕對是樂勝。

田豐的事蹟

史書對田豐的智力給予不錯的評價，說他「天姿瑰傑，權略多奇」。具體來說，田豐的戰略眼光可由以下三件事看出這人不同凡響：

1. 勸袁紹奉迎天子

嘿對，這跟荀彧做的事一模一樣。田豐知道掌握話語權的重要性，而打著奉迎天子大旗將可站穩道德制高點的立場，要出兵討伐或加官晉爵都有很好藉口。甚至以袁紹的實力，心狠一點把天子漢獻帝當成橡皮圖章來用也不會有人敢說話。比較不同的是，曹操一開始便有地利之便，早早將漢獻帝控制在手上；田豐則是勸告袁紹趁早拿下曹操的許昌，把天子搶過來好好奉迎。

另一個關鍵性不同，田豐主子不是曹操而是袁紹。嫌麻煩又缺乏戰略眼光的袁紹，當然是否決作收。

2. 勸袁紹偷襲曹操老巢

前面說過，荀彧建議曹操先解決徐州的呂布和劉備，再好好跟袁紹對峙。但這抓著袁紹優柔寡斷性格的戰略方針，卻被田豐看出破綻。於是田豐打算反將其一軍，勸袁紹趁曹操打徐州的兵荒馬亂之際，出兵偷襲曹操老巢許昌。不僅解決曹操這個心頭大患，還可順道接收天子這項戰利品。以兩方當時實力差距，袁紹必定可以一舉成擒。但袁紹拒絕採納的理由，還真他媽的有夠瞎。

田豐說紹襲太祖後，紹辭以子疾，不許。

袁紹說，因為我的孩子生病，所以無法採用你建議偷襲曹操的方案。換到現代可以翻譯成「因為我要先回家關瓦斯，所以你的方案要先擱在一旁，恕難採納」。這種話左看右看都是幹話，但田豐不知是真的當真，還是故意跟著演戲提醒袁紹的愚蠢：

豐舉杖擊地曰：「夫遭難遇之機，而以嬰兒之病失其會，惜哉！」

田豐氣憤地說，千載難逢的勝利機會，竟然因為個小兒生病就此喪失，非常可惜啊。雖說田豐的戰略眼光可能不下於荀彧，但對人性的理解可就不如荀彧。荀彧早早便把袁紹的性格摸透，即使袁紹手底下有謀士看得出曹操戰略上的巨大破綻，但他絕對不會採納，因此曹操才能專心對付徐州的劉備和呂布等人。

3. 勸袁紹與曹操打消耗戰

等到曹操忙完徐州問題，終於可以專心跟袁紹決一死戰了。袁紹這才意識到曹操的野心

（終於啊），擺好陣勢要跟其對決。但決心是一回事，真正的實力又是另一回事。曹操雖沒有後顧之憂，也在荀彧的四勝四敗（郭嘉粉絲若堅持是郭嘉的十勝十敗也行）鼓勵下決心對付袁紹，但若回到錢糧兵馬這類打仗的基本面還是遠遠不如袁紹。換句話說，就算袁紹再優柔寡斷廢到有剩，可始終握有重兵，瘦死的駱駝永遠比馬大，曹操要戰勝袁紹，難矣。

田豐知道這一點，於是建議袁紹，只要把門關起來跟曹操打持久戰，沒多久糧草吃完便會自動退兵，到時再趁勝追擊即可。這種應敵套路並不新奇，多年後諸葛村夫北伐對上司馬懿，司馬懿大多也是採取這戰略，門關起來堅不出戰，管你士兵叫罵再厲害，送來的女人內衣也照樣收下，反正就是兩手一攤，等你糧草吃光把你耗死。

這就要說到我在第一本書《壞男人的孫子兵法》提到的用兵哲學：當你的基本面遠超過對方，正兵對決用基本面耗死他即可，出奇兵反而徒增變數。奇兵是居於劣勢的一方才需要考慮。

不意外的，袁紹依舊不採納，田豐冒死進諫，甚至不惜使出「馬景濤式的咆哮」，袁紹一個不爽，直接把田豐關進牢裡，放話說等打勝仗再來處理他。畢竟主僕多年，田豐深知自家大阿法的性格，此戰若是袁紹得勝，或許還會龍心大悅而放自己一馬；但若失敗則必定遷怒於己，此命休矣。果然袁紹日後不敵曹操，官渡之戰被打得七葷八素，回來也應驗田豐的預言，人生就此劃下休止符。

田豐的昏著

我常在想，如果田豐跟的大阿法是曹操，能活久一點貢獻更多計謀，歷史給他的評價應該不止於此（我個人估計他在曹操底下可以多活十年）。但無論如何，田豐雖然具備宏觀審視戰略的能力，但在微觀理解人性上遠遠不夠。也因此，論出謀劃策可以放到一流等級，但說到官場上的明哲保身恐怕就不行。就算沒惹到大阿法不爽，被同事動手腳捅屁眼也一點都不意外。苟或對他的評價「剛而犯上」，還真是一語道破其性格缺陷。

1. 無法體察在袁紹心中的好感度

如果有臺機器可以像《七龍珠》賽亞人的戰鬥力探測器一樣，照出每個人心中對自己的好感度，我相信男人都會想盡辦法去弄個一臺來用。雖然我猜絕大多數會拿去用在自己喜歡的妹子身上，但男人更該把這項能力用在跟其他男人的互動上。簡單說，能體察大阿法對自己的好感度，你才能決定該說多少話、話該說幾分。

打從袁紹用小孩生病的爛理由拒絕偷襲提案開始，田豐就該注意到袁紹對自己的信任或好感已經不如以往。如果打算在袁紹陣營善終，理當乖乖閉嘴觀察局勢再徐而圖之，聰明一點的該學荀彧和郭嘉另投明主。但田豐提案被拒後的第一反應，竟然是舉杖擊地破口大罵。試想，如果你是袁紹，一個你不信任的謀士出現這類反應，是不是會更加反感？

2. 謀士之間的派系鬥爭

實際上，袁紹底下的謀士也不是那麼團結，很多時候應敵策略就分成兩派，你不妨把這看作謀士之間的派系鬥爭。孫權打赤壁之戰前曾召集群臣開會商討，底下也分成主戰與主和兩派。若兩派人馬能守住國家利益的共識，我認為對國家或大阿法是好事。但如果鬥爭目的只為了個人利益，甚至不惜出賣國家利益，那可就麻煩了。

在我看來，袁紹底下的謀士大多屬於圖謀私利的類型。畢竟這種耳根子軟的大阿法本就容易被人左右，再加上喜好容易捉摸，要博取其好感實在不難，順著毛摸即可，所以圍繞在袁紹身邊的往往是趨炎附勢另謀私利的小人。而以袁紹智力來看，絕對沒辦法意識到手底下謀士派系互鬥的狀況，更不用指望他從眾多謀士的意見中找到致勝鑰匙。

前面說到田豐入獄後因為袁紹戰敗遷怒而將他殺死，但在史書上還另有一版本，是他的政敵在袁紹耳邊進讒言，說田豐聽到袁紹戰敗後拍手大笑不採納自己意見才戰敗。原本打算好好向田豐請教的袁紹，聽到這消息後怒不可遏而痛下殺手。

3. 沒有同僚願意幫忙

以田豐「剛直」的性格來看，不僅容易犯上，也交不到朋友。雖說一片赤膽忠心不願跟蛇鼠之輩同流合汙，但這性格容易自命清高，不願結交派系。也因此跟袁紹互動發生摩擦後，鮮少有同僚願意跳出來幫忙緩頰。他們大概知道田豐遲早會被袁紹殺掉，趁早撇清關係才是上策。

如果田豐有自己的派系或朋友，在袁紹大動肝火之際，說不定會挺身而出替他求情，就此免掉牢獄之災，甚至殺身之禍。要知道，很多大阿法在公堂下令拖出去斬了，心裡其實希望有人能跳出來阻止。心愛的手下犯了錯，為了扛起政治責任，即使心裡頭有千百個不願意，仍舊要下令處罰，此時能解套的，是其他願意跳出來求情的同事。如果大家一起聲淚俱下，求大阿法網開一面饒他一命，大阿法才能順勢接受大家的請求，負起政治責任的同時，又放自己的愛將一馬。大家都有臺階下，最多打個幾十大板施以薄懲，但事情還是可以平安落幕。

這套路所傳達出來的訊息是：不是我不罰，是看在大家替你求情的面子上才放過你一馬。別忘了，如果大阿法擺明徇私保護自己人，勢必會被部分人馬看不起。因此大家上下交相賊演出這戲碼，既可保全大阿法威信，又可保護大阿法人馬，真乃一石二鳥之計也。

當然啦，就田豐與袁紹這對主僕來說，也可能是袁紹早就忍無可忍，藉故除掉田豐這個礙眼的謀士。但無論如何，我還是想強調人緣的重要，如果今天明明大阿法想放你一馬，擺明演出這場等著人勸阻的戲，但因為你平時人緣太差，一直沒人跳出來救你，大阿法也只能履行自己駟馬難追的話，心不甘情不願罰下去了。

再退一步說，如果田豐人緣好一點，早在他出言頂撞袁紹時，應該會有人出言勸誡他別那麼衝。如果他能聽進去（對田豐來說又是另一道關卡），應該或多或少可以替自己延壽。

4. 真命天子症

綜觀田豐「不離不棄」又屢屢出言頂撞袁紹的行為，我判斷他得了「真命天子症」。大家可能會以為這是不是什麼基情四射的戲碼，男人不是只會對女人有真命天女症，而真命天子症這玩意兒應該是女人對男人才會發作，怎麼現下卻變成男人對男人發作真命天子症？事實上田豐的心態不難理解：

「只要我繼續替主公貢獻價值，哪天他真的採納並獲得成功，一定會重新想起我的好，再次重用我的。」

接二連三的出謀劃策與頂撞，用紅藥丸的觀點來看，都是為了挽回。**用價值去挽回早已回不去的主僕關係，標準職場藍藥丸的心態。**一旦在職場選擇藍藥丸，下場跟情場一樣，主控權都在對方身上。田豐的愚忠如果遇到好老闆當然沒事，但顯然袁紹的人品和智力都有缺陷，下場便能預期了。

6—6 表裡不一的極致——楊廣

不論你是萬人之上的阿法，還是寄人籬下的貝塔，都該提防楊廣這種人。身為中國歷史上有名的暴君，後世雖有不少文章想替他翻案，但曾經做過的斑斑劣跡是鐵錚錚的事實。皇室次子的他，為了奪嫡，他殺兄、弒父、淫母，你想得到違背人倫的事他都幹過。真要我說，他大概集所有病態人格特質於一身，連父兄都是用來成就自己霸業，隨時可拋棄的棋子。

楊廣何許人也

楊廣，隋朝開國皇帝楊堅次子。在當代是有名的帥哥，史書說他「上美姿儀，少敏慧，高祖及后於諸子中特所鍾愛」，足見其儀表不凡。平日喜歡寫詩詞自娛，在文學上也頗有造詣，史書說他「上好學，善屬文」。而在武功方面也頗有建樹，二十歲即領兵滅掉陳朝，替老爸一統天下的大業補上臨門一腳。楊廣在年輕時已達到人生頂峰，除了長得帥，文治武功也屬出類拔萃的頂級人才。

然而，這樣的優異條件也成為一切病態人格的成長溫床。甚至我認為，楊廣是終極病態人格完全體。紅藥丸認證的病態人格患者——前英國皇室梅根王妃，在楊廣面前恐怕是小巫見大巫。梅根若真打算上位，還要多跟楊廣學學呢。

1. 性關係混亂

這幾乎是每個頂級病態人格的共同特色。想奪權上位，勢必需要強烈的慾望當作燃料驅使行動，而強烈的慾望又會表現在性關係上。說穿了，楊廣的睪固酮就是比一般男人多。再加上貴為皇室，兼之天下少有的美男子，有個三妻四妾本屬正常。但這類人比較不同的地方在於特別喜歡淫人妻女，強摘的果實味道才鮮美。楊廣帶兵滅掉陳朝後，想直接把陳後主的寵妃當作自己的小妾，後來自家大將高熲認為寵妃是禍水而先將其斬殺，硬生生打斷楊廣的「雅興」才讓他不得不罷手。

更誇張的是，楊廣淫人妻女的重口味還染指到老爸的寵妃身上。老爸楊堅病重時，其寵妃宣華夫人前往探視，剛好遇上也前往探視的楊廣。楊廣見老爸反正奄奄一息，便色心大發，調戲庶母（父親的小妾），此事逼得楊堅出手廢掉當時已是太子的楊廣，間接變成楊廣弒父的動機。楊堅駕崩後，楊廣並沒有因此放過宣華夫人，日後召來宮中明目張膽任其姦淫。

即使輩分上是庶母的宣華夫人仍然年輕貌美，約莫二十八歲，但無論如何，這都是正常人不該跨過的界限。

2. 收割功勞

前面提到楊廣出兵滅掉陳朝，替老爸立下不世功勞。但細究之下，才發現主要戰役都不是他打的，具體來說，前線戰役由大將高熲（破壞楊廣雅興的那位）所打，楊廣的主要工作是掛名和收割功勞，偶有餘力再順便勞個軍。在當時的戰場應該很常看到這類情景：高熲奮勇殺敵，好不容易戰勝敵方大軍，正在收拾戰場、清點自家兵馬傷亡之際，才見到楊廣帶著大軍殺來……高熲當然不好意思開口質疑，但楊廣每次都在打勝仗後姍姍來遲，智力正常的也看得出來這在玩什麼把戲。

楊廣收割功勞做得很成功，史書的確把滅掉陳朝的功勞記在他頭上，必須細看戰報才知道只是掛名而已。

除此之外，楊廣也很懂得收買人心，在出兵滅掉陳朝途中，嚴令自家軍隊秋毫無犯，雖然很可能是大將高熲的意思，但由楊廣來開口，自然可以坐收仁義的美名。

跟百姓相處有個小技巧，好消息都由你本人宣布，而壞消息全交給副手，或你想讓他背鍋的棄子宣布，即使好壞政策都是同個團隊制定，但光是做這點改變便可收到拉攏人心之效。

3. 極度自戀

前面說到楊廣頗有文學造詣，這雖是事實，但絕不到頂級水準。後世認真研究過他的作品，跟真正名家還差上一大截，最多就業餘好手的水準。不像曹操有〈短歌行〉給後世傳唱，曹丕有《典論》給後人參考，楊廣或許也有不錯的作品，但一來水準不夠高，二來嘛，弒父殺兄淫母的威名恐怕嚴重蓋過文學才華，大家提到楊廣，很難跟文學成就有任何聯想。但楊廣自己可不這麼認為：

天下皆謂朕承籍緒餘而有四海，設令朕與士大夫高選，亦當為天子矣。

楊廣曾經驕傲地對群臣說出上面這段話。意思是，天下人都以為我楊廣是繼承父親家業才有今日（但楊先生你明明是殺兄弒父偷來的皇位啊），假如今天用才華當作標準，讓我跟士大夫們一決高下，我也該是天子的最佳人選。狂傲得毫無理由，但人家就病態人格啊你敢嘴。如果當時有智商標準這玩意兒，我猜楊廣也會整天說自己智商一五七吧。

不僅如此，面對比他優秀的人，楊廣不是虛心求教與學習，而是除之而後快。當時有位著名詩人薛道衡，才是真正被稱作隋朝最強詩人，後來在楊廣手底下當官，因為某件事惹得楊廣不高興，最後被用奇怪的理由賜死。《隋書》用「天下冤之」四個字形容這件事，你就知道薛道衡有多倒楣。後世有人認真探討過這件冤案，認為這是莫須有的罪名。薛道衡之所以被賜死，最大的理由乃是才華高絕，被楊廣所妒忌。

天生的病態人格

大多數的病態人格患者都是天生的，他們的腦部有缺陷，感受不到生而為人該有的同理心，甚至各種羞愧情緒都沒有。但只要給予妥善的家庭關懷與引導，也能將這類人逐漸導向正途，讓病態人格因子不致發作，反能利用這項「特殊能力」貢獻社會。但提到楊廣的家庭教育，我們很難說他老爸楊堅要負全部責任，雖然史書說楊堅「素無術學，不能盡下，無寬仁之度，有刻薄之資」，用短短十八個字道盡其嚴厲的家庭教育，但楊堅畢竟有心培育後代，只是不得其法而已。

楊堅有五個兒子，大兒子楊勇，次子楊廣，其餘三個戲分不多，在這就不提了。一般當皇帝的往往精力過人，隨便臨幸個寵妃或宮女，有三、四十個兒子也不為過，但楊堅這五個兒子全是由獨孤皇后所生，堪稱皇帝裡的奇葩。事實上，這一切要拜楊堅的「深謀遠慮」所賜，楊堅認為，歷代皇室之所以有兄弟相殘的奪嫡慘劇，乃是皇帝寵妃太多，皇子母親各異的關係，只要全都由一個女人所生，自然可以免掉骨肉相殘的悲劇。楊堅啊，你把人性看得太淺了，血緣關係的重要性絕不是你想像的這樣。姑且稱這為「親情藍藥丸」。我見過有些家庭悲劇，父親看到孩子創業，便無腦相挺連棺材老本都扔了進去，甚至搞到血本無歸兩袖清風，但卻沒想到是孩子連同外人來坑家中兩老的財產。楊堅和獨孤皇后就屬於這個類型。

身為次子的楊廣從小在萬人擁戴下成長，自戀心態是權力執迷的絕佳溫床，很早就在布局自己的成皇之路，而必須鏟除的最大阻礙就是親生哥哥楊勇。要知道，就算身為皇帝次子，離皇位還有好長一段距離，自古帝位向來有著傳給嫡長子的傳統，如無重大原因，一般皇帝絕無可能主動破壞這項傳統。毫無理由的廢長立幼向來是國家內亂的根源，被廢掉的太子一定會伺機反撲造成動盪，老爸楊堅絕不可能讓此事發生。

楊廣只剩下一條路，讓老爸楊堅和老媽獨孤皇后討厭大哥楊勇，並廢掉太子傳給自己，登帝位後再殺掉楊勇以絕後患。這招後來可是被李世民學得淋漓盡致。而要獲得老爸老媽的歡心，就必須緊抓著他們的喜好，這點正是病態人格最擅長的。楊廣早早看破兩老的弱點：楊堅崇尚節儉，而獨孤皇后希望兒子跟他老爸一樣從一而終。換言之，只要行為模式符合上述狀況，便能討兩老歡心；反之，則被兩老所討厭。這裡再次驗證藏心的重要，只要你被底下的人抓住喜好，難保沒有像楊廣這樣的病態人格患者抓緊弱點揣摩上意，一步步奪權。

對奢侈又極度好色的楊廣來說，即使本性壓根兒跟節儉專情扯不上邊，但為了達成目的，演戲搞搞政治正確這點小事是難不倒他的。

有次楊堅去找楊廣閒聊，早一步收到消息的他，馬上命人將家中器物翻過一輪，把原本的新家具布景換成布滿灰塵的老舊東西，連平常演奏用的樂器也換上琴弦斷掉準備丟棄的破舊樂器。楊堅一看心裡大喜，認為這孩子不愛聲色犬馬，將來必成大器，殊不知這一切只是楊廣演給他看的。

至於老媽獨孤皇后，則是緊盯著眾家兒子的交配狀況，希望兒子們能跟老爸一樣專情（我合理推測楊堅是妻管嚴）。常看我直播的朋友應該一眼便看出來這是母親對兒子的馴化，但畢竟獨孤皇后可以在楊堅耳邊吹吹枕頭風，手上也握有決定太子廢立的大權，所以楊廣必須演戲給她看。因此，雖然平常的業餘愛好還包括尋花問柳，可只要在母后面前一定只跟正宮住在一起，表現出專情的樣子，連後宮小妾不小心懷了他的孩子都下令打掉以絕後患。除此之外，楊廣每次出征前都會私下拜會母后道別，展現依依不捨之情，甚至痛哭跪倒在地。於是，在獨孤皇后心中，楊廣變成對女人專情，同時對自己貼心的好兒子。

相較之下，大哥楊勇就單純多了，甚至我覺得他只是個不擅掩飾的老實人，好色歸好色，但不像二弟楊廣一樣滿腹心機與算計。也因此，對即將到來的政治危機渾然無所覺，對自己的後宮與形象管理不如楊廣熟練，馬照跑、舞照跳、炮照打，早惹得楊堅和獨孤皇后不爽。說真的，論奢華好色程度絕對是楊廣遙遙領先。可人家就是會演，就是能把兩老唬得一愣一愣的。

最後，楊堅同時召楊勇和楊廣入宮，宣布廢掉楊勇的太子職位，改立楊廣繼任。楊廣隱忍多時的詭計得手，之後上演的，便是隋朝皇室的腥風血雨。楊堅天真認為同父同母的兒子們會相親相愛，但絕對料想不到親生兒子竟會如此算計自己奪權，不僅取自己性命，登帝位後也將其他兄弟屠戮殆盡。

把楊廣的故事多看幾遍，還被情場藍藥丸制約的朋友們，應該不難想像女人發狠起來會將自己身家歸零整盤端走。親情尚且如此，何況男女之情。

6—7 不合格的大阿法——諸葛亮

也是該聊聊諸葛村夫了。被譽為三國第一男主角的孔明，坦白講並不是個合格的帥才，他雖懂得玩弄權術，但大多用來內鬥同僚，或幫主子劉備鏟除障礙。而權柄到手，讓他一人之下萬人之上統領千軍萬馬，展現出來的格局與行事風格恰恰證明只適合當專業經理人，而不是統兵的元帥。

大阿法指導心法

《資治通鑑》裡有這麼一段話，堪稱對每個大阿法的最佳指導心法：

亮嘗自校簿書，主簿楊顒直入，諫曰：「為治有體，上下不可相侵。請為明公以作家譬之。今有人，使奴執耕稼，婢典炊爨，雞主司晨，犬主吠盜，牛負重載，馬涉遠路。私業無曠，所求皆足，雍容高枕，飲食而已。忽一旦盡欲以身親其役，不復付任，勞其體力，為此碎務，形疲神困，終無一成。豈其智之不如奴婢雞狗哉？失為家主之法也。是故古人稱『坐而論道，謂之王公；作而行之，謂之士大夫。』故丙吉不問橫道死人而憂牛喘，陳平不肯知錢穀之數，云『自有主者』，彼誠達於位分之體也。今明公為治，乃躬自校簿書，流汗終日，不亦勞乎！」亮謝之。及顒卒，亮垂泣三日。

我稍微替大家翻譯一下：孔明一直有著親自校對公文的（壞）習慣。主簿楊顒（ㄩㄥˊ）看到後，勸告他善用底下分工來做事。就像維護莊園運作需要奴僕耕種、婢女燒飯、公雞啼叫、養狗看家、牛來拉車、以馬代步，每件事情交由專業人員負責，主人才能高枕無憂。如果每件事情都主人去做，豈不累壞自己。況且真做起來，效果絕不如專業人士，難道可以說主人才能不如奴僕嗎？對古人而言，在底下討論問題出一張嘴，審時度勢最後下決定的，才有資格稱作王公；至於那些執行命令的，頂多稱作士大夫而已。丙吉不需要過問街上殺人之事，但看到有牛喘氣，必須停下來了解狀況；陳平也不需要知道國家錢糧收入有多少。如今閣下您管理全國政事，還親自校改公文，豈不是太過勞累了？

說穿了，孔明沒有意識到身為大阿法該有的樣子，委身去做貝塔該幹的事。楊顒看不下去孔明如此踐踏自身才華，才出言相勸。這番當頭棒喝，可說是對孔明直指要害的勸誡，不僅點出大阿法該守的職權框架，也告訴我們身為貝塔的權責界線。

《資治通鑑》這段原文用了陳平和丙吉兩位人物做代表。陳平大家可能都認識，漢高祖劉邦身邊跟張良齊名的頂級謀士之一，負責項目大多是陰謀詭計這類見不得光的事，所以他不需要知道國家錢糧收入。丙吉是西漢名臣，後來官至代理丞相，有次在街上看到有人鬥毆卻不予理會直接路過，後來看到有頭牛在喘氣才停下來詢問。問他為何如此，他才誠實告知：「街道鬥毆之事自有京兆尹之類的地方官處理，殺雞焉用牛刀。但現下是春天，牛卻在喘氣，這可能是氣候反常，足以影響到全國農作物收成，所以我才停下來詢問。」寥寥數語，卻有著地方自治與權責分立的高級思想，不愧是西漢名臣。

反過來想，如果陳平插手國家錢糧收入，丙吉也順便扮演包青天管起地方鬥毆，他們的大阿法可以合理質疑兩人有撈取權力的嫌疑。「不在其位，不謀其政」，對貝塔而言不僅可以節省力氣，也可以收明哲保身之效。但我要提醒大家，雖然地方與中央的權責區分是讓組織更有效率的高級思想，可一般民眾哪管這麼多，現在也一堆人分不清中央政府跟地方政府的不同。有心為官的朋友，如果像丙吉一樣遇到與自身權責無關的雞毛蒜皮鳥事，在媒體鏡頭前還是要仗義執言演一下，社會觀感才會好。真要甩鍋，請關起門來開內部會議時再甩（甩得漂不漂亮是另一回事），才不會讓暴走的民意反燒到自己身上。

對大阿法，又或對中央來說，權責區分的意義除了嚴守主子與奴僕的框架，另一個角度則是時間成本不同。大體來說，大阿法決定組織行動方向，帶領底下人前進，也因此需要超強的戰略眼光與視野，總不可能在臺中往北走會走到高雄吧。大阿法的任務，是在原點和目標之間指出一條明路，大夥兒再群策群力走向目的，底下幹事的貝塔們則必須負起扛行李的責任，一點一滴往目標邁進。

大阿法的主要工作正是根據狀況制定策略，楊顒那句「坐而論道，謂之王公」可別以為只是出張嘴而已，背後需要多少專業團隊的商討（如果有的話）、多少利害權衡，下決定的那一刻又需要有擔負罵名的勇氣與承擔失敗風險的決心。

所以大阿法的時間和心力是決定組織生死存亡的寶貴資源。有道是「將帥無能累死三軍」，錯誤的決策不僅讓組織成員徒耗心神，若是在戰場，可能連將士生命都因此陪葬。拿寶貴的思考時間去校對公文？別開玩笑了。也難怪楊顒看不下去，用「上下不可相侵」替孔明釐清主僕框架的重要性。正因為楊顒具備如此洞見，過世之時才讓孔明難掩悲痛大哭三天。

楊顒的上下兩不相侵一說實乃真知灼見。但常看戰爭片的朋友恐怕對此感到困惑，身為主將不是該身先士卒，才能同仇敵愾抗敵嗎？如果嚴守權責區分，老躲在背後出一張嘴，不是會落人口實有損士氣？我以前看過梅爾．吉勃遜的戰爭電影《勇士們》，裡面他演的主角摩爾中校有段名言：

「我無法保證帶你們所有人活著回家，但我保證，我會是第一個踏上戰場、最後一個離開的人，我不會留下任何一個人，不論生死，我們都會一起回家。」

電影裡也特寫摩爾中校初踏與離開戰場的腳步，去印證他說過的這段話。說真的，看完還真是慷慨激昂。但細想之下，這依舊沒有違反上下兩不相侵這回事：

1. 士氣需要

主帥身先士卒可以大幅提升士氣，在戰場上士氣是影響軍隊軟實力的重要因素。對前線官兵而言，有士氣才談得上心理素質，才能冷靜對敵並執行任務。也因此，身先士卒本身即能帶來巨大效益，是不是該犧牲一點思考決策的時間換來士氣的提升，對主將來說便是該權衡的議題。

就算是現代職場，主管也可以透過變相的身先士卒去提升屬下士氣。比如你的部門負責某項重要專案，底下每個人天天沒日沒夜地加班，身為部門主管的你即使工作上幫不了忙，也該留下來陪屬下加班。不用做事，人在那坐著就好，一樣可以思考工作上的各種決策。但你必須用行動告訴屬下，我在這陪著你們。

如果大家都在加班，但身為主管的你卻天天準時下班，或是上班時被發現老是在看網拍打混，我敢保證茶水間很快就會有你的閒話了。

2. 演給底下的人看

中國歷朝歷代不乏皇帝御駕親征的例子，史書上對此類事件多會歌功頌德一番。但你細想一下應該不難發現，除非是本身在戰火中長大又武藝超強的皇帝，否則大多長年在宮中養尊處優，戰鬥力大概只能跟《七龍珠》的撒旦先生相提並論。就算願意上戰場到前線殺敵，別說貢獻殺敵數，不要在一旁扯後腿讓其他官兵分神保護，所有人就要謝天謝地了。

大多御駕親征的皇帝，事實上不可能真的上戰場殺敵。他們扮演的是吉祥物的角色，政治意義大於實質意義，用行動告訴底下將士：皇帝都上戰場了，你們有什麼理由退縮。

3. 將才與帥才的不同

梅爾．吉勃遜在電影裡演的摩爾中校負責的領導職務是營長，當過兵的都知道，一個營大概四個連，不會超過六個連，平均五、六百人，最多不超過一千人。帶領一千人左右的部隊，不論在現代戰場或古代戰場實在稱不上大部隊。真要說的話，營級單位在現代戰爭體系為戰術單位，屬於第一線的任務執行單位。換言之，就是聽命辦事，透過戰術將任務執行到位，以符合更大格局的戰略需求。

舉個例子，攻下一座山頭是戰術，是營長該煩惱的事；但透過攻下好幾座山頭來包圍城鎮，再一步步用城鎮包圍大城市，斷其後援不戰而屈人之兵，就是戰略，是麥克阿瑟、巴頓在盤算的事。而將才主要負責戰術執行，帥才則負責戰略規畫；將才是棋子，帥才則是真正下棋的人。也因此，將才完全有理由身先士卒，本身就是執行單位，跳下去跟士兵一起幹很合情合理；但如果下棋的帥才跑去當棋子，那就角色錯置了，元帥背負的是整場大局的勝敗，而不是一座城池的得失。

但元帥要拉攏軍心也不是做不到，你看前面講過的吳起正是典型帥才。他雖不直接上戰場殺敵，但卻委身替受傷士兵用嘴吸膿瘡，士氣鼓舞程度完全不亞於親上戰場殺敵，甚至風險更小（如果不被傳染奇怪疾病的話）。元帥不能也不該親身犯險殺敵，但在後勤或福利展現與官兵同在的立場，也等於是變相的身先士卒了。

從這個角度去理解孔明該扮演的角色，也就不難明白為什麼楊顒要直言上諫。論格局、能力，孔明雖不是頂級帥才（比較適合他的是丞相，也就是國家的CEO），但遍觀整個蜀漢，只剩他能當元帥。在三國遊戲中，孔明武力大多在二、三十徘徊，影劇形象也大多在輪椅上給人推著走，一看就是不能打的模樣，做將才絕對不行。但躲在後面統領千軍萬馬，雖非頂級帥才，仍勉強堪任。將才必須是武人，而帥才可以由文人擔任，北宋范仲淹講白了也是文人，但人家可是把西夏打得不要不要的。

然而，雖說楊顒這番苦諫，孔明當下也感謝萬分，但顯然並沒把話聽進去。北伐期間三番兩次向司馬懿叫戰，卻被司馬懿試探出孔明事必躬親，食少事繁命不久矣。一代名相就此多年積勞成疾，把自己累死病歿在五丈原。

6—8 帝王模型——漢初三傑

大名鼎鼎的漢初三傑張良、韓信、蕭何，是漢高祖劉邦在楚漢相爭中打贏項羽的重要功臣。劉邦曾說過：「夫運籌策帷帳之中，決勝於千里之外，吾不如子房。鎮國家，撫百姓，給餽饟，不絕糧道，吾不如蕭何。連百萬之軍，戰必勝，攻必取，吾不如韓信。此三者，皆人傑也，吾能用之，此吾所以取天下也。」他承認，在謀略、內政、軍事三大方面，各有張良、蕭何、韓信分憂解勞，自己的專項才能雖不及他們，但能駕馭其才如使臂膀，這正是他攻取天下的關鍵。

劉邦的漢初三傑，其實給後世帝王提供最完美的教本。任何一位開國皇帝只要能找齊自家集團的「三傑」，不僅可以大幅減少心力耗損，也可以提高打天下的成功率。我們把漢初三傑的角色拆解一下，恰恰是軍師、丞相、統帥三個職位。處於最高位的帝王，只要管理這三位人才，而這三位再各展其長，便能讓組織的運作效率發揮到極限：

1. 軍師

也就是智囊。張良身為大阿法劉邦的總軍師，決策範圍包山包海。除了建都立國的大戰略，還包括對項羽的外交策略，連安撫韓信冊封為齊王的人事調度也出自張良之手。簡而言之，軍師張良是大阿法劉邦的另一個大腦（或者你也可以說是主要大腦）。

張良這種身兼光與暗兩面的軍師，真是可遇不可求的頂級人才。既能使陽謀解劉邦的鴻門宴之危，也能使陰謀勸劉邦撕毀合約偷襲項羽，當真不被框架所限的優質軍師。在實務上，謀士分很多種，有善使陽謀，也有愛使陰謀（陳平是典範）；有善於出奇謀進攻，也有專長洞悉敵人意圖的防守型軍師。而大阿法的責任便是弄清楚每個軍師的屬性，並將其放到適合位置。如果找不到事事可請益的總軍師，養個智囊團也是可以的，能獲得側重陽謀、陰謀、進攻、防守等不同建議，並根據效益與風險做最後決定。

2. 丞相

丞相是一國總經理，和平時期負責安邦定國，儲備各種物資，順便讓人民發大財（咦）；戰時則擔任後勤管理，以確保前線補給無憂。所以當蕭何隨劉邦攻入咸陽城，第一步便是入府庫蒐集秦國的典章、律令、地圖，以了解大勢，作為日後制定國策的依據。上一節提到的諸葛村夫其實比較屬於丞相類型。這類型的人才做事有條有理，治國的守成能力超強，但換個角度想就是過於一板一眼，在講究隨機應變的戰場恐怕罩不住。

也因為老躲在後方支援，很容易被前線將士所忽略與鄙視，往往只有綜觀全局的大阿法才知道其重要性。不讀書又只會打打殺殺的武人絕對料想不到，軍人賴以維生的武器、後勤補給，全都仰賴他們眼中手無寸功的「丞相」。也因此，戰國時期趙國的廉頗和藺相如才會有後人所傳頌的「將相和」佳話。自古以來，前方打仗的三軍將士，可是非常容易瞧不起躲在後面出一張嘴的丞相。

順道一說，即使是現代戰爭所仰賴的科技，也必須倚賴治國之策才得以發展。所以長遠來看，決定發展國家發展策略的總理或閣揆將更加重要，雖不用上戰場打打殺殺，奠定的卻是國家根基。

3. 統帥

顧名思義，帶兵打仗要靠他，是替國家開疆闢土的重要角色。若沒有統帥，大阿法就得御駕親征。當初韓信點評劉邦的軍事才能，認為他最多只能統領十萬兵馬，若是劉邦御駕親征，對漢軍將士一定是場災難。還好有統兵多多益善的韓信出馬，一肩扛起劉邦陣營的軍事重任，立下許多汗馬功勞。

可別小看統帥的門檻。再說回各位朋友熟悉的三國時代，算得上統帥的人才，大概只有東吳的周瑜、陸遜。至於魏國和蜀漢，基本上沒這東西，真要打仗，靠的還是大阿法曹操和劉備。

也許你會問：不對啊，曹操底下有夏侯淵、夏侯惇、徐晃等猛將，劉備陣營更猛了，有關張趙馬黃五虎大將，怎麼會沒有人才呢？應該有讀者注意到，這些人的頭銜都是「將」而不是「帥」。換言之，他們都是將才而不是帥才。綜觀曹操與劉備幾場著名戰役，官渡之戰、赤壁之戰、益州之戰、漢中之戰、夷陵之戰，全是曹操劉備御駕親征。赤壁之戰是曹操與東吳統帥周瑜的對決，漢中之戰更是曹操與劉備的雙王對決，而夷陵之戰則是劉備與東吳統帥陸遜的對決，東吳大阿法孫權可是躲在後面好整以暇等待戰果，完全不用煩惱仗怎麼打。

偏偏三個職位中，統帥的門檻是最高的。軍隊可是一國之殺器，要是所託非人，要麼兵敗如山倒，要麼大阿法反過來被威脅，所以在找到合適人才之前，大阿法只能自己緊握殺器御駕親征。這方法不是不行，但就是累了點，勝敗都要一肩扛起。縱使有曹操的才華，赤壁之戰一樣輸到脫褲，更不用說劉備在夷陵之戰慘敗，賠掉整個蜀漢的根基。大阿法御駕親征最嚴重的潛在問題在於權力過大無人可制衡，如果犯蠢往懸崖衝過去，沒有人可以將他拉住。

我還是要強調，大阿法真正的工作是御下以成事，親自出手做事恐怕分散理當用於思考的心力，進而造成決策失誤。

狡兔死，走狗烹

朱元璋剛開始打拚之時，李善長曾經對他說過這麼一段話：

「秦亂，漢高起布衣，豁達大度，知人善任，不嗜殺人，五載成帝業。今元綱既

紊，天下土崩瓦解。公濠產，距沛不遠。山川王氣，公當受之。法其所為，天下不足定也。」

大意只有一句話：學漢高祖劉邦，天下可定也。於是朱元璋立刻找到他的軍師、丞相、統帥：軍師是大名鼎鼎的劉基，同樣被朱元璋稱為「吾之子房」；統帥有徐達，底下還有勇猛善戰的常遇春等將才；而給他此番建議的李善長則負責後勤內政，日後朱元璋論功行賞還將李善長比作蕭何。你看這抄劉邦抄得多徹底。更何況朱元璋本身也具備卓越的軍事才能，謀略、識人皆屬一流，整體實力可是遠超過劉邦。

所以，你可別以為隨便一個拐瓜劣棗都可以找到自己的三傑。拿我們前面講過的袁紹，縱使出身四世三公的名門貴族，有著豐厚的土地錢糧，但厲害的人才一眼便看出他是個沒出息的假貨，就算想照抄劉邦找到三傑，但恐怕只能找到三傻。

話說回來，劉邦的漢初三傑雖是開國的重要武器，但一統天下後反而變成燙手山芋。這三個裡面最首當其衝的，當然是手握千軍萬馬的統帥。前面說過，統帥是國之殺器，絕不可所託非人。就算一開始大家是講義氣的好兄弟，自私自利的人性陰暗面會逼得大阿法認真思考，該如何解決麻煩人物以保國家長治久安。統帥也是最需要政治敏感度的職位。偏偏一輩子騎馬打仗的武人很少能意識到政治氛圍的變化，能善終的統帥非常少。韓信下場之悽慘，這裡就不多提了。

那麼蕭何呢？一輩子替劉邦搞後勤的丞相人才，照理說是治國不可或缺的角色，要說最不需要兔死狗烹以絕後患的，大概只有丞相。即使如此，蕭何還是必須裝傻強占民宅、毀壞自身名譽，透過自汙以絕劉邦殺意。丞相雖是治國之才，但有很高機率收攏民心，隨便一個利民措施，稍加操弄便可獲得巨大聲望，要是名聲高過大阿法，儼然形成另類的功高震主。所以蕭何必須透過自汙向劉邦釋疑，展現自己沒有收攏人心的慾望，劉邦才能安心放手讓他人盡其才。

漢初三傑當中，政治敏感度最高的就是謀聖張良。軍師張良雖無具體戰功，但劉邦太知道他的能耐了。史書上總說劉邦對張良畢恭畢敬，透過日後的封賞對其展現高度尊重，但我們完全有理由懷疑劉邦想對付張良。別忘了，如果今天張良要謀反，他可是最難對付的頭腦。就算張良不是主謀，只要有人願意對其計策言聽計從，也夠劉邦好受的。

那麼，劉邦是怎麼封賞張良呢？

漢六年正月，封功臣。良未嘗有戰鬬功，高帝曰：「運籌策帷帳中，決勝千里外，

子房功也。自擇齊三萬戶。」良曰：「始臣起下邳，與上會留，此天以臣授陛下。陛下用臣計，幸而時中，臣願封留足矣，不敢當三萬戶。」乃封張良為留侯，與蕭何等俱封。

劉邦讓張良在齊地任選一塊封地，一出手便大方給他三萬戶。而張良則另選一塊鳥不拉屎的留縣，這裡正好是當年與劉邦初識的地方，以此拐彎展現念主之情，斷絕他最在意的謀反二心。這麼短短一段話，展現的是這對主僕高深的政治智慧與心機交鋒。

首先，齊地是錢糧聚集之地，大約是山東一帶，自古便有漁鹽之利。劉邦把這地方分給張良，讓他坐享富饒之地的稅收，表面上看似器重他的勞苦功高，實際上卻是在試探他，是不是敢拿這塊大餅。若張良真的收了，不僅成為不知分寸胡亂受賞的功臣，也會瞬間搖身一變成為最有謀反本錢的大戶，即使他完全沒這想法。

再說，對比同樣是出腦出嘴的同事蕭何與繼任蕭何丞相職位的曹參，兩位分居漢朝第一與第二功勞的人物，也才不過各領一萬戶左右的封地。張良一口氣便是人家的三倍來到三萬戶。若他真的接受，蕭何和曹參恐怕會對此感到不爽，劉邦透過這一手引發同僚對張良的猜忌，放顆延後爆炸的炸彈來制衡他。

論計謀，劉邦怎麼可能瞞得住謀聖張良。說白了，這一手是輕量級的白帝城託孤，給你一個好大又好吃的餅，要是你敢收，後面可就有你受的。

張良早就對劉邦的想法與性格瞭然於胸，也看透權力戰場的殘酷，於是選個貧瘠之地留縣便離開權力中心，自在修仙當他的隱世高人。我之所以把張良的選擇放在這本書的最後，正是因為張良充滿道家色彩的價值觀才是權力戰場善終的不二法門：

功成名遂身退，天之道也。

為了獲取更多權力而留在權力戰場上攪和，整個大環境系統必定會讓仇恨管理失控而引來殺機。財富自由後便急流勇退，張良的選擇才是真正聰明的選擇。

後記

《宋史·蘇轍傳》有這麼一段話：

君子小人，勢同冰炭，同處必爭。一爭之後，小人必勝，君子必敗。何者？小人貪利忍恥，擊之則難去，君子潔身重義，沮之則引退。

意思是說，把君子跟小人擺在一起大亂鬥，十之八九是小人穩操勝券。一般身心靈或童話故事所企盼邪不勝正的戲碼，還真只能在粉紅泡泡式的電影偶像劇才看得到。綜觀古今殘酷現實，正如蘇轍這段話一樣，自認君子的好人往往處於絕對下風。理由蘇轍也告訴我們了，正因為小人行事手段沒有下限，更沒有禮義廉恥等束縛，各種陰狠手段根本超乎常人想像。厲害一點的，陰謀陽謀用得如臂使指；而再低端的小人，即使手段拙劣無比、容易識破，也有著打死不退的毅力，只要還有口氣在，一定跟你奉陪到底，把小強精神發揮到極致。偏偏高風亮節的君子大大們因為愛惜名譽，一被潑髒水抹黑，往往氣到翻桌不玩——這正是小人們最想看到的結果，劣幣逐良幣是也。

每次讀到蘇轍這段話，心裡都十分感慨。我必須說，只有在你人生有過犯小人的麻煩時，才會意識到「防人之心不可無」的重要。有本討論病態人格的書叫《4%的人毫無良知，我該怎麼辦？》，只要閣下一有可被歸零的價值（肥羊的意思），茫茫人海中這四%的病態人格患者必定會覬覦你的一切，虎視眈眈等著整盤端走，把你幹掉後取而代之。

對，必定，我可以用篤定語氣再三強調。就連我這個根本算不上咖，充其量只是經營小小自媒體的普通人，也在這段期間遇到各種吸價值、騙取社交認證的疑似病態人格患者。還好，這類人的行徑有很高的辨識度，他們不會想從基本功蹲馬步練起，也不會想認真打造價值。只會千方百計把自己的名字跟你擺在一起，再私底下套近乎騙取你的信任，只要你稍不留神，把社交認證交到他們手上，他們自然可以拿著騙來的兵符到外面偷拐搶騙。這是他們的ＳＯＰ，幾無例外。

遇到這種人，安全作法當然是上兵伐謀，在對方起心動念前認定你是棘手對象，直接打退堂鼓找下一隻肥羊，老死不相往來又能避免累積仇恨。但說實話，人生哪能如此順遂，總有一兩隻漏網之魚會翻過人際關係安全網，偷溜到你的生活圈裡。此時你當然可以選擇平淡遠離的上策，既不累積仇恨，又能達成目的。然而，能否成功「平淡遠離」並不完全由閣下所決定，如果你讓他進到組織權力核心，他知道你的弱點，也知道涉及利益龐大，讓其知難而退便不是件容易的事。再說，有些人臉皮就是比輪胎還厚，明明丟給他一堆軟硬釘子，他一樣可以無視各種政治訊號，死皮賴臉繼續在你身旁繞啊繞，可千萬別小看病態人格患者的「毅力」。蘇轍那番話真乃洞燭人心的真知灼見。

此時此刻，用點權謀手段解決這種人（以及背後派系），便是最好辦法。又或者，在無法動輒使用物理毀滅的文明社會裡，這恐怕是唯一辦法。

我還是希望大家把這本書當作職場或官場的白目預防手冊。不得不承認裡面有些陰招可以直接當武器來用，我的初衷也一如以往，希望這些陰招是讓大家作為防身之途。若真要使用，請用在罪有應得的病態人格惡徒身上。厲害一點的朋友，也可以拿這些權謀知識自保，不會傷及無辜。當然，我必須承認，自己並非專業學者，只是個業餘歷史愛好者，書裡引用的各種典故都是我在讀書時的體悟與心得，若出錯還請多多包涵。

很感謝 Miula 大大、老朋友忘形、書店老闆的幫忙，願意替拙作寫推薦序，一起替男人成長盡一份心力。希望透過這本小書，讓大家的人際關係減少阻力，既能循正道打造價值，獲得心目中阿法的賞識，也能慢慢培養聰慧敏銳的眼神，用不怒而威的氣場震懾住邪惡之徒的虎視眈眈。

那個奧客

壞男人的權謀霸術：
玩轉人心的陽謀與陰謀

作者	那個奧客
主編	陳子逸
設計	許紘維
校對	渣渣
發行人	王榮文
出版發行	遠流出版事業股份有限公司 104臺北市中山北路一段11號13樓 電話／(02) 2571-0297 傳真／(02) 2571-0197 劃撥／0189456-1
著作權顧問	蕭雄淋律師
初版一刷	2021年12月1日
定價	新臺幣480元
ISBN	978-957-32-9355-2

國家圖書館出版品預行編目（CIP）資料

壞男人的權謀霸術：玩轉人心的陽謀與陰謀
那個奧客 著
初版；臺北市：遠流出版事業股份有限公司；2021.12
432面；14.8 × 21公分
ISBN：978-957-32-9355-2（平裝）

1. 人際關係 2. 社交技巧 3. 生活指導 4. 男性

177.3 110017984